Christine Linke

Medien im Alltag von Paaren

Medien – Kultur – Kommunikation

Herausgegeben von
Andreas Hepp
Waldemar Vogelgesang
Friedrich Krotz

Kulturen sind heute nicht mehr jenseits von Medien vorstellbar: Ob wir an unsere eigene Kultur oder ‚fremde' Kulturen denken, diese sind umfassend mit Prozessen der Medienkommunikation verschränkt. Doch welchem Wandel sind Kulturen damit ausgesetzt? In welcher Beziehung stehen verschiedene Medien wie Film, Fernsehen, das Internet oder die Mobilkommunikation zu unterschiedlichen kulturellen Formen? Wie verändert sich Alltag unter dem Einfluss einer zunehmend globalisierten Medienkommunikation? Welche Medienkompetenzen sind notwendig, um sich in Gesellschaften zurecht zu finden, die von Medien durchdrungen sind? Es sind solche auf medialen und kulturellen Wandel und damit verbundene Herausforderungen und Konflikte bezogene Fragen, mit denen sich die Bände der Reihe „Medien – Kultur – Kommunikation" auseinandersetzen. Dieses Themenfeld überschreitet dabei die Grenzen verschiedener sozial- und kulturwissenschaftlicher Disziplinen wie der Kommunikations- und Medienwissenschaft, der Soziologie, der Politikwissenschaft, der Anthropologie und der Sprach- und Literaturwissenschaften. Die verschiedenen Bände der Reihe zielen darauf, ausgehend von unterschiedlichen theoretischen und empirischen Zugängen, das komplexe Interdependenzverhältnis von Medien, Kultur und Kommunikation in einer breiten sozialwissenschaftlichen Perspektive zu fassen. Dabei soll die Reihe sowohl aktuelle Forschungen als auch Überblicksdarstellungen in diesem Bereich zugänglich machen.

Christine Linke

Medien im Alltag von Paaren

Eine Studie zur Mediatisierung
der Kommunikation
in Paarbeziehungen

VS VERLAG

Bibliografische Information der Deutschen Nationalbibliothek
Die Deutsche Nationalbibliothek verzeichnet diese Publikation in der
Deutschen Nationalbibliografie; detaillierte bibliografische Daten sind im Internet über
<http://dnb.d-nb.de> abrufbar.

Zugl. Dissertation an der Universität Erfurt, 2009

1. Auflage 2010

Alle Rechte vorbehalten
© VS Verlag für Sozialwissenschaften | Springer Fachmedien Wiesbaden GmbH 2010

Lektorat: Dorothee Koch / Sabine Schöller

VS Verlag für Sozialwissenschaften ist eine Marke von Springer Fachmedien.
Springer Fachmedien ist Teil der Fachverlagsgruppe Springer Science+Business Media.
www.vs-verlag.de

Das Werk einschließlich aller seiner Teile ist urheberrechtlich geschützt. Jede Verwertung außerhalb der engen Grenzen des Urheberrechtsgesetzes ist ohne Zustimmung des Verlags unzulässig und strafbar. Das gilt insbesondere für Vervielfältigungen, Übersetzungen, Mikroverfilmungen und die Einspeicherung und Verarbeitung in elektronischen Systemen.

Die Wiedergabe von Gebrauchsnamen, Handelsnamen, Warenbezeichnungen usw. in diesem Werk berechtigt auch ohne besondere Kennzeichnung nicht zu der Annahme, dass solche Namen im Sinne der Warenzeichen- und Markenschutz-Gesetzgebung als frei zu betrachten wären und daher von jedermann benutzt werden dürften.

Umschlaggestaltung: KünkelLopka Medienentwicklung, Heidelberg
Druck und buchbinderische Verarbeitung: STRAUSS GMBH, Mörlenbach
Gedruckt auf säurefreiem und chlorfrei gebleichtem Papier

ISBN 978-3-531-17364-1

Vorwort

Die vorliegende Arbeit ist die überarbeitete Fassung meiner Dissertation und entstand während meiner Tätigkeit als wissenschaftliche Mitarbeiterin an der Universität Erfurt im Rahmen des DFG-Projektes „Mobile Kommunikation, Telematisierung des Alltags und der Wandel medialer Praktiken". Ich möchte mich bei Professor Joachim R. Höflich für die Möglichkeit bedanken die Dissertation in diesem Rahmen anfertigen zu können sowie für seine Betreuung, Unterstützung und Hilfestellung. Mein Dank gilt zudem Professor Friedrich Krotz, der die Arbeit mitbetreut hat und dessen kritische und gleichzeitig motivierende Rückmeldung mir immer sehr geholfen haben. Professorin Tanja Thomas möchte ich herzlich für ihre Unterstützung danken und für die Chance im Rahmen der Ringvorlesung „Medienkultur und soziales Handeln" an der Universität Lüneburg einen Vortrag zu halten sowie in dem gleichnamigen Sammelband einen Artikel zu publizieren. Der Artikel ist in diese Dissertation eingeflossen. Meinen Freunden und Mitstreitern Isabel Schlote und Georg F. Kircher danke ich herzlich für Ihre Rückmeldung und Mühe, ihre Offenheit und Hilfsbereitschaft. Das freundliche Arbeitsklima im Team hat mir immer viel Kraft und Motivation geschenkt. Für ihre Hilfe beim Korrekturlesen danke ich Alexandra Hein, Elke Greis, Katharina Hellwig und Anna Julia Kircher sowie Ida Greis für die fröhlichen Momente, die mich in der letzten Phase der Arbeit motiviert haben. Viele weitere Menschen haben mich auf verschiedene Art und Weise unterstützt und diesen sei ebenfalls herzlich gedankt. Ich danke meinem Mann, Dennis Linke, für seine uneingeschränkte Unterstützung meiner wissenschaftlichen Tätigkeit in den letzten Jahren und für seine Hilfe in so vielen Bereichen, Danke! Meine Eltern, Gudrun und Günter Dietmar, haben so viel für mich getan. An dieser Stelle sei ihnen gedankt für das Zutrauen und die Fürsorge, die sie mir immer zukommen lassen haben. Vor allem möchte ich mich bei den Paaren bedanken, die an der Studie teilgenommen haben und die durch ihr Interesse und ihre Offenheit dieses Buch ermöglicht haben.

Erfurt, im Januar 2010   Christine Linke

Inhalt

1 Einleitung: Soziale Beziehungen in einer Medienwelt 9

2 Medien 13
2.1 Die Mediatisierung kommunikativen Handelns 13
2.2 Medien und Alltag, Lebensführung und die Domestizierung von Medientechnologien 19
2.3 Mobile Medienarrangements und Kommunikationsregeln interpersonaler Kommunikation 26

3 Paarbeziehung 37
3.1 Grundlagen und Perspektive 37
3.2 Die kommunikative Konstruktion einer Paaridentität 43
3.3 Kommunikationsrituale des Alltags in Paarbeziehungen 52

4 Medien, Alltag, Paarbeziehung: Forschungsstand und Fragestellungen 65
4.1 Theoretische Befunde 65
4.2 Weiterer Forschungsstand und Impulse 66
4.3 Zielstellung und Forschungsfragen 69

5 Empirische Untersuchung alltäglicher Kommunikation in Paarbeziehungen 71
5.1 Methodisches Konzept 71
5.2 Erhebung und Sampling 74
5.3 Auswertung 82

6 Medienhandeln als integraler Bestandteil partnerschaftlichen Alltags 89

7 Die Aushandlung eines kommunikativen Repertoires in Paarbeziehungen 113
7.1 Abstimmungsprozesse der Kommunikation in Paarbeziehungen 114

7.2 Das kommunikative Repertoire als Spiegel der Dynamik
der Paarbeziehung ... 124
7.3 Theoretisches Konzept eines beziehungsspezifischen
kommunikativen Repertoires ... 128

**8 Die Mediatisierung von Raum- und Zeitstrukturen der
Kommunikation in Paarbeziehungen** ... 133
8.1 Medien als Instrument der Koordinierung ... 135
8.2 Dynamisierung kommunikativer Repertoires ... 144
8.3 Medien als Taktgeber für partnerschaftliche kommunikative
Repertoires? ... 150
8.4 Die Flexibilisierung und Intensivierung von
Beziehungsrepräsentationen ... 154

**9 Medienhandeln und die dynamische Konstruktion von
Beziehungsidentität** ... 163
9.1 Die Mediatisierung des partnerschaftlichen Gesprächs ... 163
9.2 Gemeinsamkeiten und Unterschiede ... 174
9.3 Rituelles Handeln als Bestandteil kommunikativer Repertoires
von Paaren ... 180

10 Schluss: Die Mediatisierung der Paarbeziehung ... 185

Verzeichnis der Transkriptionssymbole ... 197

Literatur ... 199

1 Einleitung: Soziale Beziehungen in einer Medienwelt

Dass Menschen miteinander kommunizieren, ist ein essenzieller Bestandteil ihres Daseins. Durch die Kommunikation zwischen Menschen werden soziale Beziehungen zwischen ihnen erst möglich. Diese wiederum stellen die Basis gesellschaftlicher Strukturen dar. Die Paarbeziehung ist eine der wichtigsten engen Beziehungen der Menschen. In der Beziehung zu einem Partner konstituiert sich nicht nur ein neues Moment von Identität, sie schafft zudem den Rahmen, in dem Menschen ihr Leben sinnvoll erfahren können (Berger / Kellner 1965). Paarbeziehungen sind mit dem alltäglichen Handeln der Partner verbunden. Der Alltag ist der Ort, an dem dieses stattfindet – und er ist zunehmend von medialer Durchdringung gekennzeichnet. Diese grundlegenden Annahmen stellen den Ausgangspunkt für die vorliegende Arbeit dar, die sich mit Medien im Alltag von Paaren beschäftigt.

Die Arbeit stellt sich dabei verschiedenen Herausforderungen, die mit der Untersuchung von engen sozialen Beziehungen, dem Alltag sowie Medienkommunikation verbunden sind. Hermann Bausinger spricht von einer:

> „Absurdität der Medienwelt, die eben nicht nur aus dem Inhalt der Medien besteht, sondern die gerade das verwirrende Spiel aus intentionalen und nichtintentionalen Akten, aus medienbezogenen, personen- und umweltbezogenen, aus konzentrierten und beiläufigen Handlungen, das ganze undurchsichtige Alltagsspiel einbegreift." (Bausinger 1983: 36)

Er meint sogar weiter: „dass ein Stück wildes Denken dazu gehört, diese komplexe Welt zu schildern" (Bausinger 1983: 36). Diese komplexe Welt und insbesondere die vielschichtigen Relationen zwischen der (Paar-)Beziehung, dem Alltag und den Medien erläutert er mit einfachen Beispielen, wie dem folgenden:

> „(…) Bericht einer Frau: ‚Am frühen Abend sehen wir sehr wenig, höchstens wenn mein Mann richtigen Ärger hatte, dann kommt er herein und sagt kaum was und schaltet den Apparat ein." (Bausinger 1983: 27)

Diese Momentaufnahme weist auf die Frage hin, wie Paare einen gemeinsamen Abend verbringen. Und weiter: Was wird dann geschaut, wie verläuft das Abendessen, die Konversation, wie geht der eine mit dem Ärger des Partners um? Entscheidend ist davon ausgehend aber die umfassende Fragestellung: Wie gestaltet sich insgesamt der Alltag von Paaren und welche Rolle spielen hierbei die Medien? Anhand dieses Beispiels wird die Komplexität des Geschehens deutlich und es stellt sich – fast dreißig Jahre nachdem Bausingers es anführte – einmal mehr die Frage, wie der Alltag eines Paares in einer Welt aussieht, die von einer zunehmenden Durchdringung vielfältiger Medien gekennzeichnet ist. Die vorliegende Arbeit möchte hierzu Antworten finden und zu einem Verständnis des komplexen Geschehens der Kommunikation in Paarbeziehungen beitragen. Dabei wird nicht mehr nur, wie Bausinger es nennt, von einer Medienwelt ausgegangen, in der Paare ihren Alltag leben, vielmehr ist der Ausgangspunkt das Leben in einer mediatisierten Welt (Krotz 2001, 2007).

Ziel der Arbeit ist es, das alltägliche Medienhandeln von Paaren im Kontext kulturellen und gesellschaftlichen Wandels zu betrachten. Daher werden Entwicklungen, die mit Begriffen wie Individualisierung, Flexibilisierung und Mobilisierung oder auch der Pluralisierung der Gesellschaft beschrieben werden, berücksichtigt. Im Zentrum der Arbeit stehen Paarbeziehungen. Menschen eignen sich Medien immer auch im Kontext ihrer Interaktion mit anderen an beziehungsweise sind die Beziehungen zu anderen erst der grundlegende Anlass medialer Kommunikation. Dieser Sachverhalt erfordert auch aus kommunikationswissenschaftlicher Perspektive eine stärkere Beschäftigung mit sozialen Beziehungen. Dieser Herausforderung stellt sich die Studie.

Das Thema Medien im Alltag von Paaren ist als ein interdisziplinärer Forschungsbereich anzusehen. Daher ergaben sich für die Arbeit vier Prämissen, die das Vorgehen geleitet haben. Zum ersten galt es sich dem Gegenstand durch eine offene Vorgehensweise anzunähern. Zweitens wurde insbesondere bezüglich der Erfassung der Kommunikationsprozesse eine integrative Perspektive, die nicht nur einzelne Phänomene, sondern die gesamte Kommunikation zwischen Partnern erfassen kann, verfolgt. Drittens war es wichtig, eine Prozessperspektive hinsichtlich der Paarbeziehung, der Kommunikation und den Medien einzunehmen. Und viertens findet sich ein fortwährender Bezug zu den alltäglichen Strukturen des Paares. Diese Prämissen bedenkend und den Gegenstand Medien im Alltag von Paaren fokussierend, waren die Ausgangsfragen der Arbeit folgende: Welche Rolle spielen Medien bei der Kommunikation in Paarbeziehungen? Wie sieht der Alltag von Paaren und Partnern aus und welche Rolle spielen in ihrer Praxis Medien? Welche Strukturen lassen sich hinsichtlich des alltäglichen Medienhandelns von Partnern in Paarbeziehungen aufdecken und welche Unterschiede gibt es? Die Arbeit widmet sich damit Fragestellungen, die aus kommunikationswissenschaftlicher Sicht von Relevanz sind, weil sie an aktuelle Diskurse anschließen und eine Betrachtung der Kommunikation in sozialen Beziehungen ins Zentrum stellen (Krotz 2007; Höflich 2005a). Da die Paarbeziehung eine wichtige gesellschaftliche Institution ist (Berger / Kellner 1965; Lenz 2006) und aktuelle Entwicklungen in Paarbeziehungen auch Auswirkungen auf den Einzelnen, auf Familien, auf Gruppen sowie auf Organisationen haben, besitzt das Thema zudem gesellschaftliche Relevanz. Dies sind nicht zu letzt Motivationen Antworten auf die gestellten Fragen zu finden.

In den folgenden Kapiteln wird der theoretische Hintergrund der Arbeit entwickelt, wobei zunächst Medien (Kapitel 2) im Zentrum des Interesses stehen. Es werden die Mediatisierung kommunikativen Handelns (Kapitel 2.1), Medien und Alltag, Lebensführung und Domestizierung (Kapitel 2.2) sowie mobile Medienarrangements und Kommunikationsregeln (Kapitel 2.3) thematisiert. Das darauf folgende Kapitel widmet sich der Paarbeziehung (Kapitel 3) und behandelt Grundlagen und Perspektiven hierzu (Kapitel 2.1), die kommunikative Konstruktion einer Paaridentität (Kapitel 3.2) sowie Kommunikationsrituale des Alltags (Kapitel 3.3). Das Kapitel „Medien, Alltag, Paarbeziehung" dient der Darstellung von theoretischen Befunden, dem Forschungsstand und den Fragestellungen (Kapitel 4). In Kapitel 5 wird die empirische Untersuchung vorgestellt und es werden das methodische Konzept (Kapitel 5.1), die Erhebung und das Sampling (Kapitel 5.2) sowie die Auswertung der Arbeit (Kapitel 5.3) beschrieben. Den Ergebnissen der Arbeit widmen sich die anschließenden Kapitel: Zunächst erfolgt eine Beschreibung des Medienhandelns als integraler Bestandteil partnerschaftlichen Alltags (Kapitel 6). Dieser schließt sich eine Ausführung zur Aushandlung eines kommunikativen Repertoires in Paarbeziehungen (Kapitel 7) an. Daraufhin wird der Prozesse einer Mediatisierung von Raum- und Zeitstrukturen der Kommunikation in Paarbeziehungen beschrieben (Kapitel 8), woran sich die Darstellung des Medienhandelns und der dynamischen Konstruktion von Beziehungsidentität anschließt (Kapitel 9). In dem abschließenden Kapitel erfolgen ein Rückbezug zu einer Ausgangsfrage der Studie, eine Zusammenfassung der Ergebnisse und eine Diskussion der Arbeit (Kapitel 10).

2 Medien

2.1 Die Mediatisierung kommunikativen Handelns

Die Betrachtung der Kommunikation im Alltag von Paaren erfolgt vor dem Hintergrund des gesellschaftlichen Metaprozess der Mediatisierung kommunikativen Handelns (Krotz 2001, 2007). Diese Herangehensweise ermöglicht – basierend auf einer Vorstellung von Kommunikation als symbolisch vermitteltes Handeln – ein integratives Verständnis der vielfältigen und komplexen Entwicklungen im Zusammenhang mit Medien und Kommunikation und beschreibt dabei auch den sozialen, kulturellen und gesellschaftlichen Wandel. Dabei sind Alltag, Beziehungen und Identitäten zentrale Aspekte, die eine umfassende Fundierung der Untersuchung von Paarbeziehungen ermöglichen. Zudem kann Mediatisierung in Relation zu anderen gesellschaftlichen Entwicklungen betrachtet werden.

Die Theorie eines kulturellen und gesellschaftlichen Metaprozesses der Mediatisierung

Die Theorie der Mediatisierung von Friedrich Krotz (2001, 2007) basiert auf den folgenden Grundannahmen: Kommunikation ist für Menschen und das menschliche Dasein grundlegend und unverzichtbar und daher ein Basisbegriff der wissenschaftlichen Beschäftigung mit dem menschlichen Sein. Das in einer gemeinsamen Situation stattfindende wechselseitige Gespräch ist die ursprüngliche Form. Jegliche Erweiterungen der Kommunikation mittels Medien stellen Modifizierung dieser Ausgangsform dar. Es sind verschiedene Arten der Medienkommunikation zu unterscheiden, die jeweils eigene Charakteristika hervorbringen. Diese Formen der Kommunikation, bei denen Medien Bestandteile der Kommunikationsprozesse sind, können zudem gegenüber mediatisierten Formen sozialen und kulturellen Lebens betrachtet werden (Krotz 2009: 24). Diese Prozesse beschreiben umfassender die Bedeutung, die die Medien für die Lebensbereiche der Menschen und der Gesellschaft innehaben. Der Begriff „Mediatisierung" beschreibt welche Veränderungen durch den Gebrauch von

Medien im Vergleich zur Grundform des direkten Kommunizierens stattfinden. Die Wandlungsprozesse unserer Gesellschaft, die mit dem Wandel von Kommunikation und Medien einhergehen, sind nur mit Hilfe eines Konzepts, das den Gegenstand als Prozess begreift, theoretisch und empirisch zu erfassen. Mediatisierung ist daher als ein Prozessbegriff zu begreifen, der keine räumliche, zeitliche oder in seinen sozialen und kulturellen Folgen begrenzte Entwicklung beschreibt. Mediatisierung ist vielmehr ein Metaprozess, der aus komplexen Entwicklungen und deren Wechselwirkungen besteht und nicht auf einzelne Ursachen reduziert werden kann. Indem Technologien und Medien in das Leben der Menschen integriert werden, verändert sich ihr Alltag, ihre Beziehungen und auch die Menschen selbst. Die Theorie stellt die Potentiale menschlicher Kommunikation sowie die Möglichkeiten einer Veränderung von Alltag, Beziehungen, Gesellschaft und Kultur ins Zentrum der Betrachtung. Untersuchungen zur Mediatisierung setzen an mikro-, meso- sowie makrosozialen Fragestellungen unserer Zeit an. Im Fokus steht dabei das Verständnis der Entwicklung komplexer Medienumgebungen und deren Gestaltung und Ausdifferenzierung. Von Interesse ist hierbei auch inwieweit diese Entwicklungen Unterschiede zwischen den Menschen, im Sinne des Zugangs zu Kommunikationsräumen, hervorbringen. Der Gegenstand der Mediatisierungstheorie ist in engem Zusammenhang mit den Entwicklungen der Digitalisierung zu sehen, wobei drei Aspekte besonders bedeutsam sind: Erstens bildet sich ein umfassendes Netzwerk heraus, das zuvor getrennte Medien, wie Handy, Fernsehen, Radio, miteinander verbindet. Zweitens erleben die Menschen immer häufiger neue Formen interaktiver Kommunikation und sind in ihrer Umgebung von immer mehr Artefakten mit verschiedenen Funktionsweisen umgeben. Damit bildet sich eine parallele Realitätsebene innerhalb des umfassenden Netzes, auf der sowohl Kommunikation zwischen Maschinen als auch Mensch-Maschine-Kommunikation stattfindet. Drittens entstehen immer mehr Abbilder in diesem Netz, die die Welt darstellen und inszenieren. Schließlich hält Friedrich Krotz als eine Grundannahme der Theorie der Mediatisierung fest, dass die Folgen des Metaprozesses umfassend und noch nicht überschaubar sind. (Krotz 2007: 11ff.)

Ausgehend von den Annahmen des symbolischen Interaktionismus verfolgt der Mediatisierungsansatz eine handlungstheoretische Herangehensweise (Krotz 2007): Grundlage ist die Vorstellung einer symbolisch vermittelten Welt, die durch den aktiven und kommunikativen Umgang mit Symbolen konstituiert wird. Kommunikation wird als innerer und äußerer Prozess konzeptualisiert. Von besonderer Bedeutung ist dabei die von George Herbert Mead (1968) beschriebene Fähigkeit des Menschen, sich in die Lage eines anderen hineinzuversetzen (role-taking). Dies ermöglicht die zwischenmenschliche Übertragung von Bedeutung durch Imagination und Rollenübernahme. Die Definition einer Situation umreist zudem die Bedingungen von Kommunikation. Sie geht einher mit spezifischen Regeln (siehe auch Kapitel 2.3 zu Kommunikationsregeln). Menschliche Kommunikation ist aktives Handeln und bietet dem Einzelnen die Möglichkeit zu gestalten. Reine Zeichen, Symbole und auch Träger, ob physischer, materieller Art, erhalten erst eine Bedeutung durch Kommunikationsprozesse. Die Bedeutung, die damit einem Objekt oder Symbol zugewiesen wird, ist das entscheidende Element, welches dieses Objekt oder Symbol als etwas Eigenständig entstehen lässt. (Krotz 2007: 52ff.). Indem Menschen symbolbezogen in Bezug auf andere handeln, konstituieren sie ihre Welt: Es kommt zu einer gesellschaftlichen Konstruktion von Wirklichkeit (Berger / Luckmann 2004). Der Sprache kommt in diesen Prozessen eine herausragende Bedeutung zu: Man denke hierzu nur in einem weiteren Umfang an Formen menschlichen Zusammenlebens und antizipiere ein entsprechend komplexes Symbolsystem (siehe Kapitel 3.2 zu der wirklichkeitskonstituierenden Bedeutung alltäglicher Konversation).

Kommunikationsprozesse sind essentiell für den Bestand und die Weiterentwicklung einer Gesellschaft (Krotz 2007: 56). Die Einflüsse und Wechselbeziehungen, die mit einer zunehmenden Mediatisierung der Kommunikationsprozesse auf allen Ebenen gesellschaftlichen Lebens einhergehen, sind gravierend und ihre Bedeutung stellt den Impetus dar, diese Prozesse zu erforschen. Dies beinhaltet des Weiteren Fragestellungen in Hinblick auf kulturellen Wandel und die Entwicklungen von Medienkultur im Sinne mediatisierter kultureller Praktiken (Thomas / Krotz 2008).

Mediatisierte Kommunikationsprozesse und Medienhandeln

Der Arbeit liegt ein weit gefasster Medienbegriff zu Grunde, der auf face-to-face-Kommunikation – als Prototyp sozialer Interaktion (Berger / Luckmann 2004: 31) – aufbauend integrativ vielfältige Formen von Kommunikation, etwa mittels Mobiltelefon, Festnetztelefon, E-Mail, Instant Messaging, Chat, Social-Networking-Portal, Brief, Zettel, Fernsehen oder (digitaler) Fotografie, mit einbezieht. Dies berücksichtigt, dass die Menschen in ihrem Alltag viele verschiedene Medien, Endgeräte oder Dienste nutzen beziehungsweise von ihnen umgeben sind. Es ist von einem Medienensemble zu sprechen, das sich fortwährend ändert und entwickelt (Bausinger 1983; Haddon 2004; siehe auch Kapitel 2.2). Eine Sichtweise auf sich qualitativ und quantitativ verändernde Medienensemble kann dabei Medien als mehrdimensional begreifen und sie sowohl als technische Systeme, die das kommunikative Handeln des Menschen ermöglichen, als soziale Organisationen und als gesellschaftliche Institutionen verstehen

(Beck 2002). Medienhandeln ist dabei nicht als Folge technischer oder organisatorischer Umgebungen zu verstehen, vielmehr ist in soziale Zusammenhänge und kulturelle Praktiken integriert (Thomas / Krotz 2008; siehe auch Kapitel 2.2).

Im Zuge von Digitalisierung und Medienkonvergenzprozessen ist die Problematik der sinnvollen Abgrenzung der Formen mediatisierter Kommunikation offensichtlich und deren definitorische Benennung muss stärker überdacht werden. So hilfreich eine schematische Klassifizierung für manche Vorhaben auch sein mag, hat sich eine starre dichotome Unterscheidung zwischen interpersonaler Kommunikation und Massenkommunikation überlebt (Höflich 2005a). Menschen verknüpfen in ihren sozialen Handlungen und Beziehungen verschiedene Formen direkter wie medialer Kommunikation. Indem sich etwa ihre direkten Gespräche auf medial vermittelte Inhalte beziehen (Keppler 1994) oder umgekehrt, ergibt sich ein komplexes Bild kommunikativer Erfahrung. Es findet eine Entgrenzung der Einzelmedien hin zu einem integrierten Kommunikationsnetz statt (Krotz 2007). Wie bereits angesprochen können dabei schematisch drei Arten von Kommunikationsprozessen unterschiedenen werden:

- mediatisierte interpersonale Kommunikation
- interaktive Kommunikation (zwischen Mensch und intelligenter Technologie)
- Produktion und Rezeption von standardisierten, allgemein adressierten Kommunikaten (Krotz 2007:17).

Es stellt sich die Frage, welche Veränderungen durch den Gebrauch von Medien im Vergleich zur Grundform, dem direkten Kommunizieren, zu verzeichnen sind: Welche Phänomene bringt die Mediatisierung der verschiedenen Arten der Kommunikation mit sich? Dabei ist die Differenzierung der drei Arten hilfreich um ihre Besonderheiten zu verstehen. Etwa sind mit der Nutzung von standardisierten Kommunikaten, wie Fernsehsendungen oder Internetportalen spezifische Nutzungsmuster und Erwartungen verknüpft ebenso wie mit dem Gebrauch des Festnetztelefons ein normierter Ablauf der Nutzung einhergeht. Trotzdem sind diese Formen einander in ihrer Basis, nämlich der direkten Kommunikation zwischen Menschen, verbunden. Durch eine offene Vorgehensweise wird in dieser Arbeit daher versucht die Kommunikationsprozesse in Paarbeziehung integrativ zu erfassen. Dies ist auch in Anbetracht des veralltäglichten Medienhandelns, indem der Gebrauch eines dynamischen Medienensembles häufig auch zusammengesetzte Kommunikationsprozesse aus den verschiedenen Arten der Medienkommunikation sowie direkter Interaktion (Bausinger 1983) hervorbringt, sinnvoll.

Mediatisierung, gesellschaftlicher Wandel und soziale Beziehungen

Im Folgenden werden Verbindungen zwischen dem Metaprozess der Mediatisierung zu anderen gesellschaftlichen Entwicklungen beschrieben. Dies erfolgt vor allem mit Hinblick auf den Gegenstand der Arbeit, der Kommunikation in engen Beziehungen. Friedrich Krotz (2001) hat die Bezüge zwischen Mediatisierung und dem Metaprozesse der Individualisierung (Beck 1986) beschrieben und dabei komplexe Zusammenhänge und Wechselwirkungen, die sich in Momenten der gegenseitigen Verstärkung aber auch Unterlaufung manifestieren, dargestellt. Einzelne Verbindungen sind auf verschiedenen Ebenen sozialer Prozesse nachzuvollziehen: Individualisierung geht einher mit der Veränderung von Bewusstseinsprozessen der Menschen (Krotz 2001: 242). Dem Einzelnen ist heute viel stärker als in früheren Zeiten die Verantwortung für sein Schicksal übertragen. Das ist zum einen als Chance zu sehen: Der Mensch hat die Möglichkeit sein Leben aktiv zu gestalten. Zum anderen ist dies auch als Notwendigkeit zu betrachten: Er existiert in einer komplexen Welt, die er aktiv für sich gestalten muss. Diese aktive Gestaltung seiner Existenz kann in einem konstruktivistischen Sinne als Chance beziehungsweise als Zwang einer kommunikativen Konstruktion von Welt betrachtet werden (Berger / Luckmann 2004). Diese Entwicklung ist per se nicht als positiv oder negativ zu bewerten. Dies wird in den konkreten Ausprägungen von Entwicklungen möglich und auch nötig. Insgesamt ist damit aber eine Veränderung sozialer Strukturen verbunden und innerhalb dieser Veränderungsprozesse sind auch Wechselbeziehungen mit Medienentwicklungen bedeutsam. Ein Beispiel wäre, dass sich durch die breite Verfügbarkeit standardisierter Kommunikate für Menschen eine Erweiterung ihres Erlebnishorizonts und Teilhabe an zuvor nicht zugänglichen Situationen und Erfahrungen nachvollziehen lässt (Meyrowitz 1990). Ein anderer Aspekt ist der Einfluss, den die Medien auf alltägliche Strukturen der Menschen haben, wobei hier von starken Wechselbeziehungen auszugehen ist. Das Zeithandeln der Menschen etwa, ist in Relation zu Prozessen von Mediatisierung zu betrachten. Hierzu ist zu fragen, inwieweit sich Veränderungen hinsichtlich der Konstruktion von Zeit oder auch bezüglich der Strategien und Taktiken im Umgang mit Zeit und Medien für die Menschen ergeben (Beck 1994). Zeit und Zeithandeln sind so stark in den Alltag und das Alltagshandeln integriert, dass sie häufig naturalisiert und unreflektiert gelebt werden (Neverla 2007). Damit sei auch auf den natürlichen Modus des Alltags als Ort des Handelns mit Medien verwiesen (siehe Kapitel 2.2).

Die zunehmende Kopplung ökonomischer und politischer Regionen dieser Welt geht einher mit einem Prozess der Mobilisierung einer großen Anzahl von Menschen, wobei sowohl von räumlicher wie auch mentaler Mobilität die Rede ist (Schneider / Limmer 2008). Diese Entwicklungen sind eng mit Veränderungen von Kommunikationsprozessen auf verschiedenen Ebenen verknüpft und damit auch mit Medien: Menschen, die mobil sind, kommunizieren anders als Personen die wenige feste Orte und Wege im Alltag aufsuchen. Andreas Hepp (2008) schlägt zu einer Betrachtung der Phänomene, die sich hieraus ergeben, eine Forschungsperspektive der kommunikativen Mobilität vor. Während das Konzept der kommunikativen Mobilität theoretisch hergeleitet ist, basiert Alexandra Weilenmanns (2003) Idee eines Doing mobility auf verschiedenen empirischen Analysen zur Nutzung mobiler Medien. Nichts desto trotz betonen beide Autoren die Komplexität des Phänomens und sprechen sich für eine kontextualisierte Untersuchung aus, die am alltäglichen Handeln der Menschen ansetzt.

Den Medien kommt auch als gesellschaftliche Institution im Zuge von Individualisierungsprozessen eine gesteigerte Bedeutung zu. Dies wird zum Beispiel hinsichtlich der Entwicklung von Identitäten oder auch durch die Herstellung und Aktualisierung von Themen, die etwa durch standardisierten allgemeine Rezeption für eine große Zahl von Menschen bedeutsam und Gegenstand zwischenmenschlichen Austauschs sind, deutlich (Krotz 2001: 243ff.). Medien bedienen entstandene Informationsbedürfnisse. Die Menschen erleben diesbezüglich vielfach ein ambivalentes Verhältnis zwischen ihrem Bedarf für mediale Kommunikation und der Orientierung anhand dieser auf der einen Seite sowie einem problematischen und unsicheren Verhältnis zu den Technologien und den Medien auf der anderen Seite. Hinsichtlich der Mediatisierung sozialer Beziehungen ist zunächst zu bemerken, dass immer mehr Beziehungen zum Teil auch über digitale Medien stattfinden (Krotz 2004: 41). Wenn sich die Kommunikationswissenschaft in Deutschland bislang nur vereinzelt mit Beziehungsphänomenen beschäftigt hat, so weist diese These auf ein wichtiges Forschungsfeld und es ergibt sich zwangsläufig die Frage, inwieweit sich soziale Beziehung im Zuge eine Mediatisierung kommunikativen Handelns verändern. Einen kommunikationswissenschaftlicher Zugang ermöglicht die Definition einer Beziehung nach Friedrich Krotz als ein:

> „(...) situationsübergreifend (oder übersituativ) definiertes Verhältnis zwischen Menschen oder zwischen Menschen als soziale Gruppe, das dadurch gekennzeichnet ist, dass der Mensch von der anderen Person (oder der Gruppe) eine situationsübergreifende innere Vorstellung hat, an die er immer wieder anknüpfen kann, wenn er mit dieser Beziehungsperson oder Gruppe in einem inneren Dialog, also denkend kommuniziert, oder wenn es zu einem tatsächlichen kommunikativen Kontakt kommt." (Krotz 2007: 204)

Der Prozesse einer Mediatisierung kommunikativen Handelns muss hinsichtlich sozialer Beziehungen berücksichtigt werden, insbesondere etwa bei der Gestaltung und möglichen Transformation der kommunikativen Kontakte zwischen Beziehungspartnern. Aber auch die mentalen Prozesse, die etwa auch für die Konstitution von Identität bedeutsam sind, verändern sich in einem mediatisierten Umfeld. Über die Ebene einer einzelnen Beziehung hinausgehend und bei dem Individuum beginnend, das seine sämtlichen Beziehungen in einem Beziehungsnetz konzeptualisiert, wird die Bedeutung, die Mediatisierung für gesellschaftliches Beziehungshandeln hat, deutlich. Damit stellt sich auch die Frage nach der Veränderung ganzer Netzwerke von Beziehungen und deren Einfluss auf Gesellschaftsstrukturen. Die vorliegende Arbeit widmet sich einem spezifischen Beziehungstyp, der Paarbeziehung. Diese Strukturform gehört zu den engsten und komplexesten sozialen Austauschs und stellt auch die Kernbeziehung vieler Familien dar. Im Rahmen der Arbeit wird versucht, die gestellten Fragen, die sich durch den Prozess der Mediatisierung ergeben, für die Paarbeziehung zu beantworten.

2.2 Medien und Alltag, Lebensführung und die Domestizierung von Medientechnologien

Alltagsbegriff und Alltägliche Lebensführung

Der Alltag der Menschen stellt die Grundlage und Referenz jedweden kommunikativen Handelns dar und ist damit auch der grundlegende Bezugspunkt für die Betrachtung des Medienhandelns in Paarbeziehungen. Was ist nun aber Alltag? Der Begriff ist in aller Munde und doch fällt es selbst „alltagssprachlich" schwer ihn zu erklären. Auch auf wissenschaftlicher Erkenntnisebene findet sich keine allgemein etablierte Definition. Alltag ist zunächst das Normale. Hier herrscht der gesunde Menschenverstand. Aber Alltag ist auch auf gewisse Weise träge, weshalb rein vernünftiges, rationales Handeln häufig verhindert wird, gerade wenn es den Alltag selbst umzukrempeln versucht. Das ist gut für jeden Einzelnen nachzuvollziehen, der sich schon einmal eine typisch alltägliche Verhaltensweise vergegenwärtigt hat (zum Beispiel: „Ich habe zu wenig Bewegung.") und trotz der Absicht diese zu ändern an der Trägheit der eingefahrenen, bewegungsarmen Alltagsabläufe scheitert. Die Ursachen hierfür können in vielfältigen mit dem Alltag verknüpften Aspekten gesucht und gefunden werden (zum Beispiel: „Ich habe einfach keine Zeit für Sport, kein Geld für einen Kurs, kein Auto um zum Sportplatz zu fahren."). Eine negative Sichtweise wäre daher, dass Alltag eine Veränderung von Verhältnissen verhindere; eine positive, dass Alltag eine tagtäglich vertraute Struktur für den Einzelnen schaffe, der auf dieser Basis sein Leben zu meistern versucht (vgl. Bausinger 1983: 25).

Der Begriff des Alltags wird häufig verwendet, bleibt aber oft unscharf, allzu abstrakt und empiriefern (Bergmann 1985, Elias 1978, Krotz / Thomas 2007). Damit der Begriff des Alltags nicht nur ein Schlagwort bleibt, lehnt sich die vorliegende Arbeit an zwei fundierte theoretische Konzepte an, die elaborieren, was Alltag bedeutet und damit auch Basis für eine empirische Erfassung darstellen. Diese sind ein phänomenologischer Alltagbegriff sowie das Konzept „Alltägliche Lebensführung", die im Folgenden vorgestellt werden.

Eine phänomenologische Annäherung basierend auf dem Werk von Alfred Schütz ermöglicht eine Sicht auf Alltag als eine spezifische Sphäre der Handlung, des Wissens- und des Sinnverstehens (Krotz / Thomas 2007). Alltag wird als reflexive Aktivität des Menschen verstanden, die in Relation zum Zeitpunkt und Ort seines Daseins zu betrachten ist. Alltag zu erfassen, heißt, die Welt mit den Augen des Anderen zu sehen und den subjektiv gemeinten Sinn seiner Erfahrungen zu rekonstruieren (Kirchhöfer 2000). Richard Grathoff definiert vor diesem Hintergrund:

> „*Alltag* ist stets bereits „vorgegeben", d.h. eine *in* sozialen Konstruktionen (Sprache, Wissen, Sozialstruktur) vorkonstituierte Welt, die spezifische Stile der Erlebniserfahrung des Alltags (insbesondere: Arbeit) bereits vorgibt. In diesem Sinne ist Intersubjektivität ein lebensweltliches Faktum des Alltags. *Alltägliches Leben* (z.B. Arbeiten) bezeichnet den gemeinsamen (intersubjektiven) Vollzug der Erlebniserfahrung von Handelnden (Liebenden, Arbeitenden), die aneinander sich orientierend in alltäglicher Typik den konstruktiven Übergang von einer irgendwie vorgefundenen Welt in ihre eigene Welt zu leisten haben." (Grathoff 1978: 78, Hervorhebung im Original)

Alltag ist demnach etwas, was die Menschen aktiv erzeugen müssen, wobei sie von Vorgaben wie von Kultur und Gesellschaft umgeben sind. Die Sichtweise auf "Alltägliches Leben" betont die Dynamik des Alltags, der eben fortwährend gelebt und zwischenmenschlich geteilt wird. Werner Bergmann diskutiert ebenfalls die Begriffsvielfalt zu Alltag und versucht als Gemeinsamkeiten zwei Bedeutungsgruppen zu bilden:

> „1. Alltag meint eine eigenständige Handlungs- und Erlebnissphäre *neben* anderen.
> 2. Alltag oder besser Lebenswelt sind Korrelate einer spezifischen Form der Welterfahrung, der so genannten „natürlichen Einstellung", und besitzen einen Seins*vorrang* vor allen anderen Einstellungskorrelaten." (Bergmann 1985: 55, Hervorhebung im Original)

Kurt Hammerich und Michael Klein (1978), die einen ersten deutschsprachigen Sammelband zur Thematik herausgegeben haben, führen drei Eckpunkte einer Beschreibung von Alltag auf: Erstens tangiert der Begriff Alltag nicht die Dichotomie Privatheit – Öffentlichkeit. Zweitens kann Alltag als abgeleiteter Erfahrungsbereich aufgefasst werden und drittens beschreibt er den Komplex des normal-menschlichen gegenüber dem außergewöhnlich-menschlichen.

Ein solcher phänomenologischer Ansatz ermöglicht eine differenzierte Beschäftigung mit Alltag, wobei im Zentrum der Mensch steht, der sinnbezogen handelt. Neben diesem Alltagbegriff bietet das Konzept der Alltäglichen Lebensführung interessante Ansätze für eine Betrachtung der Kommunikation in Paarbeziehungen. Dabei besteht bei beiden Konzepten, die verschiedenen Traditionen entstammen, durchaus ein gewisser Grad an Anschlussfähigkeit: Beide Konzepte verstehen Alltag als Vermittlungsinstanz zwischen Individuum und Gesellschaft. Während der phänomenologische Ansatz für diese Arbeit ein umfassendes Verständnis der Sphäre des Alltags ermöglicht und deren Anschluss sowohl an die aufgegriffenen Ideen von Kommunikation als auch von sozialen Beziehungen vollzieht, beschreibt Alltägliche Lebensführung spezifischer den tätigkeits- und ablaufbezogenen Aspekt des Alltags. Das Konzept wurde in Anlehnung an den Weberschen Begriff der Methodischen Lebensführung erarbeitet und beschreibt einen Gegenstand, der sich systematisch von Kategorien wie Biographie, Habitus oder auch Alltag und Lebenswelt unterscheidet (Voß / Weihrich 2001). Das Konzept der Alltäglichen Lebensführung ermöglicht die Erfassung von Umweltaspekten von Partnern in Paarbeziehungen, wie etwa professionelle Strukturen oder Beziehungsnetze. Von Relevanz sind hier auch Kennzeichen und Besonderheiten von Paarbeziehungen sowie Zusammenhänge zu gesellschaftlichen Entwicklungen, wie etwa steigende Mobilität. Der subjektbezogene Ansatz betrachtet ausgehend von den Tätigkeiten, vom Handeln des Einzelnen den Alltag:

„Als „Alltägliche Lebensführung" wird der Zusammenhang aller Tätigkeiten einer Person in den verschiedenen für sie jeweils relevanten Lebensbereichen definiert: ihre Erwerbstätigkeit, Familie, Hausarbeit, Freizeit und Erholung, Bildungsaktivitäten usw." (Voß / Weihrich 2001: 10)

Im Gegensatz zu biographisch orientierter Sozialforschung steht das Leben von Menschen in seiner „Breite" im Zentrum und damit der alltägliche Zusammenhang der einzelnen Tätigkeiten einer Person, also die individuellen Arrangements verschiedener sozialer Arrangements des Einzelnen. Alltägliche Lebensführung ist dabei eine Konstruktion, die jede Person aktiv für sich herstellen muss. Sie ist nicht sozial vorgegeben und kann auch nicht passiv von einem anderen Menschen übernommen werden. Die Alltägliche Lebensführung bildet damit eine strukturelle Eigenlogik heraus, womit auch eine gewisse Trägheit einhergeht. Aus dieser ergeben sich Vor- und Nachteile, Funktionen und Hindernisse: Ein funktionaler Aspekt wäre zum Beispiel, dass sich durch alltägliche Abläufe Routinen etablieren, die die Menschen im Umgang miteinander entlasten, indem sie ihnen nicht fortwährend und wiederholt Entscheidungen abverlangen. Ein dysfunktionales Moment dieser Muster des Alltags wird offensichtlich, wenn Menschen aufeinander treffen, die bis dato unterschiedliche Alltage gelebt haben, und diese Strukturen es ihnen erschwert ihre Abläufe abzugleichen. (Voß / Weihrich 2001)

Das Konzept Alltägliche Lebensführung wurde in dem Sonderforschungsbereich „Entwicklungsperspektiven von Arbeit" formuliert, der sich an der subjektbezogenen Arbeits- und Berufssoziologie orientiert, sich nunmehr zu einem interdisziplinären Arbeitsfeld entwickelt hat. Es entstanden seit Anfang der Neunziger Jahre verschiedene empirische Arbeiten, wobei eine Erweiterung, Adaption und Anwendung des theoretischen Konstrukts erfolgte. Der Ansatz betont den Prozesscharakter des Alltags und sieht ihn, wie bereits erwähnt, als Vermittlungskategorie zwischen Individuum und Gesellschaft. Der Verdienst des Ansatzes ist vor allem darin zu sehen, dass er die Komplexität und das Zusammenspiel der verschiedenen Lebensbereiche, in denen sich Menschen tagtäglich bewegen, erkennt und erfassbar macht. Das Konzept der Alltäglichen Lebensführung fand auch vielfach empirisch Verwendung. Dabei leisten Arbeiten im Kontext des Ansatzes eine Einbeziehung (mindestens) zweier Lebensführungen von (mindestens) zwei Individuen und ihrer je spezifischen Eigenlogik und verstehen darunter eine zweite Ebene des Konzepts (Jürgens 1999, 2001; Rerrich 1993). Dieses ist die Ebene der gemeinsamen Lebensführung zweier Menschen, die als Verschränkung der individuellen Lebensführungen dieser beiden zu begreifen ist. Damit ist eine Anwendung für die Analyse von Paarbeziehung nützlich – auch weil hieran ein Anschluss an die alltäglichen Vorgänge und Strukturen der Paare und Partner in ihren verschiedenen Lebensbereichen möglich wird.

Wird das Familienleben dabei als alltägliche Verschränkung mehrerer individueller Lebensführungen betrachtet, ergibt sich daraus auch konkreter für Paare die Aufgabe jeweils individuelle Alltagsführung an einem gemeinsamen Bezugspunkt der Paarbeziehung beziehungsweise der Familie auszurichten. Dadurch sind Abstimmungs- und Aushandlungsprozesse in Paarbeziehungen wichtiger geworden: Es gilt die beiden individuellen Arrangements zu einem partnerschaftlichen Arrangement abzustimmen, was einem Arrangement der Arrangements gleichkommt (Voß 2001: 208). Eine Dynamisierung dieses Zusammenhangs ist durch aktuelle Entwicklungen im Bereich der Erwerbstätigkeit, insbesondere durch Flexibilisierungen der Arbeitszeit zu bedenken.

Die Domestizierung von Medien im Alltag

Ein Verständnisses von Alltag ist für die Betrachtung von Medien und Kommunikation früh gefordert worden. Hermann Bausinger hat bereits 1983 sechs Thesen formuliert, die Grundsätze zu einer wissenschaftlichen Betrachtung des Gebrauchs von Medien darstellen:

- Der Umgang mit einem Medienensemble: Medien werden miteinander verbunden und integriert verwendet.
- Die Mediennutzung als Nebenbeitätigkeit: Medien werden zumeist nicht mit voller Konzentration genutzt.
- Die Interferenzen mit nicht-medienbezogenen Verhalten: Medien sind in das Alltagsverhalten integriert.
- Der Mediengebrauch als kollektiver Prozess: Medien werden nicht in einen individuell-isolierten Vorgang genutzt.
- Die Verschränkung direkter und medialer Kommunikation: Medien und ihr Gebrauch sind immer auch mit der personalen Kommunikation verknüpft.
- Die Mehrdeutigkeit der Kommunikation: Medien werden durch ihre innere Struktur sowie in Anbetracht der offenen Kommunikationssituation von den Menschen subjektiv und damit unterschiedlich rezipiert und gedeutet. (Bausinger 1983: 33f.)

Resonanz fanden Bausingers Thesen und die mit ihnen verknüpften Anforderungen an die Medienforschung insbesondere in dem im Kontext der Cultural Studies entstandenen Domestizierungsansatz (Silverstone / Haddon 1996). Dieser Ansatz entwirft die Ideen eines Zueigenmachens von Technologien und untersucht den Prozess, in dem Medien und Kommunikationstechnologien in die Haushalte der Menschen einziehen und im Aneignungsprozess Teil häuslicher Alltagsroutinen sowie Mittel eines sozialen Handelns werden (Hartmann 2008; Hepp 1999; Röser 2007). Zunächst konzentrierten sich die Projekte vorrangig auf konkrete Medien, etwa das Fernsehen oder den Computer. Der Domestizierungsansatz bietet grundsätzlich zwei Analyseperspektiven: Zum einen den Fokus auf den Haushalt und wie Menschen in ihren alltäglichen Handlungen sich hier Medien aneignen. Zum anderen geht es um eine Beschreibung der Verbreitung von Technologie, was insbesondere für die Untersuchung neuer Medien Ansatzpunkte bietet (Röser 2007). Dabei werden zwei Momente der Konstruktion von Bedeutung unterschieden, die sich in der so genannten „double articulation" widerspiegeln (Silverstone / Haddon 1996: 62): Erstens wird die Bedeutung eines Mediums in einer Handlungspraxis, durch seine Inhalte und deren Rezeption artikuliert. Zweitens werden Medien als materielle Objekte –

als Geräte im Sinne von Technologie angeeignet – was deren zweite Artikulation in einem Domestizierungsprozess darstellt.

Die Forschungen im Rahmen des Domestizierungsansatzes haben vielfältige Befunde zur Aneignung und zum Gebrauch von Medien – auch konkret zu sozialen Beziehungen – geliefert und weitere Fragen und Anknüpfungspunkte offenbart. Es wurde zum Beispiel für die Nutzung des Fernsehens gezeigt, dass innerhalb eines Haushalts die verschiedenen Familienmitglieder das Medium unterschiedlich gebrauchen und dabei auch Generations- und Geschlechterbeziehungen gestaltet und ausgedrückt werden (Röser 2007). Aktuelle Studien zu Geschlechterbeziehungen und Medienhandeln verweisen dabei auf vielfältige Verschränkungen bezüglich der Definition, Position und Identifikation von Geschlecht (Klaus 1998, 2007). Dabei wurden Momente eines „doing gender" sowie eines „undoing gender" erfasst, was auf die aktive Position hinweist, die die Menschen in diesen Prozessen innehaben. Domestizierungsprozesse haben eine gesteigerte Teilhabe von mehr Menschen an neuen Medien ermöglicht (Röser 2007). Weiter zu erforschen ist hierzu, wie sich Prozesse der Teilhabe zum einen im häuslichen Gebrauch gestalten und zum anderen inwieweit sie darüber hinaus sozial relevant werden (können). Es wurde etwa auch gezeigt, dass als Voraussetzung für die Annahme einer neuen Technologie die Anschlussfähigkeit an die Alltagspraktiken der Menschen eine entscheidende Rolle in Domestizierungsprozessen spielt. Teilhabe kann nur entstehen, wenn Menschen auch auf der Ebene ihrer alltäglichen Abläufe, Anforderungen und Interessen einen Anlass finden, sich ein Medium anzueignen.

Es werden verschiedene Erweiterungen und Anschlüsse des Domestizierungsansatzes diskutiert. Friedrich Krotz und Tanja Thomas (2007) legten eine alltagstheoretische Stützung des Ansatzes vor und haben dabei auch die Anbindung des Ansatzes zur Theorie der Mediatisierung ermöglicht. Sie verstehen Alltag dabei als Vermittlungsinstanz, als ein Konzept, „dessen Wirklichkeit subjektiv wie wissenschaftlich empirisch rekonstruierbar ist und dessen Kontextualisierungen im Blick behalten werden müssen" (Krotz / Thomas 2007: 36). Durch eine Verbindung mit einem phänomenologisch-interpretativen Alltagsbegriff sehen sie die Möglichkeit, den spezifischen Bereich der menschlichen Praxis, des Gewohnheitsmäßigen zu erfassen und somit alltägliches Medienhandeln begreifbar zu machen. Eine solche Sichtweise ermöglicht und fordert auch eine stärkere Betrachtung der bedeutungsvollen Aneignung von Medien, die bislang im Rahmen des Ansatzes weniger häufig umgesetzt wurde. Dieser Alltagsbegriff vermittelt damit auch zwischen einem Prozess der Domestizierung und einem Metaprozess der Mediatisierung: Der Alltag ist der Modus, in dem der Einzelne in seinen Handlungen gesellschaftlichen Wandel umsetzt und erlebt. Und während sich in seinem alltäglichen Handeln Prozesse der Domestizierung vollziehen, wandelt sich wiederum sein Alltag fortwährend in einem Prozess von Mediatisierung, der wiederum auf den Menschen Einfluss nimmt. Die Zusammenhänge zwischen dem alltäglichen Leben des Einzelnen und gesellschaftlichem Wandeln sind als Wechselbeziehung konzeptualisiert und ermöglichen damit auch eine Verknüpfung von sozialen Prozessen auf den verschiedenen Ebenen. Krotz und Thomas (2007) fassen damit Domestizierung weiter und differenzieren die Auswirkungen des Prozesses entsprechend der drei Arten von Kommunikationsprozessen:

- Domestizierung beeinflusst die Erwartungen an Medien, an deren standardisierte Inhalte und Genres. Dabei werden individuelle und kollektive Einstellungen zu Medien geprägt: Zum Beispiel haben Menschen persönliche Meinungen dazu wer am besten im Fernsehen Fußballspiele kommentiert und wie viel Computerwissen Grundschüler haben sollten. Gleichzeitig werden diese persönlichen Sichten in das vorherrschende Stimmungsbild (etwa des Familienkreises oder innerhalb der Gruppe der Gleichaltrigen) eingeordnet.
- Die Domestizierung von Medien, die interaktive Formen der Kommunikation ermöglichen, erweitern die Handlungsoptionen des Einzelnen in seinem Alltag: Der Gebrauch eines Navigationsgeräts zum Beispiel ermöglicht Menschen sich flexibler an ihnen unbekannten Orten zu bewegen. Darüber hinaus wird ihre Wahrnehmung von Orten, ihr Verständnis von Entfernungen, Abständen und Landschaften anders gelenkt und möglicherweise strukturiert als wenn Straßenschilder oder Autoatlanten zur Orientierung dienen.
- Medien interpersonaler Kommunikation verändern auf einer zwischenmenschlichen Ebene die kommunikativen Möglichkeiten und damit die Optionen der Gestaltung der Kommunikation in Beziehungen. Hier wäre ein Beispiel, dass Jugendliche ihre Freundschaften mit ihrem Peer nicht mehr nur im Pausengespräch in der Schule pflegen, sondern auch per Kurznachrichten auf dem Handy, wobei dies potentiell zu jedem Zeitpunkt möglich ist, oder auch in Onlinewelten. Damit verändern sich nicht nur Formen und Situationen, in denen mit Freunden interagiert wird, auch die möglichen Kontaktpersonen der Jugendlichen erweitern sich über ihren lokalen Schulkreis hinaus. (Krotz / Thomas 2007: 39)

Diese Beispiele weisen darauf hin, dass Medien im Alltag nicht an den Gebrauch im Haushalt – wie es der Domestizierungsansatz zunächst nahe gelegt hat – gebunden sind und nur an diesen Ort angeeignet und genutzt werden. Eine analytische Trennung häuslicher und außerhäusiger Nutzung ist in Anbetracht der heutigen Kommunikationspraktiken nicht sinnvoll. Joachim R. Höflich und Maren Hartmann (2007) zeigen Potentiale auf wie der Domestizierungsansatz, dessen Wurzeln in der Betrachtung stationär genutzter Medien liegt, „den Haushalt verlassen kann" und sich den Herausforderungen der Analyse mobiler Medien, mobilen Handelns und damit etwa auch einer kommunikativen Mobilität (Hepp 2008) stellt. Sie schlagen hierzu eine Ergänzung des Ansatzes um Momente sozialer und kommunikativer Arrangements vor (siehe folgend Kapitel 2.3). Werden Domestizierungsprozesse jenseits einer Orientierung auf den Haushalt als Schauplatz betrachtet, rücken auch das Zusammenspiel und die Einflüsse zwischen privater, öffentlicher und beruflicher Sphäre stärker in den Vordergrund. Dies ist insbesondere im Kontext der Studien zum Mobiltelefon deutlich geworden. Dieses Austarieren von Grenzen findet auch in Paarbeziehungen statt und wird in dieser Arbeit berücksichtigt. Die Kommunikation zwischen Partnern ist in ihren Alltag eingebettet, wobei keine Eingrenzung hinsichtlich spezifischer Orte oder Sphären getroffen werden kann. Vielmehr ist es entscheidend, das vielfältige und komplexe Zusammenspiel der alltäglichen Bezüge zweier Menschen in einer Paarbeziehung zu erfassen.

2.3 Mobile Medienarrangements und Kommunikationsregeln interpersonaler Kommunikation

Mobile Medien und Arrangements der Kommunikation

Mobile Medien, vor allem das mobile Telefon, sind in den letzten Jahren zum Bestandteil des Alltags vieler Menschen geworden. Im Zusammenhang mit ihrer Etablierung veränderten sich Kommunikationsformen und es transformierten sich Nutzungsweisen. Die Entwicklungen rund um das Handy stellen ein soziales Phänomen dar, das umfangreiche Forschungen inspiriert hat. Erste wichtige Studien und Publikationen zum Mobiltelefon beschäftigten sich Anfang des Jahrzehnts mit der Gestaltung eines fortwährenden Kontakts (Katz / Aahkus 2002) oder der Veränderung von Verabredungsstrukturen (Ling / Yttri 2002) zwischen Menschen. Ein Blick auf diesen Veröffentlichungen folgende Sammelbände verdeutlicht, dass die Perspektive der Analysen umfassender wurde, etwa hinsichtlich einer Diskussion des Einflusses mobiler Medienkommunikation auf die Struktur sozialer Netzwerke (Campbell / Ling 2009) und der Ermöglichung sozialer Kohäsionsprozesse (Ling 2008). Die Analysen um das Mobiltelefon sprechen damit auch verschiedene Ebenen sozialer Prozesse an, sowohl auf einer individuellen, einer organisatorischen und als auch gesellschaftlichen

Ebene. Mobile Kommunikation wurde zunehmend auch in ein umfassendes Verständnis von alltäglichen Kommunikationsprozessen eingebettet, zum Beispiel indem ein ethnographischer Blick auf mobile Kommunikation im Alltag der Menschen geworfen wurde (Höflich / Hartmann 2006). Häufig standen einzelne Aspekte und Phänomene, wie die Themen Sicherheit, die Koordinierung des Alltags, die Nutzung des Mobiltelefons durch Teenager, Störungen durch Mobiltelefone oder der kommunikative Austausch mittels Text- und Bildnachrichten, im Zentrum von wissenschaftlichen Arbeiten (siehe zum Beispiel Ling 2004; Döring / Dietmar / Hein / Hellwig 2006).

Wie bereits ausgeführt, verwendet die vorliegende Arbeit einen umfassenden alltagsbezogenen Medienbegriff und nimmt diesbezüglich keine Eingrenzung des Gegenstandes der Kommunikation von Paaren in ihrem Alltag vor. Das Mobiltelefon hat in der relativ kurzen Zeit seiner Verbreitung die alltäglichen Kommunikationsstrukturen insbesondere auch in sozialen Beziehungen beeinflusst. In Anbetracht dessen wird mobile Kommunikation im Folgenden prominent thematisiert werden, gleichwohl wie bereits mehrfach betont die Arbeit einen umfassenden Blick auf Medien wirft. Die Forschungen zu mobilen Medien haben verschiedene theoretische Konzepte und empirische Befunde hervorgebracht, die vielfältige Anknüpfungsmöglichkeiten bieten. Auch wurden grundlegende Kennzeichen von Kommunikationsprozessen in einer komplexen und sich fortwährenden wandelnden (Medien-)Welt umrissen. Eine Besonderheit, die das Mobiltelefon ins Zentrum des Interesses gelenkt hat, ist die an das Individuum gebundene Nutzung eines Kommunikationsgerätes: Das Handy hat sich als persönliches Medium etabliert (Höflich 2001). Das einzelne Gerät wird dem Individuum zugehörig betrachtet, die Handynummer eindeutig mit einer Person verknüpft und nicht mit einem (mehr oder weniger) festen Standort. Dies stellt den entscheidenden Unterschied etwa zum Festnetztelefon dar, mit dem natürlich auch einzelne oder mehrere Personen kontaktiert werden können, aber dies über die Kontaktierung eines konkreten Gerätestandortes erfolgt, der mit der gewünschten Kontaktperson verknüpft ist[1] (vgl. Geser 2004). Das Phänomen der Aneignung als persönliches Medium ist potentiell nicht auf das Mobiltelefon beschränkt. Das Handy ist letztlich ein digitales Endgerät, ein tragbarer Klein-Computer (Krotz 2004) und damit sind – im Sinne der technologischen Konvergenzentwicklung und der potentiell umfassenden Konnektivität zu einem Datennetzwerk – vielfältige mediale Anwendungen (News Channels, Podcast,

---

1 Typischerweise sind dies Privatwohnungen oder auch Arbeitsplätze. Im Zuge der Etablierung von so genannten schnurlosen Telefonen im Bereich der Festnetztelefonie, ist eine erweiterte Mobilität möglich. Diese mobilen Endgeräte mit einer festen Basis-Ladestation weisen jedoch eine nur beschränkte Mobilität, da ihr Empfang auf einen Umkreis von etwa 50 Metern um die Basisstation begrenzt ist.

Navigation, E-Mail, Fotografie, Video, Musik usw.) im Stil des persönlichen mobilen Mediums möglich und werden ja auch heute bereits tatsächlich genutzt. Mit der breiten Etablierung des mobilen Telefons seit mittlerweile über einem Jahrzehnt, zunächst mit dem Schwerpunkt einer Nutzung im Sinne interpersonaler Sprachvermittlung und der Übertragung kurzer Textmitteilungen, sind die Besonderheit einer mobilen Mediennutzung im (öffentlichen) sozialen Geschehen virulent geworden und haben hierbei insbesondere den Bedarf für neue soziale Arrangements verdeutlicht. Dabei stellt das situationsspezifische Arrangieren mit den Menschen um uns herum eine Voraussetzung jeden sozialen Handelns und selbstverständlich auch des Gebrauchs von Medien dar (Höflich 2005b: 20). Bei der Nutzung des Handys müssen nun sowohl die miteinander mobil Kommunizierenden als auch die Anwesenden in einer direkten Situation, in der das Handy von einer Person genutzt wird, miteinander auskommen. Im Unterschied zu „stillen" Medien – etwa der Zeitung, die als traditionelles Medium ja auch selbstverständlich mobil genutzt wird (Wilke 2004) – sind mit dem Handy zu meist geräuschvolle Handlungen (Klingel- und Signaltöne, Telefongespräche, Musik) verknüpft, die insbesondere im öffentlichen Raum eine Neuregelung der Kommunikationsstandards erfordert haben (z.B. Höflich 2005b, Ling 2004). Dabei ist wohl die Wechselseitigkeit der Kommunikation ein entscheidender Aspekt: Während eine Tageszeitung, die jederzeit weggelegt werden kann, unproblematisch scheint[2], lässt häufig schon die alleinige „Anwesenheit" eines Mobiltelefons die Menschen potentielle Kommunikation und nicht nur Rezeption assoziieren. Eine mobile Nutzung beinhaltet die theoretische Möglichkeit, dass mobile Endgerät und sein Kommunikationspotential zur Kommunikation an jedem Ort, an den sich sein Besitzer begibt, auszuschöpfen. Die Orte des Alltags, die damit zu Schauplätzen mobiler Kommunikation werden, sind jedoch von unterschiedlichem Charakter, einmal eher privater, ein anderes Mal eher öffentlicher Natur, und variieren daher hinsichtlich der Normierung und Sanktionierung von Verhalten und sind somit nicht gleichermaßen gut für mobile Kommunikation geeignet. Hierbei sei einmal mehr auf einen gesellschaftlichen Trend physischer wie auch kommunikativer Mobilität verwiesen, die Menschen in ihrem Alltag aktiv umsetzten und gestalten (Hepp 2006; Weilenmann 2003). Sowohl die Bandbreite möglicher mobiler Situationen als auch die Tatsache, dass immer mehr Menschen mobil sind, verdeutlicht, wie wichtig es ist, mobiles kommunikatives Handeln sozial zu arrangieren. Das Mobiltelefon oder vielmehr seine Etablierung im Alltag der Menschen offenbart geradezu die Bedeutung von Kommunikationsregeln. Die neuen Handlungsoptionen und damit auch die neuen Kommunikationssituationen, die durch das

---

2 Dagegen wäre eine extrem geräuschvolle Nutzung der Zeitung wohl ebenfalls ein potentieller Reibungspunkt für die Aushandlung sozialer Handlungsnormen im öffentlichen Raum.

Mobiltelefon entstanden sind, erfordern neue Verhaltensweisen. Studien mobiler Kommunikation im öffentlichen Raum haben gezeigt, wie dies in einem differenzierten Prozess der sozialen Normierung geschieht (z.B. Höflich 2005b; Höflich / Kircher 2010). Dabei sind die Verschiedenartigkeit sozialer Situationen des Alltags von Bedeutung und ein Verständnis der Situation grundlegend für eine Analyse der Kommunikation. Es gilt hierbei, spezifische von weniger spezifischen beziehungsweise unspezifischen Situationen zu unterscheiden (Burkart 2000: 221). Ebenso sind raum- und zeitspezifische Charakteristika von Kommunikationssituationen relevant (Höflich 2006a). Eine Perspektive zum Verständnis sozialer Verhaltensweisen und der zeitlichen Folge von Situationen der Kommunikation (im öffentlichen Raum) eröffnet des Weiteren eine Sicht auf Human Activity Patterns (Chapin 1974). Dieses Konzept ermöglicht die Betrachtung der Alltagstrukturen von Menschen und berücksichtigt dabei sowohl zeitliche als auch räumliche Bezüge. Hierbei spielt mobile Kommunikation etwa dann eine Rolle, wenn Menschen den weiteren Verlauf ihrer Alltagsvollzüge bestimmen und diesen mit den Aktivitätsmustern anderer koordinieren (Schlote / Linke 2010). Damit geht einher, dass jeder Mensch andere und variierende Alltagssituationen erlebt. Folglich erwerben Menschen ein unterschiedliches Wissen bezüglich der Orte und den damit verbundenen Regeln sozialen Handelns. Sie entwickeln ein individuell spezifisches Bewusstsein über Regeln, worauf auch Erwartungen an Situationen basieren (Höflich 2006a). Diese Erwartungen können in einer Neujustierung der sozialen Kommunikationsregeln variieren, woraus sich die Brisanz eines solchen Normierungsprozesses ergibt.

Ein Set von Regeln, das Menschen miteinander teilen, stellt das Fundament von Kommunikationsprozessen dar. Auch das Funktionieren von medial vermittelter Kommunikation ist nicht allein von medial verfügbaren Hinweisen, sondern von gemeinsamen Regeln der Kommunikationspartner abhängig (Höflich 1996). Konkreter heißt dies, dass Menschen diese Regeln bewusst sein müssen beziehungsweise, dass sie diese praktisch umsetzen und aktiv anwenden. Mit einer Veränderung von Kommunikationssituationen, wie sie etwa durch die Verbreitung der Nutzung technischer Kommunikationsmedien im Allgemeinen und der des Mobiltelefons im öffentlichen Raum im Speziellen geschehen ist, ist auch das Regelwissen neu zu verhandeln. Dabei ist zum einen die Kommunikationssituation zwischen den beiden via Handy kommunizierenden Personen relevant. Zum anderen aber befindet sich jeder der beiden an einem physischen Ort und in einer dort angesiedelten Interaktion. Die sozialen Arrangements sind dergestalt anspruchsvoll, denn die Personen befinden sich sozusagen an mehreren Orten zugleich (Höflich 2005b: 19). Da im Rahmen dieser Arbeit die Kommunikation in Paarbeziehungen im Zentrum steht, liegt im Folgenden der Fokus auf zwei kommunizierenden Personen, um die Prinzipien der Regeln der Kommunikation zu verdeutlichen. Dabei ist festzuhalten, dass bei Formen medial vermittelter Kommunikation (zumeist) eine räumliche Trennung der Kommunizierenden vorliegt und damit keine gemeinsame physische Kommunikationssituation besteht. Entscheidende Grundlage der Kommunikation ist aber das regelgeleitete Handeln beider. Durch sozial und kulturell verankerte Regeln wird eine gemeinsame Mediensituation an einem so genannten virtuellen Ort möglich (Höflich 1996: 101; Höflich 2005: 19).

Kommunikation als regelgeleitetes soziales Geschehen

Kommunikationsregeln ermöglichen erst die Verständigung zwischen den Individuen. Regeln sind Präskriptionen, die anzeigen, welches Verhalten in einem spezifischen Kontext erwünscht, erfordert oder auch verboten ist (Shimanoff 1980: 57). Dabei beinhaltet diese Präskription Handlungsanweisungen oder Verhaltensvorschriften sowie die Möglichkeit diesen zu folgen (Höflich 1996: 34). Zu beachten ist, dass Regeln immer veränderlich sind. Sie können etwa auch als Bestandteil der Beziehungsentwicklung zwischen Menschen verstanden werden. Für eine Einordnung interpersonaler Kommunikation wird Joachim R. Höflich (1996) folgend Kommunikation als regelgeleitetes soziales Geschehen verstanden. Diese regelorientierte Kommunikationsperspektive eröffnet eine handlungstheoretische Sichtweise und stellt eine theoretische Verbindung zum symbolischen Interaktionismus her. Durch kommunikatives Handeln ergeben sich demnach intersubjektive Bezüge in der Handlungssituation und es entsteht ein gemeinsamer Symbolvorrat der Kommunikationspartner. Damit ist eine Einschränkung der möglichen Handlungsoptionen verbunden: Eine Begrüßung am Telefon ist beispielsweise nicht mit Winken zu bewerkstelligen. Gemeinsam verfügte Kommunikationsregeln sind allerdings als notwendige Beschränkung zu betrachten:

> „Würde jeder der am Kommunikationsprozeß Beteiligten seine eigene „Sprache" benutzen, manipulieren und in einer eigenen Symbolwelt leben, so wäre eine angestrebte Verständigung kaum möglich. Kommunikation kann, mit anderen Worten, nur dann gelingen, wenn nicht alles möglich ist. Kommunikationsregeln können in diesem Sinne als *kommunikationsermöglichende Restriktionen* verstanden werden."
> (Höflich 1996: 31, Hervorhebung im Original)

Entscheidend ist die Situation, in der kommunikatives Handeln stattfindet. Jede Situation, in der Menschen handeln, ist durch einen spezifischen Regelbestand strukturiert, der sich wiederum aus den Regeln ergibt, an denen sich die Handelnden orientieren. Bei einer gemeinsamen Definition der Handlungssituation bestimmen die Beteiligten diese gemeinsam und legen dabei eine Art Regelsatz fest (Höflich 1996: 41). In diesem Prozess ist ein Moment der Intersubjektivität bedeutsam (Gebhardt 2008). Regelgeleitetes Handeln stellt auch die Voraussetzung für interpersonale (Kommunikations-)Beziehungen dar, also Kontakte mit ein und derselben Person. Bezogen auf die Prozesse in Paarbeziehungen stellt sich daher die Frage der Entstehung und Etablierung von Regeln der Kommunikation. Dabei sind die Regeln nicht immer explizit bewusst. Die Abgrenzung zu nicht geregelten Verhaltensweisen wird allerdings bei der Verletzung von Regeln deutlich, zum einen durch mögliche Sanktionen, zum anderen durch das Ausbleiben einer positiven mit Regelbeachtung verknüpften „Belohnung" (Höflich 1996: 32). Wie sehr Menschen Regeln des sozialen Umgangs verinnerlichen wird etwa dann deutlich, wenn es zu (gezielten) Regelverletzungen kommt[3]. Kommunikationsregeln entwickeln sich im Laufe der Zeit und müssen um zu bestehen bestätigt werden:

„Um Bestand zu haben, müssen Regeln im alltäglichen kommunikativen Handeln bestätigt werden, indem sich die Akteure an ihnen orientieren (ohne diese immer befolgen zu müssen). Dies bedeutet keine dauerhafte, aber eine relative Stabilität; Regeln müssen nicht immer neu verhandelt und deren standardisierter Gebrauch kann (temporär) unterstellt werden. Ein System relativ beständiger Regeln konstituiert gleichsam eine Kommunikationspraxis und wird durch diese wiederum reproduziert." (Höflich 1996: 55)

Die herausgebildete Kommunikationspraxis wird dabei fortwährend situationsbezogen aktualisiert: „*Die Situation ist dabei der Mikrorahmen, in dem die umfassende Struktur reproduziert wird*" (Höflich 1996: 57). Es bestehen Wechselbeziehungen zwischen der Etablierung neuer technologischer Möglichkeiten, der Veränderung zwischenmenschlichen Medienhandelns und von Kommunikationssituationen und dem Bedarf an neuen Regeln sozialer Interaktion.

So verstanden sind Regeln als Normen zu begreifen, wobei hier ein Normbegriff im Sinne von Vorschrift gemeint ist. Es handelt sich um allgemein gültige Verhaltensvorschriften, die in irgend einer Form sanktioniert werden können (Höflich 1996: 35f.), sei es zum Beispiel durch gesetzliche Vorschriften gegen Ruhestörung oder durch soziale Missbilligung, wie Kopfschütteln oder physischer Meidung. Eine für die Betrachtung der Kommunikation in Paarbeziehungen nützliche Sichtweise eröffnet die Theorie der Bedeutungskoordination (Pearce / Cronen 1980). Sie weist über eine Vorstellung von Regeln als Vorschriften hinaus, indem Regeln auch im Zusammenhang der Konstitution von Sinn verortet werden. Kommunikationsregeln werden im Rahmen dieser Theo-

---

[3] Die Krisenexperimente von Harold Garfinkel (1973) stellen eindrucksvolle Beispiele dessen dar.

rie als Beschreibung individueller Informationsverarbeitung beziehungsweise als Organisationsform von Kognitionen betrachtet. Eine Koordination zwischen Kommunizierenden ist erreicht, wenn einer Sequenz von Botschaften ein gemeinsamer Sinn beigemessen und davon ausgehend weitergehandelt wird. Ein solches Verständnis ist nicht mit dem eines von Regeln als Normen zu vereinen (Höflich 1996: 50). Doch geben die Grundideen Anschlussmöglichkeiten für ein Verständnis der Konstitution beziehungsspezifischer Regeln idiosynkratischer Natur (Miller / Steinberg 1975: 21; Höflich 1996: 54). Idiosynkratische Regeln sind nicht generalisierbar und, da sie nicht als soziale Normen mit der Möglichkeit zu Sanktionen verknüpft sind, auch nicht durchsetzbar. Sie sind aber stark in die Strukturen von sozialen Beziehungen eingebunden und müssen bei der Analyse zwischenmenschlichen kommunikativen Handelns berücksichtigt werden. Generalisierte soziale Regeln, die wie eben ausgeführt auch als Normen bezeichnet werden können, sind in vielfältigen alltäglichen Kommunikationssituationen bedeutsam: Man begrüßt Personen, wenn man einen Raum betritt, oder meldet sich mit Namen am Telefon. Besteht zu anderen aber eine Kommunikationsbeziehungen − man kennt sich etwa über längere Zeit oder hat einmal intensiver miteinander gesprochen, wobei persönliche Informationen ausgetauscht worden − können soziale Normen in den Hintergrund treten. Sind nämlich Kommunikationssituationen vor allem durch eine engere Kommunikationsbeziehung der Beteiligten geprägt, dann sind idiosynkratische Regeln von größerer Bedeutung. Eine Begrüßung mit Spitznamen oder einer Meldung am Telefon, die Bezug zu gemeinsam erlebten komischen Situationen nimmt, verstehen beide Kommunikationspartner, da hier ein Verweis auf die Entwicklungsgeschichte der Kommunikationsbeziehung mit den ihr eigenen Spezifika mehr wiegt als allgemeine Regularien des Umgangs (Höflich 1996: 54ff.; siehe auch Kapitel 3.1 zur Entwicklung von Paarbeziehungen).

Kennzeichen interpersonaler Kommunikation

Dies ist ein erster Hinweis, wie sich möglicherweise komplexe Kommunikationsmuster etablieren können, wenn Personen eine Kommunikationsbeziehung entwickeln. Wie nun in interpersonalen Kommunikationsbeziehungen Regeln in Form von Normen oder auch in spezifischer Gestalt bedeutsam sind, ist nur mit einem Verständnis der Struktur der interpersonalen Beziehung möglich. Eine Basis stellt das Kommunikationsmodell von Miller und Steinberg (1975) dar, das eine Sicht auf ein Kontinuum zwischen unpersönlicher und interpersonaler Kommunikation entwirft. Ihr Gerüst basiert auf der Vorstellung, dass Menschen bei der Kommunikation mit anderen Voraussagen treffen. Diese Voraussagen basieren auf verschiedenen Informationen. Entscheidend dafür ob die Kommunikation eher unpersönlich (impersonal) oder persönlich (interpersonal) verläuft, sind die Information, die den Beteiligten hierfür zur Verfügung stehen. Miller und Steinberg beschreiben drei Ebenen der Information, die Menschen nutzen um ihre Vorhersagen über andere zu treffen:

- eine kulturelle Ebene,
- eine soziologische Ebene sowie
- eine psychologische Ebene (Miller / Steinberg 1975: 12).

Diese Ebenen sind in Relation zu der Menge an zur Verfügung stehender Informationen zu sehen. Die Ebenen stellen eine schematische Trennung dar, die bei alltäglichen zwischenmenschlichen Begegnungen nicht so gegeben ist. Vielmehr stehen vermutlich immer verschiedenen Informationen zur Verfügung. Die Modellierung ist aber hilfreich für eine Verständnis des Verhältnisses dieser Informationen zueinander und wie sie unsere Kommunikation bestimmen. Je mehr Informationen zu einer Person vorhanden sind, desto eher erfolgt die Vorhersage nicht nur auf einer kulturbezogenen sondern auf einer soziologischen und schließlich individuell-psychologischen Ebene. Eine Einordnung des anderen anhand von kulturkreisspezifischen Aspekten beinhaltet die von einer großen Gruppe geteilten Gewohnheiten, Praxen, Ansichten und Normen. Die Einschätzung, die basierend auf Informationen auf einer kulturellen Ebene vorgenommen werden, ist häufig uneindeutig. Damit wird eine echte interpersonale Kommunikation nicht erreicht. Die soziologische Ebene spricht Informationen auf einer konkreteren Ebene an. Hier geht es um Aspekte, wie die Zugehörigkeit zu sozialen Gruppen oder auch um Rollenzuschreibung und Statusinformationen. Einher geht häufig auch die Verknüpfung von Einstellungen, die Menschen zu sozialen Gruppen (beispielsweise Golfclubmitglied oder Discogänger) haben, einher. Hierbei wird wiederum deutlich, dass die Kommunikation zwischen Menschen, die auf soziologischen Informationen basiert, nur ein beschränkt interpersonales, zwischenmenschliches Maß ermöglichen kann. Hierfür sind Informationen auf einer psychologischen Ebene notwendig, die spezifische Auskünfte über das Gegenüber vermitteln und ihn nicht nur als einer Gruppe oder einem Kulturkreis zugehörig kennzeichnen. Die Informationen, die somit Voraussetzung für interpersonale Kommunikation darstellen, erlangt man nur durch die Interaktion mit der Person, etwa bei regelmäßigem Aufeinandertreffen. Umgangssprachlich ist dies wohl am besten mit der Wendung „man kennt sich" zu umschreiben. Auch auf dieser Ebene individuellen Austausches gibt es eine große Varianz möglicher Kommunikation. Die Konstellationen reichen schließlich von lockerer Bekanntschaft bis hin zu engen Beziehungen, wie etwa auch der Paarbeziehung. So ist zu notieren, dass auch auf der Ebene der Beurteilung akkurate Vorhersagen nur mit umfangreichen psychologischen Informationen über den anderen möglich sind. Es besteht zum Beispiel die Gefahr generalisierter Meinungen auf der Ebene individuellen Austausches, insbesondere wenn die Informationen nicht direkt sondern über andere bezogen werden („Ich habe gehört, er soll unfreundlich sein.").

So allgemein damit die Differenzierung ist, die Miller und Steinberg vorschlagen haben, sie schafft doch eine gute Basis für ein Verständnis zwischenmenschlicher Kommunikation. Das Konzept ermöglicht eine Grundvorstellung der Kommunikationsprozesse, ohne dabei zunächst den Begriff der sozialen Beziehung zu erörtern. Miller und Steinberg etwa betonen, dass es eine Unterscheidung zwischen interpersonaler Kommunikation und interpersonaler Beziehung geben muss (Miller / Steinberg 1975: 29). Interpersonale Beziehungen gehen über (zunächst einseitige) Kommunikationsprozesse hinaus. (Der Klärung des Begriffs der Beziehung widmet sich Kapitel 3.1) Doch sind Kommunikationsprozesse und Beziehungen untrennbar miteinander verknüpft. Kommunikation stellt die Grundlage jeglicher Beziehungsentwicklung dar. Kommunikation bildet den Kontext eines aktiven Schaffens einer Beziehung und kann auch nach außen als Zeichen der Beziehung gesehen werden (Duck 2007). Wenn die Art der Informationen nach denen wir andere beurteilen die Kommunikation bestimmt, lässt die interpersonale Kommunikation auch auf die Art der Beziehung zwischen zwei Personen schließen. Ein Blick auf die Kommunikation gibt sozusagen Hinweise auf die Art der Beziehung und dies hat auch mit dem Gebrauch von Medien in Beziehungen zu tun (Höflich / Linke forthcoming).

Interpersonale Kommunikationsprozesse basieren auf Regeln, die sich allgemein als Normen herausbilden sowie als spezifisch für Kommunikationsbeziehungen etablieren, und zudem die Grundlage für den Gebrauch von Medien darstellen. Dieser ist wiederum immer auch im Kontext des gesamten Kommunikationsverhaltens und somit im Zusammenhang mit deren Einbezug in eine Kommunikationspraxis zu verorten (Höflich 1996). So wie interpersonale Kommunikation auf Basis kultureller, soziologischer und individueller Momente entsteht, sind wiederum sowohl idiosynkratische, sozial und kulturell verankerte Regeln die Grundlage neuer Kommunikationssituationen. Nur durch deren Etablierung wird etwa eine gemeinsame Mediensituation an einem virtuellen Ort möglich. Die Folgen, die mit der Etablierung neuer Medien und der Veränderungen des Mediengebrauchs einhergehen, können letztlich nicht grundsätzlich als positiv oder negativ gewertet werden. Daher gilt es auch bei der Analyse dieser Prozesse die multiplen Dialektiken des Gebrauchs im Auge zu behalten (Höflich / Linke forthcoming) und sowohl ihre Potentiale wie auch Risiken zu erfassen. Medien sind integraler Bestandteil sozialen Handelns und stark mit dem Alltagshandeln der Menschen verwoben. Deshalb kann nur eine kontextualisierte Analyse von Medienentwicklungen und der Kommunikation in Paarbeziehungen zu einem umfassenden Verständnis dieser führen.

3 Paarbeziehung

3.1 Grundlagen und Perspektive

Die wissenschaftliche Beschäftigung mit der Paarbeziehung erweist sich bislang als eher uneinheitlicher Forschungsbereich. Die Theorien und Traditionen sind vielfältig und in diversen Disziplinen verankert. Im Folgenden werden maßgebliche Anmerkungen und Gedanken zum Forschungsgegenstand Paarbeziehungen formuliert und somit das zugrunde gelegte Verständnis und die Perspektive auf das Phänomen dargestellt.

Beziehungen zwischen Menschen sind Prozesse, die auf Kommunikation, auf symbolischen Interaktionen sowie auf mentalen Vorgängen basieren. Sie sind eingebettet in Alltagsbezüge (Wood / Duck 2006) und können nicht isoliert von gesellschaftlichem und kulturellem Wandel betrachtet werden. Minimalbedingung für eine soziale Beziehung ist ein stabiles Interaktionsmuster (Hinde 1993). Beziehungen bestehen aber nicht nur aus Interaktion, sondern auch aus mentalen Prozessen: Soziale Beziehungen zwischen Menschen oder Menschen und Menschengruppen beinhalten, dass die beteiligten Personen eine innere Vorstellung vom anderen und von der Beziehung haben, wobei das aufeinander eingestellte soziale Handeln, welches hier anknüpft, situationsübergreifend orientiert ist (Krotz 2007). Die mentalen und kommunikativen Prozesse in Beziehungen sind bedeutsam für die (zwischen-) menschliche Konstruktion von Identität und Wirklichkeit (Berger / Kellner 1965, siehe Kapitel 3.2). In ihren fortwährend zu aktualisierenden kommunikativen Strukturen sind soziale Beziehungen in eine gesellschaftliche und kulturelle Ordnung der Interaktion eingebunden (Goffman 1971, Willems 2003, siehe hierzu Kapitel 3.3).

Kennzeichen der sozialen Beziehung

Wie ist die Beziehung im Vergleich zu anderen Strukturtypen zu verorten? Georg Simmel (1992) hat die Perspektive auf die Relationen zwischen Menschen eröffnet und gezeigt, dass die Dyade eine grundlegende Form ist, die soziale Interaktion strukturiert:

„Sie gibt das Schema, den Keim und das Material für unzählige mehrgliedrige ab; obgleich ihre soziologische Bedeutung keineswegs nur auf ihren Ausdehnungen und Vermannigfaltungen beruht. Vielmehr ist sie selbst schon Vergesellschaftung, an der nicht nur viele Formen einer solchen überhaupt sich sehr rein und charakteristisch verwirklichen, sondern die Beschränkung auf die Zweizahl der Elemente ist sogar die Bedingung, unter der allein eine Reihe von Beziehungsformen hervortreten. (Simmel 1992: 100)

Leopold von Wiese (1966) bezeichnete die Zweiergruppe als kleinste Form der Gruppe und damit als soziologischen Gegenstand. Er hat festgehalten, dass das Verhalten zweier Menschen durch ihre Beziehung zueinander transformiert wird, dass mit einer Beziehung eine soziale Form entsteht (Wiese 1966: 462f.). George McCall (1998) geht soweit die Beziehung zwischen zwei Menschen als soziale Organisation aufzufassen. Er begründet dies insbesondere mit vier Kennzeichen, die persönliche Beziehungen mit sozialen Organisationen teilen: Zum einen ist dies das Bewusstsein der Beteiligten Teil einer objektivierten, institutionalisierten sozialen Form zu sein. Dies äußert sich darin, dass die Beteiligten wissen, dass sie von anderen als „Paar", „Familie" oder „Gemeinde" wahrgenommen werden. Zum zweiten geht es um ein Gefühl von Kollektivität, von Zugehörigkeit und Gemeinschaft, das sowohl bei Dyaden wie auch in jeglicher Organisationsform durch solidarisches Handeln untereinander und das Erleben eines Wir-Gefühls erfahren wird. Zum dritten ist die Schaffung einer gemeinsamen Kultur ein Merkmal, das Menschen sowohl in dyadischen Beziehungen als auch in Organisationen ausbilden und das sich durch ein gemeinsam konstruiertes und geteiltes Wissen, durch die Pflege von Symbolen oder die Ausführung von Ritualen äußert. Das vierte Merkmal, das Dyaden und Organisationen gemein haben, ist die Etablierung einer Rollendifferenzierung, die sich zum Beispiel in einer Arbeitsteilung zwischen den beiden Beziehungspartnern als auch zwischen den Mitgliedern einer Organisation entwickelt. Dem gegenüber sind fünf Besonderheiten der dyadischen Beziehung festzuhalten, die sie von anderen sozialen Strukturen unterscheidet: Beziehungen werden von den Beteiligten als einmalig wahrgenommen; sie verbinden Intimität und Hingabe mit der Beziehung und vertrauen auf der Reziprozität des Austausches miteinander. Zudem ist die Gewissheit der Endlichkeit einer zwischenmenschlichen Beziehung bedeutsam, was dazu führt, dass eine Beziehung immer an die Beteiligten gebunden ist und kein Beziehungspartner – wie dies in Organisationen etwa möglich wäre – ersetzt werden kann (McCall 1988: 474).

Diese Besonderheiten weisen daraufhin, dass der Strukturtypus der Beziehung vielmehr zwischen Interaktion und Organisation anzusiedeln ist (Lenz 2006: 32). Sie unterscheidet sich sowohl von Interaktion, denn sie besteht jenseits einer konkreten Situation, in der Interaktion stattfindet. Auch von einer

Organisation unterscheidet sie sich, denn während dort eine charakteristische, von der individuellen Person getrennte Ausdifferenzierung von Rollen stattfindet, sind in Beziehungen Rolle und Person immer aufs engste miteinander verbunden.

Kennzeichen der Paarbeziehung

Der Gegenstand der Paarbeziehung ist nun davon ausgehend spezifischer zu kennzeichnen. Eine Paarbeziehung ist immer eine Dyade, beschreibt also das Verhältnis zweier Personen. Diese Konstellation bringt mit sich, dass es immer zwei Perspektiven, die der beiden beteiligten Individuen, auf die Beziehung gibt (Duck 1990). Karl Lenz (2006) benutzt daher die Bezeichnung „Zweierbeziehung" und definiert diese als:

> „(...) Strukturtypus persönlicher Beziehung zwischen Personen unterschiedlichen oder gleichen Geschlechts, der sich durch einen hohen Grad an Verbindlichkeit (Exklusivität) auszeichnet, ein gesteigertes Maß an Zuwendung aufweist und die Praxis sexueller Interaktion – oder zumindest deren Möglichkeit einschließt." (Lenz 2006: 39)

Das Geschlecht ist bei der Betrachtung von Paarbeziehung ein zu beachtender Aspekt (Lenz 2006: 48ff.). Zum einen ist eine Differenzierung zwischen heterosexuellen und homosexuellen Paarbeziehungen zu bedenken, gleichwohl der Forschungsstand zu homosexuellen Beziehungen noch unzureichend ist. In heterosexuellen Beziehungen ist immer eine Konstellation beider Geschlechter vorhanden. Daher gilt es diesbezügliche Unterschiede zu betrachten, wobei die Herausforderung in einer Konstellation der Zweigeschlechtlichkeit in heterosexuellen Paarbeziehungen darin besteht Unterschiede zwischen den Partnern eindeutig auch als Geschlechtsdifferenzen zu identifizieren. Auch wenn für Paarbeziehungen vermerkt wurde, dass stereotype Vorstellungen und Umsetzungen von Geschlecht in den letzten Jahren zurückgegangen sind, wurden millieuspezifische Unterschiede des Geschlechterhandelns erfasst (Koppetsch / Burkart 1999). Geschlecht ist – auch für die Betrachtung von engen Beziehungen – als Prozesskategorie zu verstehen, denn Geschlecht wird durch soziales Handeln hinsichtlich der Definition von, der Positionierung gegenüber sowie der Identifikation mit Geschlecht konstituiert (Ang / Hermes 1991; Klaus 1998).

Zuwendung und Sexualität werden in der Forschung häufig als Aspekte der Paarbeziehungen aufgeführt (z.B. Lenz 2006: 40). Diese Momente variieren in ihrer Ausprägung. Paarbeziehungen besitzen einen – ebenfalls unterschiedlichen – Grad der Verbindlichkeit. Es besteht jeweils ein spezifisches Wissen über einander, das heißt so wohl Wissen über den Partner als auch spezifisches Wissen die Beziehung betreffend. Paarbeziehungen sind durch eine emotionale Bindung (Hazan / Shaver 1987) sowie Interdependenzen bezüglich der individuellen Investitionen (Rusbult / Martz / Agnew 1998) zwischen Partnern gekennzeichnet. Sie sind – wie jede Beziehung – von einer Machtbalance gekennzeichnet, wobei Machtgrundlagen, Machtprozesse und Machtresultate differenziert zu betrachten sind (Lenz 2006: 87ff.).

Der Begriff der Zweierbeziehung, den Lenz (2006) wählt, betont das dyadische Moment und grenzt diesen Typus von weniger konkreten Bezeichnungen wie „Intimbeziehung", „enge Beziehung" und auch von zu engen Definitionen, wie „Ehe", „sexuelle Beziehung" oder „romantische Beziehung" ab. Diese Arbeit lehnt sich inhaltlich dem Konzept von Lenz an. Nichts desto trotz wird im Folgenden gegenüber dem Begriff der „Zweierbeziehung" die Bezeichnung „Paarbeziehung" vorgezogen, da diese sowohl die Struktur der Dyade als auch die besondere Qualität, die auf einen spezifischen, durch Kommunikation entstehenden Moment von Paaridentität hinweist (siehe auch Kapitel 3.2), beinhaltet.

Entwicklung und Dynamik von Paarbeziehungen

Paarbeziehungen sind als Prozesse zu betrachten. Steve Duck (1990) kritisiert, dass dieser Aspekt bislang wenig Berücksichtigung in der Forschung fand. Den Hintergrund sieht er in der Tatsache, dass es leichter möglich ist Zustände zu beschreiben, da diese klar zu umreißen und im Detail darzustellen sind. Soziale Prozesse dagegen, als Übergänge zwischen diesen künstlich definierten Zuständen, sind schwierig zu erfassen. Menschen und auch Wissenschaftler neigen daher eher dazu in „Standbildern" als in „Bewegtbildern" zu denken (Duck 1990: 17ff.). Ein prozessorientiertes Verständnis von Paarbeziehungen ist aber erforderlich um das soziale Geschehen vollständig zu verstehen und seine Einbettung in alltägliche Bezüge nicht zu übersehen. Der Fokus liegt hierbei zum einen auf der fortwährenden Dynamik der Interaktion zwischen Partnern und zum anderen auf einer längerfristigen Perspektive der Entwicklung von Paarbeziehungen. Beziehungen sind vor dem Hintergrund der fortwährenden Veränderung menschlichen Erlebens als sich kontinuierlich wandelnd zu konzeptualisieren. Dieses Konzept gesteht damit auch alltäglichen, situativen Einflüssen auf Paarbeziehungen einen realistischen Stellenwert zu (Duck / Pittman 1994).

Theoretische Modelle der Beziehungsentwicklung beschreiben eine Unterscheidung von Phasen, die Paarbeziehungen durchlaufen beziehungsweise durchlaufen können. Das ABCDE-Modell (Levinger 1980) bietet eine erste grundlegende Modellierung der Phasen von Paarbeziehungen. Es unterscheidet die Kennenlernphase (acquaintance), Aufbauphase (buildup), Bestandsphase (continuation), Krisenphase (deterioration) und die Trennungs- / Auflösungsphase (ending) von Paarbeziehungen. Die Phasen sowie die Übergänge zwischen den Phasen können hierbei unterschiedlich verlaufen. Angelehnt an dieses klassische Phasenmodell hat sich das BCDE-Modell (Scanzoni / Polonko / Teachman / Thompson 1989; Lenz 2006) etabliert, das zwischen Aufbauphase (buildup), Bestandsphase (continuation), Krisenphase (deterioration) sowie Auflösungsphase (ending) unterscheidet. Die Reduzierung auf vier Phasen ist Ergebnis der Kritik der im ABCDE-Modell angelegten Unterscheidung der ersten beiden Phasen, da das Kennenlernen häufig nicht von dem Aufbau einer Beziehung zu trennen ist. In der Aufbauphase nähern sich zwei Menschen einander an: Man wird miteinander bekannt, entdeckt Eigenschaften des anderen und erkundet indirekt auch das potentielle Vermögen wie auch die möglichen Probleme der Beziehung. Die Bestandsphase ist dadurch gekennzeichnet, dass sich die Partner von hier an als festes Paar verstehen. In der Bestandphase wird in engen Beziehungen ein gemeinsamer Alltag gelebt, mit all den Herausforderungen und Transformationen innerhalb der Phase, die dies mit sich bringt. In der Krisenphase einer Beziehung erleben mindestens einer oder beide Partner negative Veränderungen in der Beziehung. Krisenphasen können in ihrer Dauer sehr variieren. Die Beziehung ist in einer Krisenphase weniger stabil und es herrscht bei mindestens einem Partner Unzufriedenheit mit der Beziehung oder einem Aspekt der Beziehung. Die Auflösungsphase ist dadurch gekennzeichnet, dass ein oder beide Partner konkrete Schritte zur Beendigung der Beziehung verfolgen (Lenz 2006). Beziehungen sind, wie bereits betont, dynamische Angelegenheiten, weshalb die Reihenfolge der Phasen unterschiedlich verlaufen kann (Scanzoni / Polonko / Teachman / Thompson 1989). Es ist des Weiteren möglich, dass Phasen mehrfach durchlaufen werden, etwa kann die Bestandsphase von Krisenphasen abgelöst werden oder an die Auflösungsphase kann sich eine Bestandsphase anschließen.

Problematisch gestaltet sich die theoretische Konzeptionalisierung der Phasenübergänge beziehungsweise die Abgrenzung der Phasen (Lenz 2006:53). Entscheidend ist hier letztlich das subjektive Erleben der Beziehung durch die Paare beziehungsweise − besser formuliert − das subjektive Erleben der Beziehung durch die Partner, denn es ist möglich, dass zwei Partner den Stand der Beziehung unterschiedlich empfinden, was eine unterschiedliche Zuordnung zu den Phasen mit sich brächte. Zudem beziehen sich die Modelle ausdrücklich auf Paarbeziehungen. Nicht angesprochen werden − wobei durchaus anschlussfähig − Transformationsprozesse hin zu einer anderen Definition von Beziehung, zum Beispiel die Wandlung einer Freundschaft hin zur Paarbeziehung oder auch die

Entwicklung einer Paarbeziehung hin zu der von Ex-Partnern, die gleichzeitig Eltern gemeinsamer Kinder sind und bleiben.

Diese Einschränkungen verdeutlichen, dass Phasenmodelle dieser Art immer nur Ordnungsversuche sind, auf dem Weg, sich einem komplexen sozialen Phänomen zu nähern. Sie stellen wissenschaftliche Konstruktionen dar, die die Abläufe in Beziehungen nachvollziehbarer machen sollen, was mit sich bringt, dass das tatsächliche Erleben der Beteiligten von einer Modellierung abweichen kann (Lenz 2006: 53). Die dargestellten Modelle sind als Annäherung zu verstehen. Wenn es um die Beachtung dynamischer Prozesse geht, ist eine Orientierung an Phasen in keinem Fall ausreichend.

Die Entwicklung einer Beziehung lässt sich auf verschiedenen Ebenen nachvollziehen. George Levinger und Ann Cotton Levinger (2003) beschreiben in dem Paper „Winds of time and place: How context has affected a 50-year marriage" den Verlauf ihrer Paarbeziehung und verdeutlichen, wie deren Entwicklung in Wechselbeziehung zu Ereignissen auf einer Mikro-, einer Mesosowie einer Makroebene stand. Der Mikrokontext betrifft das Umfeld, das sich das Paar beziehungsweise die Partner selber schaffen - etwa indem sie hinsichtlich ihres Lebenswegs Entscheidungen treffen (zum Beispiel im Beruf oder in der Familie), indem sie Pläne formulieren und umsetzten oder Unternehmungen in Angriff nehmen. Hierbei spielt die Interaktion des Paares eine entscheidende Rolle, denn in ihr zeigen sich die Partner ihre Gedanken und Gefühle gegenseitig an. In der Interaktion findet die Verhandlung und Gestaltung des Mikrokontextes statt, wobei – und das ist ganz entscheidend – Paare sich hinsichtlich der Ausgestaltung dieser Prozesse und des Umfangs der Aushandlung deutlich unterscheiden: „Couples differ greatly in the storminess of their microcontext" (Levinger / Levinger 2003: 286). Der Mesokontext bezieht sich auf das Umfeld eines Paares. Zum einen ist das soziale Umfeld angesprochen, also soziale Netzwerke wie Familie und Freunde. Zum anderen sind die Relationen zu Unternehmen, Gemeinden und Vereinen, denen Partner oder Paare angehören, von Bedeutung. Des Weiteren sind räumliche Gegebenheiten zu dieser mittleren Ebene zu rechnen. Etwa bestimmen die Wohnsituation, die Wege, die Partner zurücklegen und die Entfernungen zwischen relevanten Orten den Mesokontext eines Paares. Diese Settings entsprechen – die Metapher von Levinger und Levinger aufgreifend – dem saisonalen Wetter, das sich relativ variabel ändern kann. Der Makrokontext einer Beziehung wird bestimmt durch die in einer Gesellschaft bestehenden Normen, Gesetze und Ressourcen und beinhaltet damit auch kulturelle Momente. Dies verweist auch darauf, dass jedweder Kontext sich wandelt und sich dadurch auch Wandelungsprozesse zwischen den verschiedenen Ebenen sozialer Phänomene ergeben. Sowohl die politischen Verhältnisse, die wirtschaftliche Situation als auch gesellschaftlich etablierte Anforderungen an die Partner kommen im Makrokontext zum Tragen. Etwa gilt es sich mit Beziehungs- und Rollenmustern zu arrangieren. Wird die Wettermetapher auf den Markokontext bezogen, handelt es sich um das langfristige Klima. Dabei ist wieder auch der Wandel des Makrokontextes zu bedenken, der sich beispielsweise in der Veränderung kulturell geprägter Geschlechterrollen, der Pluralisierung der Lebensformen oder der steigenden Mobilität in Gesellschaften äußert.

3.2 Die kommunikative Konstruktion einer Paaridentität

Das Paar und die Konstruktion einer gemeinsamen Wirklichkeit

In Paarbeziehungen sind Konstruktionsprozesse von großer Bedeutung: Paare entwickeln eine spezifische Paaridentität, wobei die Kommunikation zwischen den Partnern eine entscheidende Rolle spielt. Dieser Prozess ist im Kontext einer gesellschaftlichen Konstruktion von Wirklichkeit (Berger / Luckmann 2004) zu sehen. Peter L. Berger und Hansfried Kellner (1965) beschreiben in ihrer Arbeit „Die Ehe und die Konstruktion der Wirklichkeit" die Ehe als nomosbildendes Instrument. Als Gegenentwurf zu Emile Durkheims Konzept von Anomie (1983) als ein Zustand der sozialen Losgelöstheit und Unzufriedenheit verstehen sie Nomos als ein Arrangement, in dem sich Individuen in dieser Welt sicher fühlen (Berger / Kellner 1965: 220). Damit wird die Paarbeziehung als eine gesellschaftliche Erscheinung gekennzeichnet, die Ordnung und Sinn für den Einzelnen stiftet. Die Basis für Berger und Kellners Ideen zur Ehe stellt die Arbeit von Alfred Schütz dar, die die Konstitution von Sinn nachvollzieht und erklärt, wie Menschen ihre soziale Welt aufbauen (Schütz 1974). Ein zentrales Element von Schütz' Theorie ist die Frage der Entstehung von Intersubjektivität, also von gegenseitigem Fremdverstehen: Wie können sich zwei Menschen so verständigen, dass sie einander jeweils den subjektiv konstituierten Sinn vermitteln können? Wie entsteht ein gemeinsamer Sinn? Dabei kennzeichnet Schütz den „gemeinten Sinn" – den der Einzelne für sich konstruiert und einem anderen begreifbar machen möchte – als „Limesbegriff", das heißt, der gemeinte Sinn eines Individuums kann von seinem Gegenüber nie völlig erfasst werden. Jedes Fremdverstehen ist immer eine Deutung (Schütz 1974: 42).

Karl Lenz (2006) betont – die Problematik des Fremdverstehens reflektierend – die Komplexität von Wirklichkeit und die Mehrdeutigkeit von Handlungen und Regeln. Durch diese Mehrdeutigkeit sind Menschen gezwungen, den Handlungen anderer auf den Grund zu gehen. In Alltagssituationen, zum Beispiel im öffentlichen Raum, äußert sich dies etwa darin, dass Menschen das Verhalten anderer deuten und in Abstimmung damit auch Regeln des zwischenmenschlichen Umgangs auslegen. Menschen unterscheiden sich durch die verschiedenen Erfahrungen, die sie machen und die in ihre Wirklichkeitskonstruktion einfließen. Dies ist nicht zuletzt Grundlage ihrer individuellen Sozialisation. Der Einzelne kann anderen von seinen individuellen Erfahrungen berichten. Aber ein Bericht über seine Erlebnisse ist nie gleich dem Erleben (Lenz 2006: 144ff.). Sein Gegenüber wird niemals exakt die gleichen Gedanken und Gefühle aus seinem Bericht ziehen, wie er, als er das Geschilderte selbst erfahren hat. Das innere Erleben einer Person stellt ein komplexes Geschehen dar, welches kognitive und emotionale Prozesse beinhaltet. Diese mentalen Prozesse sind dabei an sich ungeordnet und müssen auch von der Person selbst aufmerksam erschlossen werden (Simmel 1992: 387f.). Dies kann als Bestandteil einer Konstitution von Sinn und Realität betrachtet werden. Einige Teile des inneren Erlebten werden „veröffentlicht" und an andere kommuniziert, während manche Gedanken und Gefühle niemals mit anderen geteilt werden. Der Sprache kommt als Mittel, um das eigene innere Erleben zu offenbaren, eine herausragende Stellung zu (Berger / Luckmann 2004:163). Inneres Erleben kann aber nicht nur sprachlich, sondern auch nonverbal gezeigt werden. Menschen vermitteln ihre Gedanken und Gefühle zudem unterschiedlich kontrolliert: Sie können ihre inneren Erlebnisse einmal strategisch offenbaren und diese wiederum in anderen Situationen weniger geplant und sogar ungewollt kundtun. Wie auch immer gemeinter Sinn geäußert wird, die Person gegenüber, die versucht den gemeinten Sinn des anderen nachzuvollziehen, tut dies indem sie die Handlungen des anderen in Bezug zu ihrem individuellen Erfahrungsschatz deutet. Da dieser – wie bereits vermerkt – individuell geprägt ist, ist auch die Sinndeutung ein spezifischer und an den Einzelnen gebundener Prozess.

Damit soll die Komplexität der Problematik des Fremdverstehens, der Erzeugung von Intersubjektivität, nur kurz angedeutet werden. Wie kann zwischen Menschen eine gegenseitige Annäherung an den jeweils vom anderen gemeinten Sinn möglich werden? Durch einen wechselseitigen Austausch zwischen zwei Menschen, ein fortwährendes Kundtun des subjektiv gemeinten Sinns und Deutens, kann eine Orientierung der Handlung der Personen an den Handlungen des jeweiligen Gegenübers erfolgen. So wird zwischen zwei Menschen eine Annäherung an den gemeinten Sinn und eine „Einigung" auf einen „objektiven Sinn" einer Handlung oder Äußerung möglich. Menschen beziehen sich im sozialen Austausch auf den „objektiven Sinn", der sich in einer Handlung des Gegenübers äußert (Schütz 1974: 42f.). Indem fortwährend subjektiv erfahrene Sinnbedeutungen dem einzelnen objektiv verständlich werden, erfolgt in der Interaktion eine Objektivierung. Der Grad dieser Objektivierung hängt von den Beziehungen zwischen den in der Interaktion Beteiligten ab (Berger / Kellner 1965: 224). Je genauer sich Personen kennen und je größer ihr Wissen über den kulturellen, sozialen und auch persönlichen Hintergrund des Gegenübers (siehe auch Kapitel 2.3) ist, umso besser können sie den anderen deuten. Dieser Zusammenhang gilt auch in der Umkehrung: Je besser man die Handlungen einer Person deuten kann, umso größer ist das Vermögen den von ihr gemeinten Sinn zu verstehen. Dieser Prozess ist grundlegend für soziales Zusammenleben, da die Basis aller Handlungen im Alltag die Annahme ist, dass alle (relevanten) Menschen gemeinsam die gleiche Wirklichkeit erleben und beurteilen. Je häufiger und ausgiebiger Wissen zu einer Person gesammelt wird, umso besser ist die Voraussetzung für die Herstellung von Intersubjektivität. Dem zwischenmenschlichen Gespräch kommt damit in einem doppelten Sinne Bedeutung zu: Zum einen als Form des kommunikativen Austausches von Informationen zu Personen, die im Kontext einer Beziehungsentwicklung (siehe auch Kapitel 3.1) den Prozess des Fremdverstehens erleichtern. Zum anderen ist das Gespräch ein Ort der Herstellung von Intersubjektivität, die Voraussetzung für eine zwischenmenschliche Konstitution von Sinn und Bestätigung von Realität. Das Gespräch bringt dabei nicht automatisch diesen Prozess in Gang. Es gibt auch Situationen, in denen Menschen stundenlang inhaltslose Sätze austauschen oder sich etwas vorspielen. Voraussetzung für ein Gespräch als Basis eines „echten" kommunikativen Austausches ist also das Bestreben der beiden Personen den jeweils anderen zu verstehen und von diesem verstanden zu werden. Der beschriebene nomosstiftende Prozess stellt eine Grundlage der Gesellschaft dar. Durch kommunikativ vermittelten Sinn wird die gesellschaftlich konstruierte Welt dem einzelnen fortlaufend vermittelt und bestätigt. Der Prozessgedanke ist dabei essentiell: Sein kontinuierlicher Ablauf ermöglicht, dass die Welt für den Einzelnen seine Welt bleibt (Berger / Kellner 1965: 221).

Die Herstellung und Aktualisierung von Paaridentität im Gespräch

Berger und Kellner schreiben nun der Ehe eine herausragende Rolle im Komplex der gesellschaftskonstituierenden Erscheinungen zu und sehen insbesondere auf der Ebene der Mikroprozesse die Basis der Konstitution von Wirklichkeit. Die Form des Gesprächs ist für sie dabei das am häufigsten genutzte Mittel. Sie gehen soweit das Gespräch als Metapher für eine Beziehung zwischen Menschen zu nutzen:

> „In diesem Sinne ist es richtig, die Beziehungen des einzelnen zu dem anderen, der für ihn von Bedeutung ist, als fortlaufendes Gespräch zu sehen. In dem Umfang, in

dem es geführt wird, bestätigt es immer von neuem die grundsätzlichen Definitionen der Realität, in die man sich begab, weniger durch ausdrückliche Formulierung als durch stillschweigende Übernahme vorgesehener Definitionen und mittels des Gesprächs über alle vorstellbaren Fragen auf der Grundlage dieser als Selbstverständlichkeit vorgegebenen Basis. Das gleiche Gespräch befähigt den einzelnen, sich Veränderungen und neuen gesellschaftlichen Zusammenhängen in seiner Biographie anzupassen. Es kann gesagt werden, daß man sein Leben grundsätzlich im Gespräch führt." (Berger / Kellner 1965: 222)

Der wirklichkeitskonstituierende Teil des Gesprächs findet dabei implizit statt, es geht in diesen Prozessen weniger um reflektierte Ausführungen über den Sinn des Lebens oder zum Selbstverständnis des Paares:

„Entscheidend ist jedoch, daß der größere Teil der Wirklichkeits-„Unterhaltung" implizit, nicht explizit, im Gespräch, stattfindet. Nur die wenigsten Gespräche drehen sich mit vielen Worten um das Wesen der Welt. Unsere Wirklichkeitsbestimmung vollzieht sich vielmehr vor dem Hintergrund einer Welt, die schweigend für gewiß gehalten wird." (Berger / Luckmann 2004: 163)

Im Gespräch mit „signifikanten Anderen" (Mead 1968) wird die Realität erhalten und erneuert. Dabei ist das Vermögen, sich in den anderen hinein zu versetzen von Bedeutung: Durch die Fähigkeit der Rollenübernahme wird das Verhalten anderer antizipierbar. Der Prozess der Perspektivenübernahme steht auch im Zusammenhang mit der Konstitution von Identität. Berger und Kellner erarbeiten, dass neben der individuellen Identität von Menschen die Herausbildung einer Identität der Paarbeziehungen geschieht (Berger / Kellner 1965: 227). Das Gespräch selbst schafft hierfür zunächst das Potential, aus dem Beziehungspartner Gemeinsamkeiten und Übereinstimmungen als Basis für ein gemeinsames Image finden und damit eine Paaridentität schaffen können. Folgt man der Metapher, von Beziehung als fortlaufendem Gespräch, kann man den Ausgangspunkt einer Beziehung als ein Aufeinandertreffen von zwei Menschen verstehen, die aus unterschiedlichen Umfeldern, aus unterschiedlichen Gesprächsbereichen, kommen. Mit dem Beginn einer Ehe – so Berger und Kellners These – ändert sich dann die Wirklichkeitsdefintion beider Partner. Dies beinhaltet auch, dass die Eigendefinition der Beziehungspartner angepasst wird. Dieser Prozess der gegenseitigen Ausrichtung der Identität am Partner stellt einen herausragenden nomischen Prozess im Leben eines Menschen dar. Der Beginn einer Ehe kann daher als ein nomischer Bruch gesehen werden, ein Wendepunkt, an dem für die Partner eine neue Definition von Wirklichkeit einsetzt (Berger / Kellner 1965: 226)[4].

Im Gespräch der Partner – und es handelt sich, wie bereits mehrfach betont, um ein anhaltendes Gespräch – wird das gemeinsame Image geformt (Berger / Kellner 1965: 227), welches als Paaridentität bezeichnet werden soll. Diese Paaridentität wird fortwährend bearbeitet und aktualisiert. Sie entwickelt sich im Kontext alltäglicher Erfahrungen beider Partner. Der so genannte Gesprächsapparat[5] des Paares besteht des Weiteren aus den vergangenen wie auch zukünftigen Erlebnissen. Die Realitätskonstruktion in Paarbeziehungen beinhaltet also immer auch die Perspektiven auf Vergangenheit und Zukunft sowie deren Verhältnis zur Gegenwart. Paare konstituieren dadurch sowohl eine Konstruktion von gemeinsamer Geschichte als auch eine Antizipation zukünftigen Lebens. Die Wirklichkeit, die das Paar konstruiert, wird durch diesen Prozess eingeengt: Es kommt zur Stabilisierung, die Ambivalenzen werden im Austausch mit dem Partner zur Gewissheit (Berger / Kellner 1965: 230f.).

Der beschriebene Prozess stellt einen idealtypischen Fall einer Ehe dar. Es ist natürlich auch häufig der Fall, dass Ehen nicht erfolgreich verlaufen und auch keine nomosbildende Kraft für die Beteiligten entsteht. Trotzdem sind Berger und Kellner, das Phänomen steigender Ehescheidungen diskutierend, überzeugt von der Bedeutung der Prozesse: Steigende Scheidungsziffern seien kein Anzeichen eines Bedeutungsverlust der Ehe, sondern dass die Ehe als nomosstiftendes Instrument so wichtig geworden ist (Berger / Kellner 1965: 234). Menschen sind zunehmend nicht mehr bereit in unglücklichen Beziehungen zu leben, die ihnen nicht den Halt in der Welt geben, den sie sich wünschen. Die verbreitete Bereitschaft von Geschiedenen, sich wieder zu verheiraten unterstützt diese These.

Wenn Berger und Kellner sich in ihrer Arbeit von 1965 auf Ehen beziehen, gilt es heute die Reichweite ihrer Gedanken zu erweitern und den Fokus breiter auf Paarbeziehungen zu legen. Die beschriebenen Konstruktionsprozesse in Paarbeziehungen sind in die Konstruktion von Kultur, von Gesellschaft und von sozialen Netzwerken wie der Familie eingebettet. Damit gehen die Vorstellungen und Einstellungen zu Beziehung und Partnerschaft einher, die sich im Laufe

---

4 Diese These mag aus heutiger Sicht antiquiert anmuten. Wenn Berger und Kellner 1965 den expliziten Zeitpunkt der Eheschließung als Beginn einer partnerschaftlichen Identitätsfindung benennen, ist in heutigen Paarbeziehungen stärker von spezifisch definierten Zeitpunkten als Beginn einer gemeinsamen Verortung von Wirklichkeit auszugehen (siehe auch Kapitel 3.1 zu Entwicklungsphasen in Paarbeziehungen).
5 Sowohl Berger / Kellner (1965) als auch Berger / Luckmann (2004) nutzen den Begriff des Gesprächsapparats beziehungsweise Konversationsapparats und betonen damit den Prozesscharakter des Gesprächs in zwischenmenschlichen Beziehungen sowie die fortwährende Einbindung der Beteiligten in den Prozess.

sozialer Prozesse wandeln. Daher ist die These, dass die Ehe (wohlgemerkt haben Berger und Kellner 1965 nicht über „Paarbeziehungen" geschrieben) im Vergleich zu anderen signifikanten Beziehungen der Menschen ein entscheidendes nomisches Instrument ist, heute umzuformulieren. Sie ist – wie verschiedene Arbeiten gezeigt haben – aber keinesfalls hinfällig geworden. Vielmehr gilt es, sie stärker auszudifferenzieren und zu erweitern (Hildebrandt 1997; Kaufmann 2007). Die vorliegende Arbeit untersucht die Prozesse der Konstruktion von Wirklichkeit in Paarbeziehungen im Kontext der Mediatisierung aller Bereiche von Gesellschaft und Kultur. Im Folgenden werden Erweiterungen aus verschiedenen wissenschaftlichen Perspektiven ausgeführt, die für dieses Vorhaben wichtige Grundlagen liefern.

Die aktive mentale Konstruktion der Paarbeziehung heute

Seit den sechziger Jahren haben sich hinsichtlich der Ehe und der engen Beziehungen zwischen den Menschen tiefe Veränderungen vollzogen und führten zu einer Pluralisierung von Lebensformen. Die traditionelle Ehe beziehungsweise Familie verliert zunehmend ihre Selbstverständlichkeit. An ihre Stelle sind Aushandlungsfamilien getreten, in denen der Verhandlung und Gestaltung von Wirklichkeit mehr Raum zukommt (Hildebrandt 1997). Damit haben die grundsätzlichen nomischen Prozesse, wie von Berger und Kellner beschrieben, aber durchaus in gleichem Maße Relevanz. Ihre Ausgestaltung hat sich vielmehr vervielfältigt und erweitert. So machen die Veränderungen der Beziehungen auch darauf aufmerksam, dass es grundsätzlich verschiedene Modi der Vergemeinschaftung gibt. Bruno Hildebrandt (1997) zeigt, dass neben dem vorreflexiven Gespräch etwa auch bewusste Formen der Kommunikation, wie Geschichten oder Alltagsstrukturen, wie Arbeitsteilungen, Beziehungen strukturieren. Auch Ritualen kommt als Modus der Konstitution von Paarbeziehung eine Bedeutung zu (siehe Kapitel 3.3). Das vorreflexive Gespräch ist nichts desto trotz ein nomosstiftendes Element: Besonders durch seine konstante Beiläufigkeit vermag das Gespräch zwischen Partnern gleichzeitig Vertrauen zu sichern und darin eingebettet auch neue Anforderungen im Leben der Partner behutsam einzuführen und schließlich zu bewältigen. In Beziehungen, in denen zum Beispiel der selbstverständliche Rahmen eines Milieus oder Vorgaben durch traditionelle Geschlechterrollen weggefallen sind, muss Realität stärker aktiv ausgehandelt werden. Paare müssen ihr Verhalten sowohl miteinander als auch nach Außen definieren, Aufgaben verteilen und ein gemeinsames Verständnis von Partnerschaft finden. Dadurch werden reflexive Gespräche, die die Lebensumstände der Partner thematisieren und problematisieren, immer wichtiger, nicht zuletzt auch, um den Alltagsanforderungen in einer komplexen Welt gerecht zu werden (Hildebrandt 1997: 110).

Angela Keppler (1994, 1997) hat in ihrer Analyse von Tischgesprächen in Familien gezeigt, dass die alltäglichen Kommunikationszusammenhänge eine gemeinschaftsbildende Funktion haben. Sie betont auch für heutige Familien den prozeduralen Charakter der Unterhaltung im Alltag:

> „ Weniger ein Konsens über moralische Grundsätze und gemeinsame Ziele [...] macht das Rückrat familiären Lebens aus, als vielmehr ein *Konsens des Verfahrens*: ein Konsens über die Art der kommunikativen Behandlung der Themen und Ereignisse, die für die Beteiligten auf unterschiedliche Weise wichtig sind. Über unterschiedliche Grade inhaltlicher Gemeinsamkeit hinaus besteht der Konsens, der eine Familie konstituiert, aus erprobten Gesprächsverfahren, die überall dort etabliert sind, wo Handelnde in der gemeinsam verbrachten Zeit ihres Alltags über ein geteiltes kommunikatives Repertoire verfügen." (Keppler 1997: 143, Hervorhebungen im Original)

Kommunikative Repertoires sind dabei in einer Beziehung verfügbare kommunikative Gattungen, die spezifische Arten interaktiver Bezugnahme darstellen (Keppler 1994: 18) wie die Diskussion, der Streit oder das gegenseitige Necken als unterschiedliche Typen des Gesprächs. Das kommunikative Repertoire einer Familie kann verschieden breit gefächert sein. Für den Zusammenhalt in den Beziehungen und Beziehungsnetzen ist entscheidend, dass diese kommunikativen Repertoires den Beteiligten eine Abstimmung ihrer Gesprächsansätze und Gesprächsinteressen ermöglichen. Dieser kommunikative Prozess ist Voraussetzung der sozialen Gemeinschaft und zu seiner Sicherstellung müssen kommunikative Repertoires fortwährend aktualisiert werden, was wiederum im Gespräch und durch die Anwendung kommunikativer Gattungen geschieht (Keppler 1997: 155f.).

Im Forschungsbereich der „Personal Relationships" ist in Anlehnung an die Ideen von Berger und Kellner ein Konzept der Entstehung sozialer und persönlicher Beziehungen entworfen worden. Steve Duck und Garth Pittman verfolgen:

> "[...] a communicational perspective on relationships [that, C.L.] requires us to note the several different social and constructive processes that are components of relationshipping and to contextualize relationship behavior in the wider setting of everyday concerns." (Duck / Pittman 1994: 692)

Die Dyade, das Paar, wird nicht nur einfach als Addition der kognitiven Strukturen zweier Individuen betrachtet. Duck (2007) spricht später vom "doing relationships" und betont damit einmal mehr die aktive intersubjektive Konstruktion zwischenmenschlicher Beziehung. Menschen (re-)produzieren demnach ihr Leben in den alltäglichen Konversationen mit anderen. Psychologische Prozesse sind in diese Alltagsgespräche eingebettet und Beziehungen werden in diesem Kontext konstituiert. Dabei werden drei beziehungsspezifische Funktionen des Gesprächs unterschieden: die instrumentale, die indexikalische und die essentielle Funktion. Instrumentelle Gespräche dienen der Realisierung beziehungsbezogener Vorhaben, wie die Besprechung einer Verabredung. Die Manifestierung der Beziehung ist verbunden mit der indexbezogenen Funktion des Gesprächs, deren Mittel zum Beispiel die Verwendung persönliche Namen oder Wendungen sind. Als essentielle Funktion des Gesprächs wird der Ausdruck der Beziehung durch das basale Auftreten und Präsentieren der beiden Partner und ihrer Sicht der Dinge bezeichnet (Duck / Pittman 1994: 67).

Die Vorstellung einer mentalen Herstellung von Beziehung (mental creation of the relationship) beschreibt das Teilen (sharing) zwischen zwei Personen, wobei beide zum einen realisieren, dass es eine Gemeinsamkeit zwischen ihnen gibt und dies zum anderen im Gespräch bestätigen. Drei Elemente sind dabei Voraussetzung und Bestandteil des Sharingprozesses: 1. Das Vorhandensein einer Gemeinsamkeit, 2. die beidseitige Realisierung dieser Gemeinsamkeit (durch aufmerksames Zuhören im Gespräch oder die Reflexion über ein gemeinsames Gespräch) und 3. die beidseitige Bestätigung dieser Erkenntnis, was Duck und Pittman zufolge nur im Gespräch möglich ist beziehungsweise sogar vom Gespräch geformt wird. Dieses Sharing wird realisiert und stellt die mentale Repräsentation der Beziehung (mental representation) dar, welches an sich schon bedeutsam ist etwa für die Art der Beziehung und deren weiteren Verlauf. Sharing kann sich auf jegliche Bereiche oder Themen beziehen. Bedingung ist, dass beide Personen an diesem Prozess teilhaben. Das Konzept der mentalen Herstellung der Beziehung (mental creation) geht noch einen Schritt weiter und beschreibt die tatsächliche Reflexion des Teilens im Moment des Teilens im Gespräch und beschreibt damit einen mächtigen sozialen Prozess, insbesondere da er in die täglichen Routinen der Menschen eingebunden ist. (Duck / Pittman 1994)

Karl Lenz, der die Vorstellungen von Partnerschaft als nomosstiftendes Element, der Konstruktion von Paaridentität und der Bedeutung des Gesprächs im Alltag als Grundlagen seiner Theorie der Zweierbeziehung formuliert, beschreibt Realitätskonstruktion als Beziehungsarbeit, die jegliche Handlungen sowohl innerhalb als auch außerhalb der Beziehung beinhaltet (Lenz 2006: 178). Dieses Konzept stellt eine Erweiterung der Sicht von Berger und Kellner als Wirklichkeitskonstruktion über Identität, über Selbstbild und Fremdbild hinaus dar. Die Paarbeziehung ist demnach an sich wirklichkeitsschaffend. Beziehungsarbeit spiegelt sich in der Institutionalisierung eines spezifischen Beziehungsalltags sowie in der Herausbildung einer Beziehungsgeschichte und der Verwendung von Symbolen der Beziehung. Diese Elemente sind insbesondere auch im Kontext einer Konstruktion von Paaridentität zu sehen. In Paarbeziehungen äußert sich diese Ebene der symbolischen Paarrepräsentation durch spezifische Symbole des Paares sowie durch eine eigene Geschichte, die sich selbst und anderen erzählt wird und die somit auch aktualisiert werden kann (Lenz 2006: 46). Paare etablieren teilweise besondere Formen der Sprache, geben sich Namen und machen sich Geschenke. Diese Handlungen sind im Kontext der Etablierung einer Institutionalisierung der Beziehung und deren institutionellen Ordnung zu sehen (Lenz 2003). Die beschriebenen Handlungsfolgen haben dabei häufig auch rituellen Charakter, so dass eine Struktur der Paarbeziehung auch in Relation zu einer rituellen Ordnung betrachtet werden kann (siehe auch Kapitel 3.3).

Durch den Bedeutungsverlust beziehungsweise die Verschiebung verbindlicher, tradierter Rollenmuster werden intersubjektive Konstruktionsprozesse in heutigen Paarbeziehungen immer wichtiger (Lenz 2006: 44f.). Dies erfordert auch – und hier stellt sich ein wichtiger Bezug zu einem elaborierten Verständnis von Alltagsstrukturen her – die Umsetzung in gemeinsam lebbare Realität, also spezifische alltägliche Leistungen von den Partnern (Jürgens 2001). Konkrete Arrangements individuellen Verhaltens äußern sich in Synchronisation, Koordination oder Arbeitsteilung. Dieser Wandel intimer Beziehungen ist im Kontext eines reflexiven Projekts des Selbst in modernen Gesellschaften von Anthony Giddens (1991, 1993) beschrieben worden:

> „The existential question of self-identity is bound up with the fragile nature of the biography which the individual "supplies" about herself. A person's identity is not to be found in behaviour, nor – important thought this is – in the reactions of others, but in the capacity *to keep a particular narrative going on*. The individual's biography, if she is to maintain regular interaction with others in the day-to-day world, cannot be wholly fictive. It must continually integrate events which occur in the external world, and sort them into the ongoing 'story' about the self." (Giddens 1991: 54, Hervorhebungen im Original)

Im Zuge dieser Entwicklungen hat sich ein Typus partnerschaftlicher Beziehungen etabliert. Dieser Typus beschreibt Paarbeziehungen, die zunehmend auf einem partnerschaftlichen Austausch und auf Intimität freier offener Kommunikation beruhen. In diesen Beziehungen streben Partner gerechte Arrangements und eine Balance von Aufgaben und von Belohnungen an. Ebenso ist keine Arbeitsteilung vorgegeben, sie kann stattdessen etabliert werden. Giddens beschreibt diesen Typus als Etappe hin zu dem Idealzustand der reinen Beziehung

(1993: 210f.). Voraussetzung einer partnerschaftlichen Beziehung ist eine klare Definition von Grenzen. Dies sichert die individuellen Identitäten der Partner und ermöglicht, dass innerhalb der Beziehung beide Partner wissen, wer sie sind und wer der andere ist. Dieses Wissen ist Voraussetzung für Intimität. Als Bestandteil des reflexiven Projekts des Selbst wird vom Einzelnen auch innerhalb seiner engsten Beziehungen eine aktive Aushandlung der Möglichkeiten des Lebensstils abverlangt, denn es sind ihm in modernen Gesellschaften zunehmend weniger Muster und Gewohnheiten vorgegeben (Giddens 1993: 87). Die Relationen zwischen Paarbeziehung und Identitäten, bei denen es sowohl um eine Aushandlung individueller wie beziehungsspezifischer Konstruktion geht, sind auch im Kontext eines Metaprozesses der Individualisierung zu betrachten (Beck / Beck-Gernsheim 2005). Das Arrangieren der Auswirkungen von beschleunigter Individualisierung und die kontinuierliche Bestätigung der Identitäten in Paarbeziehungen sind Herausforderungen, denen sich Partner in ihrer Realitätskonstruktion stellen müssen.

3.3 Kommunikationsrituale des Alltags in Paarbeziehungen[6]

Als Formen des kommunikativen Alltags kommt Ritualen und Routinen (z.B. Duck 1990) eine besondere Bedeutung zu. Ein ritualtheoretisches Verständnis sozialen Handelns, basierend auf den Arbeiten von Emile Durkheim und Erving Goffman, wurde von verschiedenen Forschern erarbeitet (z.B. Bergesen 2003; Willems 2003; Collins 2004) und auch im Bereich der Personal Relationships adaptiert (Wolin / Benett 1984; Bruess / Pearson 2002). Für mediatisierte Kommunikation in Beziehungen liegen ebenso Befunde und Entwürfe vor (Ling 2004, 2008). Die ritualisierte Kommunikation kann als Bestandteil des alltäglichen lebensweltlichen Kontexts betrachtet werden, was eine umfassende Sichtweise auf das soziale Handeln der Partner ermöglicht. In diesem Sinne erfolgt zunächst ein Überblick über ritualtheoretische Begriffe, Annahmen und Perspektiven. Anschließend wird dargestellt, welche Bedeutung Rituale für Paarbeziehungen haben und wie es zum Scheitern und zur Transformation von Ritualen kommen kann. Da sich ritualtheoretische Analysen typischerweise mit Kommunikation als Prozess befassen, wird es möglich, der Dynamik der Paarbeziehung, die in den Forschungsarbeiten bislang teilweise vernachlässigt wurde, besser gerecht zu werden (Duck 1990; Lenz 2003; siehe auch Kapitel 3.1).

---

6 Dieses Kapitel ist eine überarbeitete und angepasste Version des 2008 publizierten Artikels: Dietmar, Christine (2008): „Wir telefonieren jeden Abend ... das ist uns ganz wichtig." Rituale bei der mediatisierten Kommunikation in Paarbeziehungen. In: Thomas, Tanja (Hrsg.): Medienkultur und soziales Handeln. Wiesbaden: VS Verlag, 105-118.

Des Weiteren wird dargestellt wie eine ritualtheoretische Perspektive eine Aufdeckung von Mustern in der Kommunikation über die Nutzung verschiedener Medien hinweg leisten kann und wie die Rolle der Medien bedeutsam für ritualisiertes Handeln im Rahmen der partnerschaftlichen Kommunikation konzipiert werden kann. Es wird damit auch deutlich, dass eine Einbindung der Prozesse in Paarbeziehungen in Relation zu gesellschaftlichen Prozessen auch auf anderen Ebenen im Sinne einer rituellen Ordnung geschieht. Diese Sichtweise ermöglicht für diese Arbeit ein Verständnis der Beziehungen in einer mediatisierten Welt.

Ritualtheoretische Grundlagen

Ursprünglich mit religiösen Themen verbunden, wird der Ritualbegriff heute in verschiedenen wissenschaftlichen Disziplinen angewandt, um gesellschaftliche Phänomene zu erklären (Willems 2003). Umgangssprachlich versteht man unter „Ritualen" meist formale Zeremonien, unter anderem solche, die wichtige Veränderungen im Leben der Menschen markieren (z.B. eine Hochzeit). Rituale lassen sich hinsichtlich ihrer Intensität unterscheiden, die sich durch den Grad der für die Beteiligten freigesetzten Emotionen und Aktivierung ausdrückt (Collins 2004). Dabei können verschiedene Rituale unterschiedliche Grade an subjektiver Bedeutung und emotionaler Beteiligung bei den involvierten Menschen bewirken. Insbesondere Massenereignissen wird eine hohe Intensität zugesprochen. Dabei kommt es aber entscheidender auf die konkret vom Einzelnen erlebte Situation an. So kann das Ablegen des Hochzeitsgelübdes von einer Person sehr viel intensiver empfunden werden als ihre Teilnahme an einer Demonstration mit Tausenden von Teilnehmern.

Albert Bergesen hat eine Systematik vorgeschlagen, nach der Rituale auf drei Ebenen sozialen Handelns ausgeführt werden: Zum einen gibt es Mikroriten – hier geht es um die ritualisierte Ausführung restriktiver Sprachcodes. Die nächste Ebene ist die der Mesoriten – Interaktionsrituale – und die höchste Ebene stellen Makroriten – formelle Zeremonien – dar (Bergesen 2003).

Mesoriten finden auf der Ebene interpersonaler Interaktionen statt – also bei alltäglichen Begegnungen zwischen Menschen. Erving Goffman definiert den Begriff wie folgt:

> „Ich benutze den Begriff ‚Ritual', weil diese Handlungen, selbst wenn sie informell und profan sind, es dem Individuum ermöglichen, auf symbolische Implikationen seines Handelns zu achten und diese zu planen, wenn er unmittelbar einem Objekt gegenübersteht, das von besonderem Wert für ihn ist." (Goffman 1971: 64f.)

Er beschreibt Interaktionsrituale in verschiedenen Kontexten. Konkret widmet er sich den Formen der Ehrerbietung als zentrale Elemente der sozialen Ordnung:

> „Mit Ehrerbietung soll die Handlungskomponente bezeichnet werden, durch die symbolisch die Wertschätzung des Handelnden dem Empfänger regelmäßig übermittelt wird oder die Wertschätzung dessen, wofür der Empfänger als Symbol oder Repräsentant gilt." (Goffman 1971: 64)

Wichtige Formen der Ehrehrbietung sind Vermeidungsrituale (avoidance rituals) und Zuvorkommenheitsrituale (presentational rituals). Vermeidungsrituale sind Rituale, bei denen der Handelnde aus Ehrerbietung Distanz oder Rücksicht wahrt und daher gewisse Handlungen unterlässt. Zuvorkommenheitsrituale beinhalten dagegen gebotene Handlungen, die die Ehrerbietung des Handelnden an den Empfänger aktiv ausdrücken, wie etwa eine Begrüßung (z.B. Händeschütteln), die spezifische Anrede (z.B. akademischer Titel) oder das Gebot zur Erkundigung über das Wohlergehen (z.B. Small Talk). Eine weitere Gruppe von Interaktionsritualen beschreibt Goffman als Formen des Benehmens (Goffman 1971: 85ff.). Interaktionsrituale ermöglichen, dass die Mitglieder einer Gesellschaft selbstregulierend an sozialen Begegnungen teilhaben können. Diese rituellen Muster haben in zwischenmenschlicher Interaktion eine Begleiterrolle inne, ja besitzen eine „Allgegenwart" (Holly 1979). Die Bindung an Regeln und das Fortführen von Ritualen führt zu Konstanz und Formierung von Verhalten. Verhaltensregeln wirken zum einen als Verpflichtung und zum anderen als Erwartung an das Verhalten anderer. Damit ergibt sich für den Einzelnen Erwartungssicherheit bei sozialer Interaktion. Somit werden auch sein Selbst und seine Rolle in einer Gruppe oder in einer Beziehung gefestigt. Die Teilnahme an sozialen Handlungen ist für den Einzelnen immer auch Ausdruck einer spezifischen Selbst-Rolle, die je nach sozialer Situation variiert (Goffman 1971; Rothenbuhler 1998).

Im Gegensatz zu den Mesoriten, die kleine alltägliche Akte darstellen, sind Makroriten ausdrücklich (teil-)öffentliche Zeremonien, zum Beispiel religiöse Feste, Feiertage oder aber auch Feiern zu Geburts- und Jahrestagen, die aus dem Alltag herausragen. Sie spielen eine wichtige Rolle für die Erneuerung und Bekräftigung der Gemeinschaft – wie bereits erwähnt, ist dabei weniger entscheidend, wie groß die Gemeinschaft ist. Auch der begangene Hochzeitstag kann als Zeremonie in Sinne eines Makroritus betrachtet werden (Bergesen 2003). Makroriten beinhalten dabei aktive Handlungen und implizieren spezifische Bedeutung. Randall Collins versteht in diesem Kontext unter einem Ritual den:

„…mechanism of mutually focused emotion and attention producing a momentarily shared reality, which thereby generates solidarity and symbols of group membership." (Collins 2004: 7)

Damit geht die Achtung und Verteidigung der Gruppe und ihrer Symbole einher. Es entwickeln sich dadurch auch Möglichkeiten zur negativen sozialen Sanktionierung im Falle einer Missachtung des Rituals und seiner Regeln. Ein Ritual ist damit Bergesen folgend:

> „eine der ursprünglichsten Handlungen sozialer Reproduktion, denn in den elementaren Formen der Gesellschaft sind Ritual und Gruppe praktisch das Gleiche. Der Prozess ritueller Sammlung, bei dem Individuen zu einer Gruppe gemacht werden, bildet für die elementaren Formen sozialer Organisation die Art und Weise, wie die Gruppe überhaupt zustande kommt." (Bergesen 2003: 51)

Innerhalb einer Zeremonie, die sich als Makroebene rituellen Handelns auffassen lässt, finden sich wiederum die rituellen Handlungen der niedrigeren Ebenen: Die Interaktionsrituale, die zwischen den Menschen ausgeführt werden, und die sprachlichen Codes, die bei jeglicher Kommunikation eine rituelle Bestätigung der Gruppe implizieren, werden im Rahmen von Makroriten in vielfältiger Art und Weise ausgeführt. Dadurch entsteht ein Ritualprozess der vertikal verschiedene Handlungen auf verschiedenen Ebenen verbindet (Bergesen 2003). Weiterhin ist zu bedenken, dass sich die wiederkehrende Ausführung von Ritualen durch Menschen, die wiederum durch eine Umwelt verbunden sind, gegenseitig bestätigt und eine Weiterführung der Rituale bewirkt. Dieses Phänomen kann als Herausbildung von Ritualketten, von ritual interaction chains (Collins 2004), bezeichnet werden. Eine Verkettung sowohl zeitlich wiederkehrender als auch auf verschiedenen Ebenen sozialen Handelns stattfindender Ritualisierungen kann als Basis einer rituellen Ordnung (Bergesen 2003; Willems 2003) betrachtet werden.

Rituale werden in engen sozialen Beziehungen auf verschiedenen Ebenen vollzogen. Dies wird bei der Betrachtung des Weihnachtsfests einer Familie durch Carol Bruess und Anna Hoefs (2006) beispielhaft deutlich. Die Autorinnen haben eine eigene Darstellung des jährlichen Fests, an dem mehrere Familienteile und Generationen zusammentreffen, als ritual event analysiert. Dabei sind sie auf die Kennzeichen des Ereignisses als solches eingegangen, etwa auf Symbole (z.B. traditionelles Gebäck, Weihnachtsbaum), den zeremoniellen Ablauf des Weihnachtsabends, jährlich wiederkehrende Elemente (z.B. Spiele, Running-Gags, Geschichten) sowie die individuelle Bedeutung des Festes für die Familienmitglieder. Zudem wurden auch die vielen „kleinen" Bestandteile des Ereignisses, etwa die einzelnen Gespräche zwischen den Familienmitgliedern, in denen sich Interaktionsrituale äußern, erfasst. So ergibt sich etwa im Gespräch zwischen zwei Cousinen bei der Zubereitung eines Salats für das gemeinsame Essen die Frage, wie es bei der älteren Cousine Kris im neuen Job läuft. Kris erzählt einiges und fragt schließlich ihre Cousine Anna interessiert, wie es ihr in letzter Zeit an der Universität ergangen ist. Entsprechend der Formen der Ehrerbietung und des Benehmens wird die Frage nach dem Befinden im Sinne der Reziprozität erwidert. Die beiden Frauen, die sich eher selten sehen, tauschen sich aus und teilen so ein Stück weit auch ihre Erlebnisse. Damit bekräftigen sie ihre Beziehung zueinander und bestätigen auch das Ritual des Weihnachtsfestes. Es wird deutlich, dass die gewöhnlichen Interaktionen und Momente während eines rituellen Ereignisses genauso wichtig sind, wie die einschneidenden Zeremonien, da sie für den Aufbau und die Bestätigung der Familie grundlegend sind (Bruess / Hoefs 2006).

Rituale lassen sich also in engen Beziehungen in Form von besonderen Ereignissen und als Bestandteil von Konversationen finden. Interaktionsrituale implizieren in Paarbeziehungen auch solche Handlungen, die so sehr mit dem Alltag verwoben sind, dass sie selbstverständlich scheinen, dabei aber durchaus Bedeutung für die Partner haben (Wood / Duck 2006). Dies können so alltägliche Dinge sein, wie für den anderen das Lieblingsessen zu kochen oder ihm eine Zeitschrift vom Einkauf mitzubringen. Herbert Willems spricht etwa von der „Habitualität der Interaktionsrituale", da rituelles Handeln häufig eine selbstverständliche Grundlage der alltäglichen Kommunikation darstellt (Willems 2003: 406). Ob rituelles Handeln im Sinne eines Makroritus oder als Form eines Interaktionsrituals – deutlich wird, dass Rituale mit ihren verschiedenen Gesichtern zur Entwicklung und zur Pflege von Paarbeziehung beitragen und wichtig für das Wohlbefinden der Partner sind (Braithwaite / Baxter 1995).

Soziale Interaktion wird, wie jeweils dargestellt, von Regeln und Rituale mitbestimmt und gerahmt, wobei in unterschiedlichen Beziehungen natürlich unterschiedliche Regeln und Rituale zum Tragen kommen: Es gibt persönliche, beziehungsbezogene sowie Gruppen- und Gesellschaftsregeln für Kommunikation (Knapp / Vangelisti 2005). Bei Ritualen in engen Beziehungen ist eine Differenzierung zwischen gesellschaftlich geprägten und beziehungsintern entwickelten Ritualen zu bedenken. Interaktionsrituale, die Regeln für den Umgang miteinander vorgeben und damit eine soziale Ordnung aufrechterhalten, sind in erster Linie in Situationen relevant, in denen Personen aufeinander treffen, die keine enge Beziehung miteinander verbindet. Sie haben insbesondere dann eine Funktion, wenn Personen in anonymen Situationen interagieren, zum Beispiel eine Entschuldigung für eine versehentliche Berührung unter Fremden äußern. Diese Formen ritualisierter Handlungen haben dagegen geringere Funktion und Bedeutung in engen Beziehungen. Hier wird, das Beispiel einer versehentlichen

Berührung weiterführend, die Situation nicht durch das rituelle Verhalten der beiden anonymen Personen gelöst, sondern ist durch die gegenseitige Vertrautheit der Beziehungspartner unproblematisch (Goffman 1974). Natürlich ist rituelle Sorgfalt auch in Paarbeziehungen von Bedeutung – nur die Inhalte sind hier stärker miteinander verhandelbar (Lenz 2006). Speziell für die Paarbeziehung sind Formen der Ehrerbietung Ausdruck von Achtung, Zuneigung und Liebe. Sie stellt einen komplexen Austausch von Handlungen zwischen zwei Menschen dar und es besteht ein hoher Grad an Intimität und Wissen übereinander. Die Ausübung von Interaktionsritualen wird daher zwischen den Partnern auch spezifisch entwickelt. Die von einem Paar ausgeführten ritualisierten Handlungen sind somit auch Spiegel der Beziehung und können als Beziehungszeichen interpretiert werden (Goffman 1974: 269). Sie dienen weiterhin der Entwicklung und dem Ausdruck der individuellen Identitäten wie auch der gemeinsamen Identität als Paar (Bruess / Pearson 2002). Zwei Menschen werden in der Entwicklung einer Liebesbeziehung die Interaktionsregeln zunehmend konkreter für den Austausch miteinander definieren, gestalten und aushandeln. Einige der Regeln haben sie im Umgang mit anderen ihr Leben lang ausgeführt und bestätigt, andere werden erst völlig neu in dieser Beziehung entstehen. Die Breite und Varianz dessen ist lebhaft vorstellbar. Paarbeziehungen unterscheiden sich hinsichtlich vieler Dimensionen, wie etwa Konflikt, Liebe, Altruismus, Investment und Sicherheit (Bierhoff 2003). Dies spiegelt sich in einem gewissen Rahmen auch in der Gestaltung der Rituale wider. Die Ausführung neuer oder variierter Rituale hat damit eine ähnliche Bedeutung, wie das Ausführen etablierter Rituale: Die Beziehung wird bekräftigt und neue Symbole werden für sie geschaffen. Die aktive Gestaltung, Konstruktion und Weiterentwicklung von beziehungsspezifischen Ritualen ist ein die Beziehung stärkender Prozess. Rituale stehen in diesem Sinne auch für die Dynamik in der Paarbeziehung (Lenz 2006). Etwa definiert Goffman Handlungen und Ereignisse, die Veränderung in Beziehungen anzeigen und etablieren, als Änderungssignale, die er zu den Beziehungszeichen zählt (Goffman 1974: 274). Dazu gehören Geburts-, Heirats- und Todesrituale, aber auch Handlungen, wie die erste Verwendung vertraulicher Anreden oder der erste sexuelle Kontakt. Die Bedeutung des Änderungssignals unterscheidet sich dabei je nach Handlung und Situation: Das unbeobachtete Sich-an-den-Händen-Halten hat eine andere Bedeutung, als dies erstmalig in der Öffentlichkeit zu tun.

Aushandlungsprozesse in Paarbeziehungen, die auch die Herausbildung von Ritualen umfassen, werden in unterschiedlichem Ausmaß auch von der Umwelt des Paares oder den individuellen Erfahrungen der Partner beeinflusst. Die Rituale, die nach außen sichtbar werden, offenbaren immer auch kulturell definierte Beziehungsnormen (Bruess / Pearson 2002: 316). Im öffentlichen

Raum besteht bei Ausführung von privaten Ritualen zwischen Partnern durchaus auch ein Spannungsverhältnis (Braithwaite / Baxter 1995). Auf der einen Seite sind die Partner eingebunden in ein Netz aus sozialen Interaktionen, auf der anderen Seite ist ihre intime dyadische Beziehung präsent. Dabei ist es erforderlich, dass die Partner ein wechselseitiges rituelles Management entwickeln (Lenz 2006) und sich im öffentlichen Raum auf eine Art und Weise verhalten, mit der beide umgehen können und die sich an einer öffentlichen Kommunikationsordnung orientiert.

Transformation und Scheitern von Ritualen

Rituale können enorme Bedeutung innerhalb gesellschaftlicher Strukturen auf verschiedenen Ebenen erlangen. Sie können aber auch wirkungslos werden oder ganz und gar scheitern (Collins 2004). So ist es etwa durchaus denkbar, dass die von Goffman beschriebenen Ehrerbietungsrituale, die sich etwa in Höflichkeitsformeln unter Fremden zeigen, wenn sie sich aus Versehen im Gedränge der U-Bahn berühren, von den Beteiligten in einer solchen Situation nicht ausgeführt werden. Dies kann zum einen als Nichtbefolgen sozialer Normen interpretiert und eventuell als Unhöflichkeit sanktioniert werden. In gewissen Situationen allerdings, zum Beispiel während der Rush-Hour im öffentlichen Großstadt-Verkehr, wird bei einer kurzen Berührung von beiden Seiten gar nicht weiter erwartet, dass deshalb rituelle Höflichkeiten auszutauschen sind. Das Beispiel soll die Relevanz einfacher Interaktionsrituale aber nicht schmälern, sondern verdeutlichen, wie bedeutsam funktionierende Rituale sind, um soziale Interaktion und den Umgang mit anderen Menschen eben nicht wie im anonymen Massentransport zu erleben.

Dies gilt auch für die Interaktion in Paarbeziehungen. Wenn hier bislang vor allem von funktionierenden Ritualen gesprochen wurde, so soll eine empirische Arbeit das Augenmerk darauf lenken, dass auch dort nicht alle Rituale erfolgreich verlaufen: In einer Studie zu Funktionen partnerschaftlicher Rituale (Bruess / Pearson 2002) konnten sieben verschiedene Kategorien ermittelt werden: Beziehungsfestigung (Relational Masonry), Beziehungspflege (Relational Maintenance), Alltagsmanagement (Life-Management), Freude und Vergnügen (Fun / Enjoyment), Zweisamkeit (Togetherness), Redezeit (Talk-Time) und Anti-Rituale (Anti-Ritual). Es soll hier nicht weiter auf die ersten sechs Kategorien eingegangen werden, sondern auf die letztgenannte der ermittelten Kategorien: Anti-Ritual meint, dass Menschen ein Ritual in ihrer Beziehung als langweilig empfinden oder als ungewollte Verpflichtung. Auch gaben einige Befragte an, dass sie ein Ritual mehr aus Trägheit und aus eigentlich unerwünschter

Routine ausführen. Es ist festzuhalten, dass diese dysfunktionalen Rituale in der Studie verglichen mit den funktionalen Aspekten von Ritualen selten auftraten. Doch geben die Befunde den Hinweis, sich zukünftig auch der Erforschung dieser Seite ritueller Handlungen zu widmen, die bislang eher im Dunklen lag (Bruess / Pearson 2002). Sie findet sich auch in den von Collins beschriebenen „leeren Ritualen" wieder, die auftreten, wenn Beteiligte nicht die nötige Aufmerksamkeit und Motivation sowie emotionale Beteiligung für das Ritual empfinden (Collins 2004: 55ff.). Die Symbole leerer Rituale werden daher nicht beachtet und nicht geachtet. Ein Beispiel wäre – um wieder zu dem Weihnachtsfest zurückzukommen – dass eine Familie die Abläufe der Feiertage adäquat so ausführt wie in den Tagen, als die Kinder klein waren. Solch eine Starre des Rituals kann nun dazu führen, dass die mittlerweile fast erwachsenen Kinder dem Feiertag daher keinerlei Bedeutung beimessen, da sie dem Ritual entwachsen sind und sich darin nicht wieder finden (Wolin / Bennett 1984). Häufig werden diese Rituale auch weiterhin (mit mehr oder weniger großem Engagement) ausgeführt, obwohl sie für die Teilnehmenden nicht mehr bedeutungsvoll sind. Es gibt sogar Situationen, in denen die Ausführung des Rituals durch eine Konstellation von Machtstrukturen erzwungen wird. Dies kann sogar dem Anschein nach als Interaktion ablaufen, wird aber nie die Resultate eines tatsächlich funktionierenden Rituals hervorbringen (Collins 2004: 53).

Wieso sind einige Rituale wirkungsvoll, werden als intensiv und bedeutungsvoll empfunden, und lassen andere die Menschen gleichgültig oder sind gar Belastung und Zwang? Auch wenn hier einige Antworten exemplarisch aufgeführt wurden, gilt es zukünftig tiefgründigere – auch vergleichende – Analysen anzustrengen, denn diese können wichtige Aufschlüsse über die Struktur von Ritualen geben und näher offenbaren, was funktionierende Rituale ausmacht. Zu bedenken ist weiterhin, dass das Leben der Menschen, deren Alltag wie dargestellt durch eine rituelle Ordnung geprägt ist, von dem Kontrast starker, erfolgreicher und anziehender Rituale auf der einen und leerer, gescheiterter Rituale beziehungsweise gering ritualisierter Situationen auf der anderen Seite strukturiert wird (Collins 2004: 51). Die Existenz dieser beiden Pole ist die Voraussetzung dafür, dass ein Empfinden, ein Maß des Einzelnen für das Erfahren von Ritualen und damit auch für sein rituelles Handeln entsteht.

Mediatisierte Rituale in Paarbeziehungen

Rituale in engen Beziehungen wurden bislang meist als Formen der face-to-face-Kommunikation betrachtet (z.B. Braithwaite / Baxter 1995; Bruess / Pearson 2002; Bruess / Hoefs 2006). Auch Goffmans grundlegende Arbeiten zu

Interaktionsritualen beziehen sich auf Verhalten in direkter Kommunikation (Goffman 1971, 1974). Allerdings gibt er auch Hinweise auf Formen vermittelter Kommunikation (z.b. Goffman 1974: 294). Eine Adaption der Erkenntnisse zu Ritualen bietet sich für das theoretische Gerüst der Studie zur Rolle der Medien in Paarbeziehungen an. Deren Betrachtung kommt eine Annäherung an den lebensweltlichen Kontext, in dem Menschen Medien nutzen und sich diese aneignen, entgegen. Die Sicht auf rituelles Handeln als Bestandteil des Alltags ermöglicht eine integrative Perspektive auf die Nutzung nicht einzelner Medien sondern auf den Gebrauch eines dynamischen Medienensembles (siehe hierzu auch Kapitel 2.2).

Es finden sich bei der alltäglichen Kommunikation in Paarbeziehungen häufig so offensichtlich zeremonielle Elemente, dass die Partner selbst von „ihrem gemeinsamen Ritual" berichten (Dietmar 2005; Döring / Dietmar 2003). Ritualcharakter lässt sich etwa anhand des Anlasses beziehungsweise des Zeitpunktes der Initiation mediatisierter Kontakte oder Botschaften nachvollziehen: Beispiele hierfür sind die bei vielen zeitweise oder dauerhaft entfernt lebenden Paaren stattfindenden allabendlichen Telefonate oder Guten-Morgen-Nachrichten per SMS, E-Mail oder Instant Messaging. Entsprechend senden sich Paare auch Gute-Nacht-Nachrichten beziehungsweise Nachrichten zu anderen Zeitpunkten, die sie in Abhängigkeit von ihrem Alltag definieren. Zu besonderen Anlässen, zum Beispiel zu Jahrestagen oder Geburtstagen, kommt medialen Botschaften ebenfalls Ritualcharakter zu. Einige Paare überreichen sich oder versenden dann Briefe, die häufig als besonders „wertvolles" Medium betrachtet werden. Solch einem Ritual kann dann eine vergleichsweise große Bedeutung zukommen und bei den Partnern mit einer hohen emotionalen Beteiligung intensiv erlebt werden. Die Praktiken können als rituelle Schenkungen betrachtet werden, die implizit in einem System reziproken Austauschs in einer Beziehung eingebunden sind (zu Gift Giving siehe Taylor / Harper 2002; zu Reziprozität Stegbauer 2002).

Sowohl allgemeine Formen der Ehrerbietung drücken sich in ritualisierten Handlungen aus (z.B. Reziprozität der Aufmerksamkeiten) als auch die individuellen Formen des Benehmens, über die sich Individuen als Selbst und als Teil einer intimen Beziehung ausdrücken. Wie in jeglicher Kommunikation innerhalb einer Beziehung, sind auch bei den Formen medialer Kommunikation Elemente von Ehrerbietung und Benehmen zu finden. Mediale Formen der Kommunikation sind in der rituellen Interaktionsordnung integriert. Dabei kann es in Paarbeziehungen zu einer Spezifizierung, zu einer nur zwischen den Partnern etablierten Ausgestaltung von Ritualen, kommen. Dies lässt sich auch auf der Konversationsebene nachvollziehen: So gibt es in Briefen, Telefongesprächen und Kurzmitteilungen spezifische Anreden zwischen Partnern. Es bilden sich auch besondere Namen, zum Beispiel Kosenamen, heraus. Das gleiche gilt für Abschiedsformeln, die häufig eine explizite Bestätigung der Beziehung beinhalten (z.B. „Ich liebe dich, mach's gut!"). Diese rituellen Formen sind dabei nicht an ein Medium gebunden. Sie werden vielmehr in der Beziehung etabliert (Hopper / Knapp / Scott 1981) und in gleicher oder variierter Form auf verschiedenen Kommunikationswegen ausgeführt.

Mobile Medien kommen den Bedürfnissen von Partnern hinsichtlich der Gestaltung beruflicher wie privater Mobilität entgegen. Sie ermöglichen zum Beispiel eine flexible Koordinierung alltäglicher Aufgaben und Erledigungen (Ling / Yttri 2002). Das Handy kann immer mitgeführt werden, so dass theoretisch zu jeder Zeit und von jedem Ort aus ein Kontakt zum Partner oder zur Partnerin hergestellt werden kann. Wenn das Bedürfnis besteht, kann unverzüglich emotionaler Rückhalt beim anderen gesucht werden. Diese Möglichkeit bedarf aber der Balancierung, Normierung und sozialen Reglung (Höflich 2005b; Ling 2005; siehe auch Kapitel 2.3). Dies spiegelt sich auch in ritualisierten Handlungen wider. Durch die mobile Nutzung von Kommunikationsmedien werden private Gespräche und Verhaltensweisen auch in den öffentlichen Raum getragen, was ein Spannungsverhältnis darstellt (Höflich 2005b: 32). Etwa für das Telefonat per Handy ergibt sich, Joachim R. Höflich folgend, eine Einbettung der Kommunikation entsprechend einer triadischen Relation von Angerufenem, Anrufer und anwesenden Dritten. Für ein solches Telefonat zwischen Partnern heißt das, dass die beiden in unterschiedlichen Arrangements agieren, sie aber an einem „virtuellem dritten Ort" miteinander kommunizieren. Die Partner wissen also zunächst nicht (genau), in welcher Situation, mit welchen dritten Personen sich der andere gerade befindet. Die Komplexität, die die verschiedenen Arrangements im Alltag mit sich bringen, beinhaltet auch eine Herausforderung für den Umgang mit Kommunikationsritualen, sei es in Form von Mikro-, Meso- und Makroriten, in den jeweiligen Situationen. So lassen sich Personen, die einen mobilen Anruf erhalten oder initiieren, dabei beobachten, wie sie rituelle Abkopplungs-Handlungen beim Rückzug aus der Kommunikationssituation vornehmen (Ling 2004: disengagement rituals). Ähnlich verhält es sich, wenn jemand ein Gespräch beendet hat und sich wieder in die Hier-und-Jetzt-Situation eingliedert (Ling 2004). Für Paare gilt es, sich abzustimmen und eine Balancierung zu finden, etwa auch was die Ausübung partnerschaftlicher Rituale über Handytelefonate angeht. Während der eine möglicherweise ungestört ist, ist der andere unter Umständen von Kollegen oder Bekannten umringt und möchte zur Verabschiedung nur ungern den intimen Kosenamen der Partnerin oder des Partners nennen. Bei der Mobilkommunikation gilt es, ein rituelles Management und die Entwicklung einer antizipativen Sensibilität für die soziale Situation des anderen (nicht nur) in Paarbeziehungen zu entwickeln (Höflich

2006b; Höflich / Linke forthcoming) – etwa wenn Partner intime Themen nur dann ansprechen, wenn sie vorab geklärt haben, dass der andere ungehört von Dritten reden kann. Hierbei wird eine rituelle Sorgfalt erforderlich, die als Bestandteil der Aushandlung idiosynkratischer Kommunikationsregeln in Beziehungen angesehen werden kann (siehe auch Kapitel 2.3).

Zu den ritualisierten Handlungen, die Beziehungen bekräftigen, gehören in erster Linie face-to-face-Kontakte und mediatisierte Formen der Kommunikation. Zu bedenken sind aber in diesem Kontext auch Formen symbolischen Kontakts, bei denen zunächst nur ein Partner kognitiv und emotional involviert ist. Tatsächlich reichen rituelle Handlungen bis über die Reichweite des Partners hinaus (Lenz 2006). Empirische Befunde zu Fernbeziehungen weisen darauf hin, dass diese Formen der Antizipation der Beziehung durch ihren rituellen Charakter bedeutungsvoll sind (Stafford 2005). In diesem Kontext lässt sich erklären – und hier gibt es wiederum eine Verbindung zur mediatisierten Kommunikation – wieso viele Menschen die Mitteilungen (Briefe, SMS, E-Mails) oder andere Symbole der Paarbeziehung (Fotos, Erinnerungstücke) aufbewahren oder bei sich tragen. Etwa durch die Betrachtung alter Briefe wird die Beziehung mental aktiviert und durch das rituelle Verhalten bestärkt. Vielen Paaren, die lang getrennt voneinander sind, helfen solche Formen mit seltenem Kontakt umzugehen und sich dem Partner etwas näher zu fühlen. Ein ähnliches Phänomen ist etwa auch die Antizipation einer (erlebten) ritualisierten Handlung (Bruess / Hoefs 2006). Dabei geht es um die gedankliche Vorstellung oder Erinnerung von für die Beziehung bedeutsamen Zeremonien oder in der Paarbeziehung etablierten alltäglichen Ritualen durch einen der Partner. Auch durch solche rituellen Formen können Beziehungen bekräftigt werden. Diese Befunde weisen auf das komplexes Zusammenspiel mentaler und kommunikativer Prozesse und auf den Einfluss medialer Strukturen auf diese hin (siehe auch Kapitel 2.1). Die Konstitution einer Beziehung kann möglicherweise entlang eines Kontinuums von direkter Kommunikation über medial vermittelte Kommunikation hin zu Formen symbolischer Kontakte und mentale Repräsentationen konzeptualisiert werden. Die Herausforderung die Zusammenhänge und Bedingungen eines solchen Kontinuums zu beleuchten ist ebenfalls in einer systematischen empirischen Erfassung und theoretischen Einordnung zu sehen.

Für die mediatisierte Kommunikation in Paarbeziehungen sind einige Negativ-Phänomene bekannt, die sich durch den Fokus ritualtheoretischer Annahmen als leere Rituale verstehen lassen. Dazu gehören etwa mediale Kontakte und Nachrichten, die von einem oder auch von beiden Partnern als unangenehme Pflicht empfunden werden. Insbesondere bei mobilen Medien kommt es vor, dass Anrufe oder SMS eines Partners als Kontrollverhalten erlebt werden (Döring / Dietmar 2003; Höflich 2006b). Diese Handlungen können als von einem

Partner erzwungene Rituale betrachtet werden und sich negativ auf die Beziehung auswirken. Wenn Rituale in Paarbeziehungen ihre Bedeutung zunehmend verlieren, erzwungen sind oder gar nicht mehr ausgeführt werden, dann ist dies im Kontext der Entwicklung der Partnerschaft und der Partner als Individuen zu sehen. Krisenphasen in Paarbeziehungen, zum Beispiel durch Veränderung der Einstellung zur Beziehung, können sich im Scheitern von Ritualen äußern. Auch Paare mit intakten Beziehungen vernachlässigen möglicherweise Rituale, weil diese ihre Wirksamkeit, etwa durch veränderte Lebensumstände der Partner, verloren haben. Da Beziehungen sich entwickeln, müssen Paare auch in der Lage sein, gewisse Rituale entsprechend anzupassen und zu verändern. Rituale können in diesem Sinne als Bestandteil der Entwicklungsprozesse in Paarbeziehungen konzeptualisiert werden. Potential für die Weiterentwicklung und möglicherweise auch Festigung von Beziehungen liegt im Prozess der Transformation von Ritualen. Wenn sich Partner bezüglich eines gescheiterten oder „leer" gewordenen Rituals verständigen, haben sie die Gelegenheit, dieses zu adaptieren, ihm wieder „Leben" zu verleihen und damit wiederum für sich und die Beziehung neue Bedeutung und Vitalität zu schaffen.

4 Medien, Alltag, Paarbeziehung: Forschungsstand und Fragestellungen

4.1 Theoretische Befunde

Das in den ersten beiden Kapiteln erarbeitete theoretische Gerüst ermöglicht eine differenzierte Beschreibung des Forschungsgegenstandes Medien im Alltag von Paaren. Es integriert theoretische Arbeiten und empirische Befunde aus verschiedenen Forschungstraditionen und –disziplinen. Die Kernpunkte des theoretischen Konzepts werden im Folgenden zusammengefasst:

Der Prozess der Mediatisierung kommunikativen Handelns stellt den Hintergrund für Veränderungen durch Medienentwicklungen auf der Ebene der Beziehungen und der Identitäten dar. Mediatisierung wird diesbezüglich auch in Relation zu anderen Metaprozessen wie Individualisierung, Mobilisierung und Flexibilisierung betrachtet. Damit werden Einflüsse von gesellschaftlichem und kulturellem Wandel auf der Ebene der sozialen Beziehungen berücksichtigt. Um diese in Paarbeziehungen zu erfassen, wird ein umfassender Medienbegriff zu Grunde gelegt, der die Aneignung und den Gebrauch dynamischer Medienensembles der Menschen ins Zentrum stellt. Die Kommunikation in Paarbeziehungen ist in den Alltag der Partner integriert und ist Bestandteil der Aushandlungsprozesse, die auch Grundlage der aktiven Herstellung eines gemeinsamen Alltags als Paar sind. Medien und Kommunikationstechnologien sind Bestandteil der häuslichen Umgebung, wobei sich die Nutzungsmöglichkeiten immer weiter ausweiten und den Haushalt und die private Sphäre verlassen. Diese Entwicklung kann sich in Paarbeziehungen ebenfalls auf die medialen Aushandlungsprozesse bezüglich kommunikativer Praktiken auswirken. Das zwischenmenschliche Gespräch von Angesicht zu Angesicht ist die Grundlage jeder Analyse von (Medien-)Kommunikation. Hiervon ausgehend wird die Entstehung von sozialen Beziehungen als mit der Entwicklung interpersonaler Kommunikation verbunden betrachtet. Für mediatisierte Kommunikation ist im Speziellen die interpersonale Verhandlung von Medienregeln und Medienarrangements wichtig. Dabei ist zwischen allgemeingültigen Normen kommunikativen Handelns sowie beziehungsspezifisch auszuhandelnden idiosynkratischen Regeln zu unterscheiden. Paarbeziehungen beschreiben die exklusive und verbindliche Relation zweier Menschen. Sie sind durch spezifische Dynamiken sowie Entwicklungsstufen gekennzeichnet. Sie basieren – wie alle sozialen Beziehungen – sowohl auf der Kommunikation zwischen den Beziehungspartnern wie auch auf mentalen Prozessen und sind ferner Einflüssen auf verschiedenen Ebenen ausgesetzt. In Paarbeziehungen kommt es zur Konstitution einer einzigartigen Beziehungsidentität. Mit diesem Prozess ist auch die gemeinsame Konstruktion von Realität der beiden Partner verbunden. Dem alltäglichen Gespräch kommt hierbei eine zentrale Rolle zu. Durch die fortwährende Interaktion der Partner mit ihrer Umwelt und die stetige Aktualisierung der gemeinsamen Konstruktion von Wirklichkeit sind Paarbeziehungen in eine gesellschaftskonstituierende rituelle Interaktionsordnung eingebunden.

4.2 Weiterer Forschungsstand und Impulse

Viele Studien verschiedener Forschungskontexte betonen den besonderen Stellenwert der Erforschung von Kommunikation, Medien und sozialen Beziehungen. Dieser Aspekt steht bei den Analysen sowohl in theoretischer wie auch in empirischer Hinsicht oftmals nicht im Vordergrund. Es liegen aber auch Arbeiten vor, die sich speziell mit den Medien im Alltag von Paaren beschäftigt haben. Im Folgenden werden ausgewählte Befunde, die weitere Anhaltspunkte für die vorliegende Arbeit liefern, vorgestellt. Diese sind teilweise in den vorherigen Kapiteln bereits genannt worden, sollen hier nun aber noch einmal explizit aufgeführt werden, da sie den bisherigen empirischen Forschungsstand zum Thema repräsentieren. Es kann sich dabei explizit nur um eine Auswahl von Arbeiten handeln, die im weiteren Sinne Medien, Kommunikation und Paarbeziehungen zum Thema haben. Hierbei sollen die Forschungen, die Impulse für die vorliegende Arbeit geliefert haben, thematisiert werden.

In seinen Arbeiten zu mobiler Kommunikation beschäftigt sich Rich Ling en seit über zehn Jahren immer wieder auch mit der Paarbeziehung. Er beschreibt, dass die Vertiefung einer Beziehung mit der Koordinierung der Medienkommunikation einhergeht, was sich in Paarbeziehung etwa durch das Erfordernis unmittelbaren Austauschs und in der Nutzung des Handys äußert (Ling 2000). Elternpaare etablieren damit auch Routinen (a repertoire of routines), die ihnen eine flexible Koordinierung und Aufgabenverteilung hinsichtlich der Alltagstermine und Besorgungen der Familie ermöglichen (Ling 2005). Diese spezifische Umsetzung der Elternpaare kann als Beispiel einer neuen Form der mobilen Mikro-Koordinierung betrachtet werden, die sich durch den Gebrauch des Handys entwickelt hat (zum Aspekt der micro-coordination siehe Ling / Yttri 2002). Ling betrachtet das Mobiltelefon – und schafft hier Bezug zu den Thesen von Berger und Kellner (1965) – als Element der nomischen Situation des Paares. Es konzeptualisiert mobile Kommunikation als ritualisiertes Handeln und spricht dem Mobiltelefon das Potential zu, um soziale Kohäsion zu stärken (Ling 2008).

Mobile Medien wurden in Bezug auf Paarbeziehungen hinsichtlich neuartiger Phänomene untersucht: Bella Ellwood-Clayton hat etwa beschrieben, wie das Handy in Paarbeziehungen als Instrument sowohl des Betrugs durch einen Partner (etwa zum kommunikativen Austausch und zur Verabredung mit einer dritten Person) als auch als Gegenstand von dessen Entlarvung durch den hintergangenen Partner Einsatz findet (z.B. Durchsuchen des Geräts nach verdächtigen Inhalten, Lesen von gesendeten Textnachrichten). Dabei handelt es sich um die Beschreibung spezifischer – durch die Möglichkeiten des Mediums ausgelöster – Ausnahmesituationen, die mit einer Krise beziehungsweise Beendigung der Beziehung einhergehen (Ellwood-Clayton 2006). Paarbeziehungen sind häufig ein Element der vielfältigen Forschungsarbeiten zur Handynutzung Jugendlicher gewesen. SMS-Kommunikation, so wurde gezeigt, eröffnet Teenagern eine Möglichkeit, Beziehungen zu potentiellen Partnern aufzubauen (Kasesniemi / Rautiainen 2003). Das Schreiben der Nachrichten lässt sie im Vergleich zur direkten Interaktion ihre Schüchternheit überwinden, so dass es den Jugendlichen leichter fällt, ihre Gefühle für den anderen zu vermitteln (siehe auch Höflich / Gebhardt 2005).

In einer Studie mit jungen Paaren wurde gezeigt, dass sich die Bindungsbeziehung zwischen den Partnern durch die medialen Kontakte ausdrückt, was sich sowohl in Situationen psychischen Stresses als auch in Alltagskontakten äußert (Dietmar 2005; Döring / Dietmar 2003). Die Studie verweist auf die Bedeutung der Nutzung verschiedener Medien in Paarbeziehungen, wobei sich die Paare hinsichtlich der verwendeten Medien unterschieden. Es konnte weiterhin festgestellt werden, dass die Medienkommunikation in Paarbeziehung Bestandteil der komplexen Austauschprozesse in Paarbeziehungen ist und die Partner hierbei ein faires Verhältnis untereinander anstreben. Mediale Botschaften – wie zum Beispiel Briefe, mobile Kurznachrichten oder Fotos – werden dabei häufig als subjektiv wertvolle emotionale Ressourcen betrachtet.

Prozesse der Domestizierung von Medien im Haushalt fokussierend, zeigte sich für junge Paare, dass Internetcomputer individuell von den Partnern genutzt werden, dass es aber auch zu gemeinsamer Nutzung kommt (Großmann 2007; Röser / Großmann 2008). Dabei sind die räumlichen Arrangements in der Wohnung von Bedeutung. Es können sich unter Umständen computernutzungsbezogene „Raumhoheiten" in den gemeinsam genutzten Wohnräumen etablieren. Der Internetcomputer wird vom Partner sowohl für häusliche, berufliche sowie freizeitbezogene Zwecke benutzt. Das Fernsehen, so zeigten die Studien, hat für junge Paare häufig die Rolle eines Gemeinschaftsmediums. Hierbei ist zwischen ausschließlichem Schauen und der Medienzuwendung mit parallel stattfindender Konversation zwischen den Partnern zu unterscheiden (Röser / Großmann 2008).

In der Forschungstradition der Personal Relationships, in der interpersonale Kommunikationsprozesse seit jeher einen großen Stellenwert haben, wird sich seit kurzem auch dem Thema Medien zugewandt. So hat Steve Duck, der in seiner Arbeit für eine alltagsbezogene und kontextualisierte Betrachtung der natürlichen Prozesse in (Paar-)Beziehungen plädiert, in der aktuellen Ausgabe seines Handbuches „Human Relationships" ein Kapitel zur Medienkommunikation aufgenommen und betont deren Einfluss auf den Beziehungsalltag (Duck 2007). Bereits Ende der 1990er Jahre hat die Betrachtung von Fernbeziehungen im Forschungskontext der Personal Relationships die Relevanz mediatisierter Kommunikation ins Blickfeld gerückt. Hier haben verschiedene Studien im Kontext der US-amerikanischen Militärbetreuung gezeigt, dass sich der kontinuierliche mediatisierte Kontakt der Soldaten mit ihren Partnern und Familien positiv auf ihr individuell–psychologisches Wohlbefinden auswirken kann (Stafford 2005: 45f.). Die differenzierteren Betrachtungen zu Fernbeziehungen, die seit einigen Jahren angestrengt werden, verdeutlichen jedoch, dass keine grundsätzlichen positiven oder negativen Effekte zu verzeichnen sind. Laura Stafford fordert in diesem Kontext ausdrücklich eine interdisziplinäre Zusammenarbeit, um die zunehmende Komplexität der Relationen zwischen Medien und sozialen Beziehung zu verstehen (Stafford 2005: 96). Eine Studie zur Kommunikation mittels mobiler Kurzmitteilungen, die verschiedene enge Beziehungstypen wie Paarbeziehungen, Freundschaften oder Vater-Sohn-Beziehungen berücksichtigt, sei hierzu ebenfalls aufgeführt: Es wurden dabei Hinweise auf die bewusste Auswahl von schriftlichen Kurznachrichten zur Kontaktierung des Beziehungspartners gesammelt (Pettigrew 2007). Der Hintergrund für diese Form der Kommunikation lag in der Absicht, dass Dritte die Kontaktaufnahmen, die auch telefonisch möglich gewesen wären, nicht mithören können. Dies wird als dialektisches Moment der mobilen Kommunikation zwischen Beziehungspartnern interpretiert, weil sie sowohl die Nähe mit dem Partner, aber gleichzeitig auch die Autonomie zur lokalen Umwelt sicherstellen wollen.

Der Forschungsstand zu Medien im Alltag von Paaren lässt folgende Folgerungen für die vorliegende Arbeit zu: Im Rahmen der Studie soll nicht nur ein Medienensemble der Partner erfasst werden, vielmehr gilt es, die komplexen Zusammenhänge kommunikativen Austauschs in Paarbeziehungen zu beschreiben. In Anbetracht der dynamischen Medienensembles ist es dabei sinnvoll, die Erfassung nicht auf die Nutzung einzelner Medien zu beschränken. Eine zu starre Konzentration alleinig auf die Medienkommunikation ist ebenfalls problematisch, da die relevanten Prinzipien tief in sozialen Handlungen verwurzelt sind und sich möglicherweise nicht nur durch die Aneignung und den Gebrauch neue Medien äußern. Vielmehr ist von Interesse, wie diese Handlungen in Medienhandlungen integriert werden und diese wiederum auf die Beziehung wirken. Sowohl eine mediendeterministische wie umgekehrt eine sozialdeterministische Herangehensweise würden dem komplexen Wechselspiel zwischen Medien und Beziehung nicht gerecht werden (Hepp 2006, 2008; Höflich / Linke forthcoming). Der Alltag der Paare muss in seiner Breite erfasst werden, um den Prinzipien der Kommunikation zwischen Partnern auf den Grund zu gehen. Eine Eingrenzung auf Einzelphänomene oder Extremsituationen ist nicht ausreichend, wobei aber eine Offenheit für diese Momente angebracht ist. Sie verweisen möglicherweise zudem auf die impliziten Prinzipien der Beziehung (siehe auch Kaufmann 2005). Auch eine ausschließliche Konzentration auf eine spezifische Phase oder Brüche in Beziehungen ist zu vermeiden, eine Aufmerksamkeit hinsichtlich dieser Aspekte ist allerdings zu erbringen. Es gilt den Gegenstand über verschiedene soziale Strukturen (z.B. Altersgruppen) hinweg zu betrachten, um mögliche Differenzen ebenfalls zu erfassen. Die Untersuchung muss dabei hinsichtlich eines Gegenstandes, der mit verschiedenen Ebenen sozialer Phänomene verknüpft ist über eine individual-psychologische Perspektive hinaus auch eine soziale, kulturelle, gesellschaftsbezogene sowie spezifisch medienbezogene Sichtweise umsetzen und diese Elemente integrieren. So kann die Untersuchung einer Isolierung sozialer Phänomene vorbeugen und dem zu erforschenden Gegenstand in einer Gesellschaft, die sich durch immer komplexer werdende Strukturen auszeichnet, gerecht werden. Eine Konzentration auf spezifische Sphären des Alltags von Paaren – darauf weisen die Befunde hin – wäre ebenfalls problematisch. Eine Betrachtung der häuslichen Kommunikation ist ohne Zweifel wichtig und auch Teil dieser Arbeit. Allerdings finden über die Sphäre der häuslichen Umgebung hinaus weitere bedeutungsvolle Prozesse der Kommunikation in Paarbeziehung statt, die es zu betrachten gilt.

4.3 Zielstellung und Forschungsfragen

Die dargelegten zentralen Aspekte der theoretischen Analyse und die Folgerungen aus dem skizzierten Forschungstand legen Nahe, dass für die empirische Annäherung eine Analyse der Mikroebene umgesetzt werden soll. Diese berücksichtigt die „Paarbeziehung" in einem stärken Maß als dies kommunikationswissenschaftliche Arbeiten im deutschsprachigen Raum bisher getan haben. Es erfolgt zudem eine Anknüpfung an die Tradition der Personal Relationships als interdisziplinärem Forschungszweig, in dem in den USA seit Jahrzehnten selbstverständlich auch die Kommunikationswissenschaft beteiligt ist. Damit kann auf eine Erweiterung der kommunikationswissenschaftlichen Perspektive hingearbeitet werden, entgegen einem Desiderat hinsichtlich der Betrachtung der Kommunikationsprozesse in sozialen Beziehungen (Höflich 2005a; Krotz 2007).

Das erarbeitete theoretische Gerüst sowie der in Eckpunkten umrissene Forschungsstand im engeren Sinne sind die Basis der in dieser Arbeit angestrebten kontextualisierten Untersuchung von Paarbeziehungen, der ein weiter Medienbegriff zu Grunde liegt und dabei die Alltagsbezüge kommunikativen Handelns beachtet. Die Studie strebt Aussagen zur Kommunikation von Paaren in ihrem Alltag und der Rolle, die Medien hierbei spielen, an. Es werden dazu konkreter folgende Fragen gestellt:

- Wie sind Formen mediatisierter Kommunikation im Alltag von Paaren integriert und inwieweit ist das kommunikative Handeln in Paarbeziehungen ein mediatisiertes Handeln? Welche Aspekte der Mediatisierung lassen sich auf der Mikroebene der Paarbeziehung finden? Es wird die These aufgestellt, dass es eine wechselseitige Strukturierung zwischen Paarbeziehung und Mediengebrauch gibt. Welche Anhaltspunkte gibt es für beziehungsweise gegen diese Annahme?
- Wie gebrauchen Partner ein Medienensemble und in welcher Relation stehen die Ensemble beider Partner? Wie erfolgt eine Verhandlung bezüglich des Gebrauchs von Medien innerhalb der Paarbeziehung und wie laufen diese Aushandlungsprozesse ab?
- Welche Rolle spielen Medien hinsichtlich der Gestaltung der individuellen Alltagsverläufe der Partner und der gemeinsamen Alltagsgestaltung des Paares? Wie erfolgt eine Alltagsintegration von Medien in Paarbeziehungen beziehungsweise wie beeinflussen Alltagsstrukturen den Gebrauch von Medien?
- Welche Bedeutung haben räumliche und zeitliche Strukturen des Alltags der Partner für den Gebrauch von Medien und wie gestalten Paare hierbei die Abläufe ihres Alltags durch Medien?
- Welche Bedeutung haben mediatisierte Kommunikation sowie Formen mediatisierten Handelns in Relation sowohl zur Beziehungsentwicklung als auch hinsichtlich alltäglicher Dynamiken in Paarbeziehungen?
- Inwieweit sind Medien und Medienhandeln bedeutsam für Prozesse der Konstruktion von Identität, individueller wie paarspezifischer Art? Wie wirkt sich die Mediatisierung kommunikativen Handelns auf die Aushandlung und die Gestaltung einer rituellen Interaktionsordnung aus und wie äußert sich dies in Paarbeziehungen?

5 Empirische Untersuchung alltäglicher Kommunikation in Paarbeziehung

5.1 Methodisches Konzept

Ziel der Studie ist die offene und gleichzeitig systematische sowie reflektierte Annäherung und Erfassung des Forschungsgegenstands, der Kommunikation in Paarbeziehungen, mit einem besonderen Augenmerk hinsichtlich der Rolle von Medien. Dabei sollen sowohl alltägliches Handeln der Partner als auch deren Gedanken und Gefühle, vor allem hinsichtlich der Konstitution von Sinn, nachvollzogen werden. Es geht darum, zu beleuchten wie Partner sich ihre Lebenswelt aneignen und als Paar konstituieren. Hiervon ausgehend wurde ein empirisches Konzept entwickelt, dem Verfahren der qualitativen Sozialforschung zu Grunde liegen. Dabei ergeben sich aus den mit dem Forschungsthema verbundenen theoretischen Implikationen folgende Herausforderungen:

1. Es gilt, nicht nur die individuellen Handlungen, Erfahrungen und Ansichten sowie die jeweiligen Konstruktion beider Partner zu erfassen. Auch die das Paar ausmachende gemeinsame Alltagsgestaltung und Konstruktion der Welt soll betrachtet werden (Jürgens 2001; Berger / Kellner 1965; Duck / Pittman 1994). Ziel ist es daher, sowohl individuenbezogene Daten als auch dyadische Daten zu gewinnen und zu analysieren (Duck 1990). Damit geht eine spezifische Struktur des Datenmaterials einher: Hinsichtlich eines Falls, der aus einem Paar besteht, sind die beiden Individuen und das Paar als Strukturtypus gleichermaßen bedeutsam. Die empirische Studie ermöglicht folglich eine vertiefende Analyse der einzelnen Partner, des Paares und verschiedener Paare im Vergleich.
2. Das Handeln der Partner ist in den Alltag eingebettet. Ziel der Analyse ist die Erfassung der natürlichen Kommunikation von Paaren in ihren alltäglichen Strukturen und Dynamiken (Duck 1990; Wood / Duck 2006). Da Alltag als komplexer, sich wandelnder Erfahrungsbereich verstanden wird, der sowohl private als auch öffentliche Bereiche des Lebens und normale wie auch außergewöhnliche Situation einschließt, müssen empirische Methoden gewählt werden, es ermöglichen Konsistenzen herzustellen, ohne dabei

die Dynamiken innerhalb der Paarbeziehung zu missachten (Hammerich / Klein 1978). Soziale Verhaltensweisen sollen systematisch etwa durch die Rekonstruktion von komplexen Hintergründen nachvollzogen werden. Eine solche Vorgehensweise erfordert eine enge Verknüpfung des Medienhandelns der Menschen mit den alltäglichen Strukturen, das heißt eine kontextualisierte Erfassung, die räumliche, zeitliche, situative und soziale Konstellationen berücksichtigt und somit zu einer „dichten" Beschreibung des Gegenstands führt (Ang 2006: 66).

3. Die Phänomene, die hinsichtlich der Kommunikation in Paarbeziehungen von Interesse sind, beinhalten sowohl Gedanken und Gefühle als auch Verhaltensweisen und Handlungen. Die komplexen mentalen Strukturen der Partner können nur über deren subjektive Reflexion und schließlich den sprachlichen Ausdruck dieser ermittelt werden. Die unterschiedlichen subjektiven Aussagen zeigen verschiedene Facetten des Gegenstandes auf und geben in ihrer Unterschiedlichkeit einen Hinweis auf die Komplexität desselben. Im Auswertungsprozess gilt es, anhand der subjektiven Aussagen soziale Phänomene herauszuarbeiten und den Prozess der Herstellung von Sinn nachzuvollziehen. Folglich war das Datenmaterial entsprechend zu analysieren, die enthaltenen Phänomene von der Ebene der Alltagsbetrachtung in eine wissenschaftliche zu überführen und damit auch intersubjektiv nachvollziehbar zu gestalten. Hierbei sind die Erfassung paarbezogenen Verhaltens und wiederum sprachlicher Interaktion Grundlage für ein Verständnis der Paarebene, die ebenfalls sowohl inneres Erleben von Gedanken und Gefühlen sowie Handlungen beinhaltet. Zu der Schwierigkeit des Fremdverstehens kommt außerdem die Problematik des Erinnerns: Gedanken, Gefühle sowie Verhaltensweise werden von den Menschen in einem unterschiedlich genauen Maß rekonstruiert. Wie bereits angedeutet besteht die Anforderung an das methodische Verfahren darin, die subjektive Sinnkonstitution von Menschen zu erfassen und durch die Analyse nachvollziehbar zu machen sowie unterschiedlich deutlich identifizierbare Strukturen zu beleuchten.

4. Die Paarbeziehungen wie auch die Kommunikation und das in diese eingeschriebene Medienhandeln zwischen den Partnern werden als Prozess verstanden – das heißt Paarbeziehungen sowie die Momente von Mediatisierung wandeln sich fortwährend und sind in einen Metaprozess eingebunden, der auf verschiedenen Ebenen der Gesellschaft bedeutsam ist (Krotz 2001, 2007). Für die Paarbeziehung und das Handeln der Partner sind dabei die kurzfristigeren, alltäglichen Dynamiken sowie die längerfristigen, phasenbezogenen Entwicklungen zu differenzieren.

5. Dem interdisziplinär bedeutsamen Forschungsgegenstand der (Medien-) Kommunikation in Paarbeziehungen wird sich in der vorliegenden Arbeit mit kommunikationswissenschaftlichen Fragen genähert. Damit verbunden ist die Suche nach sozialen Regelmäßigkeiten und die Bestimmung formaler Strukturen sowie die exemplarische Entdeckung idiosynkratischer Elemente. Individuelle und paarbezogene Spezifika können möglicherweise über den Einzelfall hinaus auf Regelmäßigkeiten in der Art und Weise der Entwicklung idiosynkratischer Strukturen verweisen. Dieses Anliegen erfordert ebenfalls eine Analyse des Paares als auch den Vergleich verschiedener Paare.
6. Die Studie zur Kommunikation in Paarbeziehungen ist in erster Linie eine Analyse von Prozessen der Mikroebene. Auf die Bedeutung von empirischen Arbeiten zwischenmenschlicher Beziehungen ist vielfach hingewiesen worden (Berger / Luckmann 2004; Berger / Kellner 1965; Lenz 2006). Dabei ist auch deren Bedeutung für ein Verständnis der Prozesse, die in Relation zu Prozessen der Meso- und Makroebene stehen, zu bedenken. Daher gilt es, Bezüge über die Beziehungsebene hinaus hin zu verschiedenen Lebensbereichen der Partner und Paare in den Blick zu nehmen. Wie bereits mehrfach betont, ist grundsätzlich sowohl was die Paarbeziehung als auch Prozesse der Medienkommunikation betrifft von einer wechselseitigen Beeinflussung zwischen den verschiedenen Ebenen sozialen Handelns auszugehen. Die vorliegende empirische Studie sammelte daher Material, welches es ermöglichte, ausgehend von der Analyse von Mikroprozessen über diese hinaus Bezüge zu Prozessen auf höheren Ebenen ermitteln zu können. Dies kann nur durch ein offenes Verfahren bewerkstelligt werden, das die Komplexität sozialer Zusammenhänge, die einen Gegenstand mit strukturieren, erfasst.
7. Der Forschungsgegenstand ist stark mit der subjektiven Intimsphäre der Menschen verknüpft: Es herrscht eine besondere Vertrautheit zwischen den Partnern, die sich auch in einer mehr oder weniger starken Abgrenzung nach Außen und in einer Definition von Privatsphäre äußert. Partner haben ein tiefgründiges Wissen übereinander und ihre Beziehung hat intime emotionale Qualität. Die empirische Annäherung an die Prozesse in Paarbeziehungen muss daher mit Methoden arbeiten, die ein vertrauensvolles Klima schaffen. Dies stellt die Voraussetzung dafür dar, dass ein Zugang zu diesem Lebensbereich möglich werden kann. Die Herausforderung an das methodische Vorgehen besteht darin, einen offenen Zugang zu Auskünften von Partnern und einen natürlichen Einblick in Abläufe in Paarbeziehungen zu finden und weiterhin, das so gewonnene Material mit angemessener Sensibilität zu behandeln.

Mit dem Ziel diese sieben Aspekte zu berücksichtigen, wird die empirische Studie als „Methoden-Dreieck" angelegt. Die zu untersuchenden Phänomene werden aus verschiedenen Perspektiven erfasst, um somit ihrer Vielschichtigkeit gerecht zu werden (Glaser / Strauss 1998; Flick 2004). Dabei wurde die Idee der Triangulation – als Betrachtung des Gegenstandes von zwei oder mehr Punkten aus mittels verschiedener methodischer Zugänge (Flick 2004:11) – besonders an zwei Stellen im empirischen Prozess beachtet:

- Datensorten: Im Rahmen der Datenerhebung werden innerhalb einer Methode durch die offene Anlage verschiedene Datensorten gesammelt. Hierzu gehören Erzählungen, Argumentationen, Berichte über eigenes Handeln sowie über subjektives Erleben in spezifischen Situationen. Zudem sollte neben den individuellen Aussagen auch das dialogische Geschehen zwischen den Partnern erfasst werden. Diese Zugänge werden dabei systematisch verknüpft und theoretisch begründet angewandt.
- Verschiedene qualitative Erhebungsmethoden: Durch eine aufeinander abgestimmte Kombination dreier qualitativer Methoden (Einzelinterview, Paarinterview und Tagebuch) der Datensammlung soll der Erkenntnisgewinn systematisch erweitert werden. Daher soll zum einen die Sammlung der subjektiven Aussagen in der Situation als Paar sowie zum anderen in der Situation als individuelle Person ermöglicht werden. Zudem muss die Erfassung alltäglicher Strukturen und Abläufe realisiert werden.

5.2 Erhebung und Sampling

Die Untersuchung wurde vom Herbst 2007 bis zum Frühjahr 2008 mit zehn Paaren durchgeführt. In einem ersten Schritt fanden jeweils etwa zweistündige Interviews mit den Paaren statt. Daraufhin dokumentierte jeder Teilnehmer in einem eintägigen Kommunikationstagebuch die kommunikativen Kontakte zum Partner. Jedes Paar verfasste am gleichen Tag das Kommunikationstagebuch. Abschließend wurden die Partner etwa eine Stunde lang einzeln interviewt. Es wurden damit insgesamt zehn Paarinterviews und zwanzig Einzelinterviews geführt sowie zwanzig Tagebücher erhoben. Die Zeiträume, die zwischen dem Paarinterview und dem Einzelinterview lagen, variierten zwischen einer Woche und einem Monat.

Abbildung 1: Ablauf der Datenerhebung.

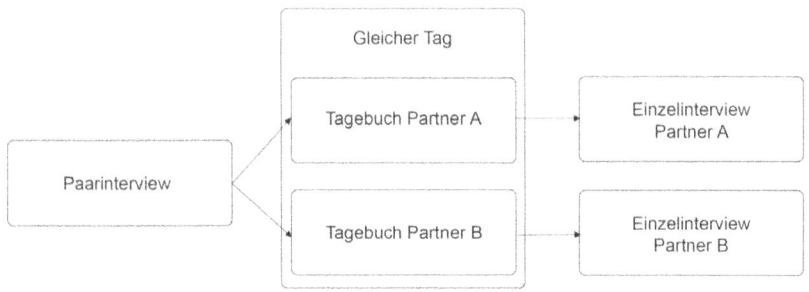

Die Befragungen wurden als kommunikatives Geschehen zwischen den Teilnehmern und der Interviewerin verstanden und dem entsprechend vorbereitet und gestaltet. Während der gesamten Erhebungsphase war es wichtig, eine vertrauensvolle Atmosphäre zu den einzelnen Paaren aufzubauen und zu erhalten. Diese ermöglichte es der Interviewerin, sich dem geschützten Leben der Paare respektvoll zu nähern. Jean-Claude Kaufmann hat diese Herausforderung etwa damit gemeistert, seine Interviewpartner als „Mitarbeiter" zu betrachten und sie damit zu motivieren, mit ihm gemeinsam seinen Fragestellungen zur Paarbeziehung auf den Grund zu gehen (Kaufmann 2005:11). In der vorliegenden Studie wurde den Teilnehmern vermittelt, dass sie mit ihrer Teilnahme zu einem wissenschaftlichen Qualifikationsprojekt beitragen, für welches ihre persönlichen Ansichten und Erfahrungen von großem Nutzen sind. Die Anonymität der Angaben und die ausschließliche Verwendung des Materials zur wissenschaftlichen Verwendung waren hier nicht nur selbstverständliche Standards des wissenschaftlichen Arbeitens, sondern hatten an sich eine große Bedeutung, indem sie Voraussetzung dafür waren, dass Paare für die Studie gewonnen werden konnten und sich bereit erklärten, Einblick in ihre Paarbeziehung zu geben. Mit den Teilnehmern wurde eine Vereinbarung abgeschlossen, worin es sich um eine gegenseitige Einverständniserklärung handelt (Mey / Mruck 2007). Indem die Paare auch über den professionellen und persönlichen Hintergrund der Interviewerin informiert wurden, ergab sich eine symmetrischere Gesprächssituation, die für Interviews zu persönlichen Themen nützlich ist und unter Umständen sogar Voraussetzung hierfür ist (Hoff 1989: 175). Die Teilnehmer wurden und werden über den Verlauf der Arbeit informiert, wenn sie dies wünschen.

Die Gestaltung der Interviews lehnte sich an die Konzeption des problemzentrierten Interviews an (Witzel 1982, 2000). Dieses Verfahren ermöglichte einen Erkenntnisgewinn durch die Organisation des Gesprächsgeschehens als induktiv-deduktives Wechselspiel. Die Umsetzung dieses Interviewtyps bot auch die Gelegenheit die subjektive Sicht der Teilnehmer hinsichtlich eines Gegenstandes darstellen. Zudem werden die Narrationen, die die Entwicklung eines durch die Teilnehmer selbst gewählten Erzählstrangs beinhalten, durch Dialoge ergänzt. Diese entstanden durch Nachfragen, die zum einen kreativsituativ und zum anderen mit Bezug zum Leitfaden gestellt worden. Das Verfahren war damit diskursiv-dialogisch angelegt (Mey 1999). Diese Herangehensweise eignete sich insbesondere auch für die Gestaltung und Umsetzung der Paarinterviews. Das problemzentrierte Verfahren ergänzend sind weiterhin Ideen der Methode des episodischen Interviews (Flick 1996) in die Konzeption der Paar- und Einzelinterviews eingeflossen. Hierbei ging es um die Erfassung von episodischem und semantischem Wissen der Teilnehmer, das etwa in der Beschreibung konkreter Handlungen oder im Nachvollziehen spezifischer Situationen deutlich wird und damit einen wertvollen Einblick in das Alltagswissen und Handeln der Partner ermöglichte.

Interviews sind nicht mit natürlichen Alltagsgesprächen gleichzusetzen. Es wurde jedoch versucht, eine Interviewsituation zu schaffen, die der eines offenen dialogischen, gleichberechtigten Gesprächs nahe kommt. Zu Beginn wurden die Teilnehmer ermuntert, zu den Fragen und Themen des Interviews wie in einem alltäglichen Gespräch mit einer Bekannten zu berichten. Ziel war es, das die interviewten Personen möglichst „normal" berichten. Zudem konnten sich die Partner jederzeit zu allem, was sie zu sagen wünschten, zu Wort zu melden. Den Ablauf unterstützte ein entsprechend ausgearbeiteter Leitfaden. Die Leitfäden halfen insbesondere in der Anfangsphase der Erhebung als Orientierung, von dem sich im Verlauf der Forschung immer mehr gelöst wurde. Im Anschluss an jedes Gespräch bat die Interviewerin die Teilnehmer um Rückmeldung und Ergänzungen. Die Gespräche wurden, dabei überwiegend als angenehm und interessant beschrieben. Während des Interviews war es wichtig, sich von wissenschaftlichen Fachtermini zu lösen, dem individuellen Kommunikationsstil der Paare entgegen zu kommen und keine spezifischen Gesprächsstrukturen oder Redereihenfolgen vorzugeben. Die Interviewerin stellte sich flexibel auf unerwartete Situationen während des Interviews ein, etwa wenn durch einen Telefonanruf das Interview unterbrochen wurde.

Alle Paarinterviews wurden in den Wohnräumen der Paare beziehungsweise in zwei Fällen in der Wohnung eines der beiden Partner geführt. Das Gespräch begann mit einer kurzen freien Vorstellung der Teilnehmer und dem Berichten über das Kennenlernen und die bisherige gemeinsame Zeit als Paar.

Davon ausgehend erzählten die Partner über den gemeinsamen Alltag und die Kommunikation in diesem. Die Teilnehmer wurden gebeten, offen und auch diskursiv ihre Ansichten, Perspektiven und Erfahrungen zu äußern. Weiterhin wurden in allen Interviews folgende Bereiche und Themen besprochen: der Verlauf des gestrigen Tags, Mobilität, Routinen des Alltags, die Rolle der Medien im Alltag, die Erledigung von Aufgaben und Besorgungen, Ansichten und Erfahrungen zur eigenen Beziehung, Besonderheiten der eigenen Beziehung, Vergangenheit und Zukunft, gegenseitige Unterstützung, Freizeitgestaltung, Arbeitsteilung, Gespräche, Emotionen, Konflikte, Zufriedenheit und Wünsche. Abgeschlossen wurde das Gespräch mit zwei hypothetischen Fragen: Zum einen wurde das Paar gebeten einen Film zu beschreiben, der von ihrer Beziehung handeln sollte (vgl. Mey 1999) und des Weiteren sollten sie sich ihren „idealen Alltag" und die Rolle der Medien in ihm ausmalen. Die Paare gingen im Verlauf der Paargespräche unterschiedlich umfangreich und tiefgründig mit den jeweiligen Themen um. Es ergaben sich häufig auch Querbezüge, so dass die Aspekte nicht in einer festen Reihenfolge besprochen wurden.

Der Einsatz des Kommunikationstagebuches in Form eines Doppeltagebuches wurde von einer Studie von Ann Elisabeth Auhagen (1991) zu Freundschaften im Alltag inspiriert. Das Doppeltagebuch diente für die vorliegende Studie als Anregungen für die Entwicklung des Kommunikationstagebuches. Ziel war es, die Erfassung eines natürlichen Tages beider Partner und aller jeweils an diesem stattfindenden kommunikativen Handlungen mit dem Partner oder mit Bezug zum Partner. Die Teilnehmer wurden gebeten sowohl direkte Kontakte, mediatisierte Kontakte, Gedanken und Gespräche über den Partner sowie die gemeinsame Nutzung von Medien zu dokumentieren. Im Anschluss an die Paarinterviews wurden mit den Partnern jeweils Termine für die Einzelgespräche vereinbart. Zudem wurde direkt nach dem Paargesprächen ein Tag vereinbart, an dem beide Partner das Kommunikationstagebuch führten. Dieses wurde dabei erläutert und offene Fragen wurden geklärt. Die Partnern erhielten jeweils ein identisches Dokument mit einer kurzen Beschreibung zur Zielstellung des Tagebuchs, einer Anweisung zur Nutzung des Dokuments, einer Anzahl von Kategorien, in die die notierten Ereignisse möglicherweise einzuordnen waren, sowie eine leere tabellarische Anordnung, die den Teilnehmern das handschriftliche Notieren erleichtern sollte. Im Tagebuch wurden der Zeitpunkt beziehungsweise der Zeitraum einer Handlung, die Art der Kommunikation, die Ereignisse, die Aufenthaltsorte sowie die resultierenden Handlungen, Gedanken und Gefühle festgehalten. Einige Teilnehmer machten sich zusätzliche Notizen. Ein Teil der Teilnehmer schrieb das Tagebuch kontinuierlich über den Tag während andere Teilnehmer angaben, das Tagebuch am Abend ausgefüllt zu haben. Ein Teilnehmer nutzte das Dokument nicht für Notizen, gab aber im Einzelgespräch Auskunft über den Verlauf des Tages. Indem zu Beginn des Einzelinterviews der im Tagebuch dokumentierte Tag gemeinsam nachvollzogen und besprochen wurde, konnte das Tagebuch vervollständigt und erweitert werden. Es zeigte sich, dass die Teilnehmer im Gespräch weitere Kontextinformationen und Hintergründe für ihr Alltagshandeln anführten. Die vorgegebene Struktur des Tagebuches war sinnvoll, da es das Ausfüllen erleichterte.

Wie bereits erwähnt, wurde zum Einstieg in die Einzelinterviews zunächst der Tag, von dem das Kommunikationstagebuch vorlag, thematisiert. Die Teilnehmer schilderten noch einmal ihre Erlebnisse und die Einbindung der Kommunikation in die Abläufe dieses Tages, nahmen Ergänzungen zu ihren Notizen vor und erörterten die Hintergründe des Geschehens näher. Wiederum wurden die Teilnehmer um ein Resümee und um Rückmeldung zum Führen des Tagebuchs gebeten, die fortwährend in die laufenden Erhebungsschritte einflossen. Viele der Teilnehmer hatten festgestellt, wie häufig und selbstverständlich mit dem Partner kommuniziert wird und wie umfangreich Medien genutzt wurden. Im Anschluss an diese Nachbereitung des Kommunikationstagebuches widmete sich das Gespräch dem jeweiligen Alltag der Person und ihrer individuellen Sicht auf die Beziehung sowie die Kommunikation. Die Teilnehmer wurden gebeten, ausführlich ihre individuellen Alltagsabläufe zu beschreiben und hierbei sowohl auf zeitliche Strukturen einzugehen als auch Orte, Räume und Wege ihres Alltags zu beschreiben. Hierbei wurde dann die Rolle der Medien besprochen und Bezüge zur Kommunikation mit dem Partner beziehungsweise der Partnerin geknüpft. Dieses Vorgehen bot implizit und explizit die Möglichkeit, das Paarinterview zu ergänzen. Die Interviewerin bat die Teilnehmer zu überlegen, ob sie im Paarinterview etwas vergessen haben oder ob ihnen noch etwas zur Ergänzung des Paargesprächs eingefallen wäre. Dabei gab es nur wenige themenspezifische Ergänzungen. Insgesamt bestätigten die Einzelgespräche die Aussagen aus den Paarinterviews, verdeutlichten aber die individuelle Sicht der einzelnen Partner, die in einigen Fällen im Paargespräch nicht so klar wurde beziehungsweise keinen Raum gefunden hatte. Nur selten wurden Widersprüche offenbart. Einzelne konfliktreiche Themen, die bereits im Paarinterview angeklungen waren, wurden höchstens, um die individuellen Ansichten erweitert. Hierbei sei anzumerken, dass es aber auch nicht das Ziel der Studie war, in erster Linie problematische Aspekte der Paarbeziehung zu ermitteln. Vielmehr standen die alltäglichen Abläufe des Paares im Mittelpunkt, dem auch das methodische Vorgehen Rechnung trägt. Wenn sich bei der Darstellung dieser alltäglichen Strukturen Konflikte zeigten, wurden diese selbstverständlich mit erhoben.

Die drei Formen der Datensammlung bedingen und befruchten sich in der umgesetzten Anlage und Reihenfolge: Das Methodendreieck ermöglichte eine

Anpassung an die Alltagsstrukturen der Paare. In zeitlich flexiblen Abständen konnten die drei Elemente Paarinterview, Tagebücher und Einzelgespräche aufeinander abgestimmt und an die Bedürfnisse der Teilnehmer angepasst werden. Auf diese Weise ließ sich für jedes Paar umfangreiches und unterschiedlich strukturiertes Material sammeln. Dabei wurden den theoretisch motivierten Fragestellungen entsprochen, indem aus jeder der eingesetzten Methoden verschiedene Datensorten hervor gingen, die wiederum eine Verbindung der Erhebungselemente miteinander ermöglichten. Die Thematisierung des Tagebuchs in dem zeitnahen Einzelgespräch führte zu einer erweiterten Schilderung und Reflexion des Geschehens, welche jedoch ohne Tagebuch unkonkret geblieben wäre (vgl. auch Ehling 1991). Die im Paarinterview geschilderten Verhaltensweisen und Routinen wurden dagegen häufig mit den Erläuterungen zu den individuellen Alltagsstrukturen aus den Einzelgesprächen verständlich. Und umgekehrt ist es die einzigartige Interaktion der Partner im Gespräch, die die Etablierung von Kommunikation verständlich macht. An verschiedenen Stellen etwa haben die Partner gemeinsam Verhaltensweisen voneinander rekonstruiert und erstaunt festgestellt, dass sie dies ganz selbstverständlich so handhaben, aber nie näher darüber nachgedacht oder gesprochen hätten. Die in der Arbeit umgesetzte Verbindung zwischen den Erhebungsmethoden ermöglichte die Herstellung von Konsistenzen und Bezügen, die hinsichtlich der Beantwortung der Fragestellungen entscheidend waren.

Der Entscheidung in dieser Arbeit sowohl ein Paarinterview als auch Einzelgespräche mit den Partner durchzuführen, lagen verschiedene Argumente zugrunde. Für beide Herangehensweisen sind Vorteile und Nachteile bekannt, die letztlich darauf hinweisen, dass die Kombination beider Verfahren einen bedeutsamen Gewinn mit sich bringt. Paarinterviews – das ist in der Familiensoziologie bereits vor Jahrzehnten festgehalten worden (Allan 1980) – bieten im Vergleich zu Einzelgesprächen erweiterte Möglichkeiten für die Sammlung von Daten, zum einen hinsichtlich einer umfassenderen Betrachtung von Paarbeziehungen und zum anderen bezüglich der direkten Erfassung der Interaktion zwischen Partnern. Trotz allem ist die Methode bislang eher selten umgesetzt worden (Behnke / Meuser 2002). In Paarinterviews ist es möglich, dass die beiden Partner im Dialog die gemeinsame Entwicklung einer Geschichte vollziehen können und dabei Aspekte wie die Wirklichkeitskonstruktion, die Abstimmung von Handlungsweisen im Alltag oder auch die gemeinsame Entscheidungsfindung thematisiert und reproduzieren können. Gegenseitige Ergänzungen und Korrekturen finden ebenfalls ihren Platz. Ferner lassen sich Beziehungsdynamiken der Paare beobachten und erfassen. Kerstin Jürgens (2001) etwa, die in ihrer Arbeit die Aushandlungsprozesse zwischen Partnern bei der Gestaltung einer gemeinsamen Lebensführung anspricht, hat empirisch nur individuelle Aussagen erfasst und empfiehlt explizit die Ergänzung von Einzelinterviews durch Paarinterviews, um Interaktionsprozesse zu ermitteln. In Paargesprächen stellen die Aufforderung, über die individuelle Vorgeschichte der einzelnen Partner zu sprechen und die Diskussion über als „heikel" betrachtete Themen eine Herausforderung und potentielle Schwierigkeit für den Interviewer dar, die es zu bedenken gilt (Burkart / Fietze / Kohli 1989). Diese Aspekte erwiesen sich in der vorliegenden Studie als gut handhabbar. Zudem bestehen in Paarinterviews die Gefahr der Überbetonung von Paardynamik und die Entstehung von Asymmetrien im Gespräch. Diese Momente, die für einen Interviewer nur sehr begrenzt steuerbar sind, können durch eine Ergänzung mit Einzelgesprächen relativiert werden. Die Vorteile, die für Einzelgespräche sprechen, ergeben sich daraus: Hier können alle Fragen zur individuellen Vorgeschichte und zu allen Themen thematisiert werden. Die Konzentration im Einzelgespräch ist folglich auf die einzelnen Partner gerichtet, der es somit möglich ist, auch aus seiner Paaridentität herauszutreten und sich als Individuum zu zeigen. Der Einzelne hat freien Raum sich zu äußern.

Mit der Entscheidung die Partner sowohl gemeinsam als auch einzeln zu interviewen, geht die Frage nach der Reihenfolge dieser beider Formen des Interviews einher. Die Entscheidung zunächst die Partner zusammen zu befragen, hatte zum Teil praktischen Hintergrund. Im Rahmen des ersten Termins, der somit mit beiden Partnern stattfand, konnte sich die Interviewerin dem Paar vorstellen und auch zunächst das Anliegen der Studie darlegen. Diese Situation beinhaltete – so die Einschätzung der Interviewerin – auch die letztlich dort gemeinsam als Paar zu treffende Entscheidung, an der Studie teilzunehmen oder nicht. Durch den „gemeinsamen Start" in die unbekannte Situation der sozialwissenschaftlichen Befragung, wurden zudem beide Partner an das Projekt gebunden. Zuvor hatte der Kontakt bezüglich erster Informationen zur Studie oder Terminabsprachen zumeist nur mit einem der beiden Partner statt gefunden. Dieses Vorgehen sicherte die Bindung der Paare an die Studie: Es ist als positiv zu werten, dass alle Paare, die sich zum Paarinterview bereit erklärten auch das Kommunikationstagebuch führten und an den Einzelgesprächen teilnahmen.

Jean-Claude Kaufmann (2005) hat in seiner Studie zum Alltag von Paaren eine andere Reihenfolge der Interviewtypen umgesetzt und zunächst die Partner einzeln und später gemeinsam befragt. Seine Zielstellung dabei war, die Widersprüche zwischen den Partnern zu offenbaren und zu analysieren. Ihm war es wichtig, Differenzen, die beim Vergleich der durchgeführten Einzelgespräche auftauchten, explizit in den Paarinterviews zu anzusprechen. Ein solches Vorgehen ist aus forschungsethischer Sicht durchaus zu diskutieren. Hierbei ist zwischen dem Forschungsinteresse, die Widersprüche mit denen Menschen leben zu verstehen, und der Frage, inwieweit freiwillige Teilnehmer einer Untersuchung zu diesem Zweck in eine Art Rechtfertigungszwang gesetzt werden dürfen, abzuwägen. In der vorliegenden Arbeit waren weder Konfliktfelder ausdrückliches Thema der Analyse, noch sollten für die Teilnehmer unangenehme Situationen provoziert werden. Daher fiel die Entscheidung, die Erfassung des umfassenden Bildes der alltäglichen Kommunikation in Paarbeziehungen mit der Erhebung von Einzelgesprächen und damit der Erfassung der individuellen Perspektive der Partner abzuschließen. Auf die Möglichkeit widersprüchliche Aussagen aus den Einzelgesprächen in den Paarinterviews zu thematisieren, wurde verzichtet.

Im Sinne eines selektiven Samplings fand eine entsprechende Auswahl der Teilnehmer statt. Zunächst wurde vorab die Entscheidung getroffen, Paarbeziehungen, die sich weitestgehend in einer Bestandsphase befanden, zu untersuchen, um somit den Fokus auf alltägliche Dynamiken in dieser Phase zu legen. Über retrospektive Elemente war auch ein Einblick in Entwicklungsprozesse der Paarbeziehungen, zum Beispiel in die Phasen des Ausbaus der Beziehung oder auch in Krisenphasen möglich. Über ein Schneeballverfahren fand der Kontakt zu den Paaren statt, die sich etwa hinsichtlich der Formen des Zusammenlebens, der Mobilitätserfordernissen, des Alters oder des Bildungsgrades unterschieden. Des Weiteren fanden auch Merkmale, deren Relevanz sich erst im Erhebungsprozess zeigte, bei der weiteren Suche und Kontaktierung Berücksichtigung (etwa Paare mit und ohne Kinder). Ein solches Vorgehen führte im Laufe des empirischen Prozesses zu einer Sättigung der relevanten theoretischen Aspekte (Glaser / Strauss 1998). Der Kontakt zu den Paaren wurde über dritte Personen vermittelt, fand jedoch über die Autorin selbst statt. Die Personen waren ihr vorher nicht bekannt. Diese Herangehensweise schuf zum einen eine gewisse Vertrauensbasis, da mindestens eine Referenzperson existierte. Zum anderen herrschte eine für das Interview günstige Distanz und Neutralität in der Beziehung zwischen Teilnehmer und Forscher. Dies stellte eine offene Annäherung an den Gegenstand sicher, die bei besserer Bekanntschaft zwischen Forscher und Teilnehmern schwierig zu bewerkstelligen wäre (vgl. Mackey / Ivey 2004). Die Autorin nahm mit insgesamt 15 Paaren Kontakt auf. Bei fünf Paaren kam es entweder nicht zu einer Vereinbarung eines Treffens beziehungsweise sagten die Paare vor einem Termin ab oder – wie in einem Fall geschehen – entschied sich einer der Partner während des Vorgespräches auf die Teilnahme zu verzichten. Letztlich nahmen zehn Paare an der Studie teil. Das Alter der Teilnehmer variierte zwischen Anfang 20 bis Ende 50. Die Dauer der Paarbeziehungen reichte von gut einem Jahr bis fast 30 Jahren. Sechs der Paare waren verheiratet. Die Teilnehmer befanden sich zum Zeitpunkt der Interviews in Ausbildung oder Studium, gingen einer Tätigkeit als Angestellter oder Selbständiger nach oder befanden sich in Elternzeit. Fünf Paare hatten Kinder, wobei in drei Fällen die

Kinder im Haushalt lebten, während sie bei den anderen beiden Paaren bereits ausgezogen waren. Die meisten Paare lebten in einem gemeinsamen Haushalt. Darüber hinaus lebte jeweils ein Paar in einer Fernbeziehung, einer Wochenendbeziehung und einer Nahbeziehung, das heißt beide Partner leben im gleichen Ort, haben aber eigene Wohnungen. Unabhängig davon wurden bei den Paaren unterschiedliche Grade von Alltagsmobilität verzeichnet. Die Paare beziehungsweise die Partner lebten in unterschiedlich großen Orten in verschiedenen Regionen Deutschlands. Jedes der Paare hatte somit eine andere Lebenssituation und unterschiedliche Alltagsanforderungen zu bewältigen. Es sind auch Grenzen des Samples zu erwähnen. So wurde zum Beispiel mehrfach aber vergeblich versucht, gleichgeschlechtliche Paare für die Studie zu gewinnen. Insgesamt konnte mit den zehn teilgenommen Paaren eine hohe Bandbreite hinsichtlich der zur Beantwortung der Fragestellung bedeutsamen Attribute der Paarbeziehungen erfasst werden. Die Namen aller Teilnehmer werden in den folgenden Darstellungen aus Gründen des Datenschutzes pseudonymisiert (Hildebrandt 1999).

5.3 Auswertung

Die Auswertung erfolgte als offene systematische Analyse und Interpretation des Materials mit dem Ziel der Freilegung und Kontextualisierung von Aussagen. Gleichzeitig sollten die mit den theoretischen Vorannahmen begründeten Fragestellungen der Studie beantwortet werden, wobei diese den Auswertungsprozess jedoch nicht in seiner Offenheit eingrenzten. Angestrebt wurde die Generierung von aus dem Material entwickelten Konzepten, die als Bausteine für theoretische Ansätze dienen sollten, die in einem weiteren Schritt in einem empirisch motivierten theoretischen Modell zusammenzuführen sind (Böhm 2005). Die Interpretation der Daten in ihrer für diese Studie und diesen Gegenstand spezifischen Weise wurde mittels eines hieran angepassten Kodier- und Kategorisierverfahren umgesetzt.

Der primäre Sinn der sozialen Situationen, in denen empirisches Material gesammelt wird, ist nicht vollends erfassbar (Keppler 1994). Wohl gilt es, diesen primären Sinn möglichst gut nachzuvollziehen und damit den sekundären Sinn der Situation zu rekonstruieren. Die Basis der Analyse der vorliegenden Arbeit waren dabei sowohl Tonaufzeichnungen und deren Verschriftlichungen als auch die Tagebuchdokumente. Ebenso wurden Postskripts, die direkt im Anschluss an die Gespräche angefertigt worden waren und Informationen zum Geschehen vor, während und nach den Interviews enthielten, sowie Memos herangezogen. Die Memos sind angefangen vom ersten Hören über Transkribieren bis zur vertiefenden Kodierung und Feinanalyse fortwährend angelegt, verfeinert, überarbeitet oder auch verworfen worden. Angeregt von der von Kaufmann (1996, 2005) beschriebenen Form eines verstehenden Interviews, wurde dem Hören der Interviewmitschnitte auch im Rahmen der Auswertung eine große Bedeutung beigemessen. Ziel dabei war, in diesem Prozess den bestmöglichen Bezug zur Situation der Entstehung des Materials und damit zu den Besonderheiten der Situation bei der Interpretation mit einzubinden. Da Kaufmann Teil der Situation war, in der das Material entstanden ist, ermöglicht ihm das erneute Hören des Materials mit all seinen auditiven Momenten eine noch stärkere Reflexion und ein umfassenderes Verständnis. In der vorliegenden Arbeit wurde das wiederholte Hören der Interviews ebenfalls in den Auswertungsprozess einbezogen, ohne jedoch – wie bei Kaufmann geschehen – auf die Transkription zu verzichten. Mit der Zielstellung ein systematisch-analytisches Vorgehen umzusetzen, wurde eine kontrollierte Interpretation am transkribierten Material vorgenommen (Keppler 1994).

Für die Transkription der Tonaufzeichnungen kam ein für die Zwecke der Fragestellung angemessener, begrenzter Zeichenkatalog für linguistische und paralinguistische Elemente zum Einsatz (Witzel 1982). Aus Gründen der Lesbarkeit und Handhabbarkeit der Daten wurde die Verschriftlichung als literarische Umschrift vorgenommen (Kowal / O'Connell 2005). Die Transkription der aufgezeichneten Gespräche stellte eine erste Modifizierung der Daten dar (Flick 2007). Auch in Anbetracht dessen ließ sich durch das erneute Hören der Interviews bei gleichzeitiger Arbeit mit dem schriftlichen Transkript sicherstellen, dass die Daten sowohl in für die Auswertung modifizierter Form aber eben auch in ihrer originäreren Form Beachtung finden. Der Schritt des Hörens stellt des Weiteren eine Überprüfung der Transkription und Postscripts dar. Die Tondokumente sowie Transkripte zu den Fällen wurden zusammenhängend gehört beziehungsweise gelesen, also das Paarinterview im Kontext der beiden Einzelinterviews. Dabei wurden auch die Postscripts und Tagebuchdaten herangezogen. Aus diesem Prozess gingen weitere Memos hervor, die paarübergreifende, möglicherweise vergleichende oder kontrastierende Aspekte festhielten.

Es erfolgte in Anlehnung an das Theoretische Kodieren der Grounded Theory Methodologie (Glaser / Strauss 1998; Strauss 1987) eine erste Analyse des Materials in einem offenen Kodierverfahren. Die Daten erhielten eine Struktur, indem ihnen Begriffe (Kodes) zugewiesen wurden. Hierbei war zwischen konstruierten Kodes (den Vorarbeiten und dem wissenschaftlichem Hintergrund entlehnt) und in-vivo-Kodes (aus den Daten übernommene Etikette) zu unterscheiden. Es schloss sich eine Gruppierung und damit einhergehend eine Kategorisierung der Daten an. Es folgten weitere Analyseschritte mittels der Verfahren des axialen Kodierens sowie des selektiven Kodierens, in denen die Kategorien verfeinert und differenziert wurden. Diese beiden Schritte verlaufen nicht linear nacheinander, sondern vielmehr parallel entsprechend der am Material und den Konzepten orientierten Analyse. Während das axiale Kodieren auf eine Auswahl von Achsenkategorien abzielt, geht es beim selektiven Kodieren um die Herausarbeitung einer Kernkategorie zur Analyse eines Phänomens. Dies ermöglichte es, Konzepte und theoretischen Ideen in einem kombiniert induktiv-deduktiven Prozess zu entwickeln, in dem eine fortwährende Herstellung von Datenbezug und Testen der Konzepte und Kategorien sowie deren Beziehungen am Material umgesetzt wurde (Flick 2007; Krotz 2005; Strauss 1987).

Zusätzlich fand das Verfahren des Thematischen Kodierens (Flick 1996, 2007) Anwendung, das Uwe Flick im Rahmen einer Studie zu sozialen Repräsentationen, zur sozialen Verteilung von Perspektiven auf ein Phänomen entwickelt hatte. Bei diesem zweistufigen Vorgehen wurden die Auswertungsschritte des Theoretischen Kodierens zunächst jeweils auf die einzelnen Fälle bezogen umgesetzt, um davon ausgehend, schließlich adäquat die fallübergreifende Analyse vorzunehmen. Der Schritt des fallübergreifenden Kodierens erfolgte basierend auf einer aus dem Material der Fallanalysen entwickelnden thematischen Struktur. Es schloss sich eine Feinanalyse der übergreifenden Kategorien an, wobei vergleichende und kontrastierende Analyseschritte (axiales und selektives Kodieren) vorgenommen wurden. Damit wird eine vertiefende Konzeptinterpretation verbunden. Dieses mehrstufige Vorgehen erwies sich aus folgenden Gründen als sinnvoll: Es kommt der spezifischen Datenstruktur der Studie entgegen, da pro Fall – hier dem Paar sowie den beiden Partnern – verschieden strukturierte Daten vorliegen. Ebenso legt die theoretisch begründete Besonderheit der dyadischen Struktur bei gleichzeitig postulierter Einheit des Paares nahe, diese Einheit auch in einem Analyseschritt zu bearbeiten und somit zu verhindern, dass die Berücksichtigung der dyadischen Strukturen verloren geht. Der Zwischenschritt der fallspezifischen Analyse war allein wegen der vorliegenden Datenmenge sinnvoll und ermöglichte eine stärkere Übersicht sowie Strukturierung und Systematisierung des Datenmaterials. Die Postscripts, Memos und die Kodierungen wurden in handschriftlicher Form angefertigt.

Für die Analyse der dialogischen Interaktion im Rahmen der Paarinterviews waren in der dargestellten Vorgehensweise Ideen der Konversations- und Gattungsanalyse hilfreich (Keppler 1994: 41; Keppler 2006). Der Ansatz wurde ausgehend von der Analyse von Alltagsgesprächen entwickelt. Da die zu analysierenden Aussagen in einem kommunikativen, natürlichen Interviewgeschehen erfassten wurden, war die Anwendung dieser Ideen möglich. Die Kommunikation zwischen den beiden Partnern im Paarinterview ist als Vollzug sozialen Handelns aufzufassen und ermöglicht es, nachzuvollziehen, wie die Partner in dem spezifischen Kontext mittels bestimmter sprachlicher Formen agieren. Es wird davon ausgegangen, dass die Ordnung sozialer Interaktion an jeder Stelle im Gespräch deutlich wird. Kommunikative Gattungen stellen dabei Schemata der Ordnung kommunikativer Sequenzen dar (Keppler 2006: 312). Sie lassen sich als feststehende Prozeduren verstehen und offenbaren, wie Partner sich im fortlaufenden kommunikativen Geschehen orientieren.

Im Folgenden stellen zwei Auszüge die Grundprinzipien der vorgenommenen Analyse exemplarisch dar. Zunächst wird ausgehend von einem Datenauszug erläutert, wie der Kodierungsprozess von einer fallbezogenen Analyse zu einer fallübergreifenden Analyse stattgefunden hat. Hier schilderte das Paar Anna & Christian, welches eine Wochenendbeziehung führte, wie der tägliche Kontakt miteinander per Telefon oder Messenger erfolgt. Da der Ehemann beruflich sehr eingebunden und nicht kontinuierlich erreichbar ist, haben sie eine Strategie entwickelt, die einander die Dringlichkeit von Kontaktversuchen verdeutlicht:

„(...)
C: Das wär so ein Moment, [wo sie dann weiter klingeln lässt, bis ich drangehe.]
A: [Das ist, wo ich dann weiter klingeln lasse, genau.]
C: Wo ich dann weiß, okay, jetzt brennt irgendwas.
A: Ja, also wenn es gut ist, wenn es was Gutes ist, ne oder irgendein Erfolg dann lass ich mal klingeln und dann denk ich mir, na gut der läuft ja nicht weg. Aber wenn ich dann hier Nervenzusammenbruch hatte oder irgendwas-
C: Genau. (...)
A: Genau und das, das ist ja und das haben wir schon irgendwie, ne nicht mit Absicht, aber irgendwie von alleine zu gekommen, ne-
C: Genau.
A: -wenn ich länger klingeln lasse, dann ist es echt super wichtig.
C: Genau. Da haben wir nie drüber gesprochen, ich weiß es aber.
A: Genau, genau [ne weil, jedes Mal.]
C: [Ich weiß es einfach.]
(...)"

Paarinterview mit Anna & Christian

Diese „Anklingelstrategie" ist davon gekennzeichnet, dass sie in dringenden Fällen variiert wird hin zu einer „Weiterklingenlassen-Strategie". An dieser Stelle ist im Auswertungsprozess der theoretische Kode „Abstimmung, Weiterklingeln, Strategie Handytelefonat" vergeben worden. Zudem wurde geschildert, dass sich dieses kommunikative Verhaltensmuster der Partner indirekt etabliert und verstärkt hat. Daher erhielt die entsprechende Interviewpassage den Kode „indirekte Abstimmung". Der Auszug aus dem Gespräch demonstriert auch das dialogische Interviewgeschehen, wenn die Partner über ihr Handeln mit Medien berichten sowie die Reflexion der Veralltäglichung dessen. Dieser

Aspekt wurde in einem dem Paar zugeordneten Memo festgehalten, um den spezifischen Kommunikationsstil des Paares zu kennzeichnen. Adäquat wurde in einem Interview mit einem anderen Paar eine Reduktion eines kommunikativen Handlungsmusters festgestellt. Dabei ging es um den Austausch von Instant-Messenger-Nachrichten am Arbeitsplatz. Die Partner beschrieben im Paarinterview, dass sie sich in letzter Zeit weniger Nachrichten auf diesem Weg schicken, zu mal beide ambivalente Gefühle: einerseits verspüren sie den Wunsch, den Partner zu kontaktieren, hegen aber andererseits das Gefühl, sich so von den Arbeitsaufgaben ablenken zu lassen. Es wurde hierzu der Kode „Reduktion der ICQ-Nachrichten" und zugehörig der in-vivo-Kode "ICQ als Verlockung" – eine Begrifflichkeit, die dem Interview entnommen ist – vergeben. Auch dieser Auszug wies auf eine indirekte Abstimmung zwischen den Partnern hin, so dass sie den Kode „indirekte Abstimmung" erhielt. Diese Kodes wurden der Kategorie „Abstimmungsprozess" zugeordnet, womit sich aus den beiden dargestellten Kodierungen zwei entgegen gesetzte Richtungen des Abstimmungsprozesses festhalten lassen: zum einen die Variante der Verstärkung kommunikativer Handlungen in Paarbeziehungen und zum anderen eine Reduktion kommunikativer Handlungen zwischen Partnern. Im Weiteren wurde für die Kategorie „Abstimmungsprozess" im fallübergreifenden Kodierungsprozess neben der Unterscheidung zwischen „Reduktion" und „Verstärkung" des Medienhandelns zwischen Partnern in Paarbeziehungen auch die Dimension zwischen „indirekter" und „direkter" Abstimmung ermittelt (siehe detaillierter hierzu Kapitel 7.1).

Ein zweiter Datenauszug wird herangezogen, um am Beispiel zu zeigen, wie bei der Kodierung in einem kombiniert induktiv-deduktiven Prozess, ein fortwährender Bezug zwischen Material, Kodes sowie theoretischen Ideen und Konzepten umgesetzt wurde. Der folgende Dialog eines Paares (Annika & Niklas) im Interview verweist auf die Aushandlung von Gemeinsamkeiten und Unterschieden mit Blick auf den Umgang mit dem Computer und seinen Anwendungen (siehe detaillierter hierzu Kapitel 9.2). Zu Beginn des Auszugs wird der Computer als Gegenstand gegenseitiger Unterstützung aufgeführt:

„(…)
N: Oder Rechner, mal draufschauen, was neu installieren und mal durchgucken.
(…)
A: Da denke ich bist du schon -
N: Also sagen wir mal was den Rechner angeht, denke ich, da bin ich schon tiefer drin, weil ich wirklich den ganzen Tag - Also ich komm frühs an den Rechner und dann steh ich abends auf und geh nach Hause.
A: Also ich bin der Nutzer. Ich kann es nutzen, ich verstehe es halbwegs. Aber alles, was sich hinter dem Bildschirm vollzieht, entzieht sich meiner Kenntnis. (…)

> N: Ja, das ist sicher auch eine Interessensfrage, also ich les dann halt die Bedienungsanleitung durch [lachend] und andere Leute machen das halt nicht.
> A: Ich probiere es aus und es (1) funktioniert trotzdem.
> N: Ja.
> (…)"
>
> Paarinterview Niklas & Annika

Diesem Interviewteil ließen sich mehrere Kodes zuschreiben, die zum einen für Niklas ein „tieferes Wissen Computer, tagtägliche Nutzung als Grund" und zum anderen für Annika eine „Sichtweise als der Nutzer, kein tieferes Verstehen" notieren. Weiterhin zeigten sich verschiedene Sichtweisen: für Niklas ließ sich „technisches Verständnis als Interessenfrage" sowie für Annika das „Prinzip probieren und es funktioniert trotzdem" kodieren. Strukturelle Merkmale der Konversation – in diesem Fall „Lachen" und „gegenseitige Bestätigung" – erhielten ebenfalls Kodes. Die vergebenen Kodes sind dabei miteinander in Kontext gesetzt. Zu dieser Interviewstelle existiert zudem ein Memo hinsichtlich der individuell verschiedenen Nutzungsweisen des Computers. Die theoretische Idee, die aus diesem Auszug entstand – nämlich dass bei Paaren sowohl ähnlicher Umgang mit Medienkommunikation als auch unterschiedliche Herangehensweisen als Bestandteil des Paarseins konstituiert werden – wurde hiervon ausgehend mit den Kodes, Kategorien und Memos sowohl aus den Analysen anderer Fälle als auch den anderen Datensorten dieses Paares (beide Tagebuchdokumente sowie die Einzelinterviewmaterialen von Annika und Niklas) weiter vollzogen und überprüft.

Die Basis für den Auswertungsprozess, das Datenmaterial, setzte sich, wie bereits erwähnt, aus verschiedenen Datensorten, die mit Hilfe unterschiedlicher qualitativer Methoden erhoben wurden, zusammen. Die Auswertung fand mittels verschiedener Kodierverfahren am Einzelfall (ein Paar allein betrachtet) und auch fallübergreifend (Kontrastierung der Paare) statt. Empirisch motivierte theoretische Erkenntnisse wurden unter Einbezug des zur Verfügung stehenden Datenmaterials überprüft, strukturiert, verfeinert oder revidiert.

6 Medienhandeln als integraler Bestandteil partnerschaftlichen Alltags

Die folgenden Beschreibungen zu den an der Studie teilgenommen Paaren dienen als grundlegende Orientierung für die in den weiteren Kapiteln dargestellten Ergebnisse der fallübergreifenden Analysen. Zudem sollen die deskriptiven Darstellungen auch einen vertiefenden Einblick in die Alltage und Kommunikationsstrukturen der Partner ermöglichen. Die Befunde verdeutlichen, wie umfangreich und individuell der Gebrauch von Medien im Alltag der Paare etabliert ist. Anhand der sehr unterschiedlichen Alltagsanforderungen und Strukturen hinsichtlich der zeitlichen und räumlichen Abläufe zeigen sich die spezifischen Funktionen und Anlässe für (mediatisierte) Kommunikation. Bei jedem der Paare wurden sowohl mediatisierte Kommunikation, gedanklich Kontakte als auch der gemeinsame beziehungsweise parallele Gebrauch standardisierter Kommunikate erfasst. Auf eine Beschreibung der Lebensumstände für jedes Paar erfolgt eine kurze Darstellung der Alltagsführung und der Rolle der Medien darin. Diese Ergebnisse wurden aus der Analyse der Interviews generiert. Daran schließt sich eine kurze Darstellung der mittels Doppeltagbuch erfassten kommunikativen Kontakte der Partner an einem gewöhnlichen Tag an. Exemplarische und charakteristische Auszüge aus den Interviews ergänzen die Ausführungen.

Annika und Niklas

Annika und Niklas sind seit anderthalb Jahren ein Paar. Die Studentin, Anfang zwanzig, und der Angestellte, Anfang dreißig, leben jeweils in eigenen Wohnungen in einer großen deutschen Stadt. Niklas und Annika treffen sich nahezu täglich, etwa zu gemeinsamen Mahlzeiten auf dem Campus, zu gemeinsamen Unternehmungen und Hobbys. Die meisten Abende und Nächte der Woche verbringen sie zudem zusammen, meist in Niklas Wohnung. In ihrem Alltag spielen Kommunikationsmedien eine wichtige Rolle, zum Beispiel bei der Verabredung der täglichen Treffen und zum Halten des Kontakts, in der Zeit in der sie sich nicht sehen. Einerseits nutzen sie hierfür das Mobiltelefon, wobei sowohl SMS-Kurzmitteilungen wie auch Anrufe im Homezone-Bereich bedeutsam sind. Andererseits finden Kontakte über die Online-Messaging-Software ICQ statt. Diese Kommunikationsform ist möglich, da beide (Niklas im Büro und Annika am heimischen Arbeitsplatz und in den Räumen an der Universität) nahezu ständig an einen Online-Computer arbeiten. Im Beruf und Studium nutzen beide intensiv Internetmedien zur Information und Kommunikation. Sie beschreiben einen hohen Koordinierungsaufwand, den sie mit ihrer getrennten Wohnsituation sowie den sehr unterschiedlichen Alltagsabläufen begründen. Die Wochentage sind für Annika von einem unregelmäßigen wöchentlichen Studienplan geprägt, der sich in jedem Semester völlig verändert. Niklas hat dagegen feste Arbeitszeiten. Die Wege zwischen den Wohnungen und Arbeitsplatz legen beide zu meist mit öffentlichen Verkehrsmitteln, aber auch zu Fuß oder mit dem Auto zurück. Die aktuellen Bildungsziele beider Partner bestimmen die Gestaltung der Wochenenden: Niklas verwendet an diesen Tagen viel Zeit für eine Qualifikationsarbeit und auch Annika treibt verstärkt ihren Abschluss voran und arbeitet für ihr Studium. Zudem verbringen beide am Wochenende die Zeit vor allem miteinander und planen etwa an den Abenden Unternehmungen, wie zum Beispiel mit Freunden ausgehen. An den Abenden der Woche verbringt das Paar neben gemeinsamen Abendessen auch viel Zeit vorm Fernseher, den sie als ihr „Lagerfeuer" bezeichnen. Dabei gibt es auch einige feste Programmpunkte, zum Beispiel eine Lieblingsserie von Niklas. Weiterhin nutzen beide Partner Social-Networking-Seiten. Dabei geht es vor allem um die Pflege des eigenen Freundeskreises, aber es erfolgt auch eine Nutzung mit Bezug aufeinander (z.B. einander Grüße schicken, Seite des anderen anschauen). Musik hören beide gern sowohl allein wie gemeinsam. Hier findet auch ein Austausch sowohl kommunikativ als auch von Alben und Songs statt. Beide besitzen eine Digital-Fotokamera und nutzen diese für die Dokumentation gemeinsamer Ausflüge. Auch das Handy wird zum gegenseitigen Fotografieren und Aufbewahren der Fotos (von sich selbst wie vom Partner) genutzt.

Der Tag, an dem das Paar das Kommunikationstagebuch geführt hat, ergänzt die Alltagsbeschreibung, wie sie aus den Interviews generiert wurde. Diesen Tag begannen beide getrennt voneinander in ihren jeweiligen Wohnungen. Annika, die eine sehr frühe Veranstaltung an der Uni hatte, schrieb Niklas, noch bevor sie ihre Wohnung verließ, per ICQ eine Nachricht. Darauf hin folgten über den Tag SMS-Kurznachrichten, Messenger-Kontakte sowie E-Mail. Hierbei ging es neben dem Grüßen und Erkundigen nach dem Befinden auch um eine Arbeit von Annika, die Niklas Korrektur las und ihr hierzu Rückmeldung gab. Am Abend kam es zum persönlichen Treffen. Annika holte Niklas im Büro ab, wo sie beide noch gemeinsam etwas im Internet suchten. Sie machten sich von dort auf den Weg zu Niklas' Wohnung, wo sie noch gemeinsam zu Abend aßen und fernsahen.

Beide Partner gehen selbstverständlich mit Technik um und haben insgesamt eine positive Einstellung zu Medien. Sie sehen Kommunikationsmedien als Mittel zur Koordinierung und zum Umgang mit der im Alltag von ihnen erlebten Knappheit von Zeit. Folgender Auszug aus dem Paarinterview soll hier exemplarisch für die von Niklas und Annika eingeschätzte Bedeutung von Medien in ihrem Beziehungsalltag stehen:

„(...)
N: Also ich, ich denke so, ne, also die Mittel, die (1) die lassen so eine Beziehung recht intensiv laufen. Also, wenn man das manchmal in so Historienfilmen sieht, wenn die sich da Briefe schreiben und äh die dann auch eine entsprechend lange Laufzeit haben, das ist halt, ja, also ich stell mir das, das schwierig vor. Aber dadurch, dass man eben die Möglichkeiten hat, äh, abgesehen davon, dass man sich sowieso jeden Abend sieht, aber dass man sich eben eine SMS schreiben kann, wenn einem danach ist oder eben im ICQ mal, mal kurz was schickt, ich denke das ist für die Intensität einer Beziehung durchaus hilfreich. (1) Also birgt natürlich auch die Gefahr einer gewissen Abnutzung, das ist mir auch klar, aber (...) die Gefahr seh' ich bei uns noch nicht (Lachen).
A: Also sonst wäre das, gerade vom Organisatorischen, ist das halt, wäre es sehr schwer, weil wir halt nicht zusammen wohnen. Und ich mein, es ist halt nicht klar, dass ich abends immer bei ihm bin. Und wir auch andere Aktivitäten haben, also du hast (...) und ich geh auch zweimal die Woche zum Sport. Da würde halt die Abstimmung immer halt fehlen und die dann halt Zeit kostet. Könnte natürlich auch (...), die Organisation über ICQ kostet halt auch ihre Zeit. (...) (1) Also man könnte sich natürlich beschränken aufs Nötigste, aber ein ganz so liebloser Umgang mit Information untereinander, macht man dann eigentlich auch nicht (...)"

Paarinterview mit Annika & Niklas

Tanja und Robert

Tanja und Robert, beide Ende Zwanzig, sind seit sieben Jahren ein Paar, seit kurzem verheiratet und leben in einer gemeinsamen Wohnung in einer mittelgroßen deutschen Stadt. Robert ist selbstständig berufstätig und Tanja arbeitet an einem universitären Forschungsprojekt. Beide können sich ihre Arbeit selbst einteilen und nutzen wochentags häufig das Arbeitszimmer ihrer Wohnung. Tanja arbeitet zudem mehrere Tage an der Universität. Robert arbeitet einige Tagen in den Räumen eines kooperierenden Unternehmens (unter 50 km vom Wohnort) und ist zudem auch häufig auf Dienstreisen unterwegs. Während

Tanja ihre Wege des Alltags zumeist per Fahrrad, zu Fuß oder mit öffentlichen Verkehrsmitteln erledigt, nutzt Robert, der in seinem Beruf sehr flexibel mobil sein muss, zusätzlich auch das Auto. In ihrem Alltag nutzen sie verschiedenen Medien: für den Kontakt miteinander greifen sie zum Beispiel Online Messenger, E-Mail sowie das Festnetztelefon zurück. Beide arbeiten in ihrem beruflichen Alltag an Onlinecomputern. Insbesondere Robert muss täglich über verschiedene Kommunikationswege (E-Mail, Messenger, Telefon, Internettelefon) Geschäftskontakte pflegen. Während Robert ein Handy besitzt und sich damit auch telefonisch von seinen Reisen bei Tanja meldet, hat Tanja selbst kein Gerät. In der Wohnung hinterlassen die Partner einander ab und an auch Botschaften auf kleinen Zetteln. Das Paar nutzt kein Fernsehen, ab und zu schauen sie aber gemeinsam DVDs. Fotografien, insbesondere bei gemeinsamen Reisen, sind für beide Partner von Bedeutung, wobei aber nur Robert aktiv fotografiert. Radio hört das Paar explizit in der Küche, Robert zudem Musik während der Arbeit am Rechner. Tanja sieht bis auf ihre Abneigung dem Handy gegenüber – und hierbei vor allem gegenüber dem Objekt und weniger seinen Funktionalitäten – durchaus Vorteile für sich in den Möglichkeiten der Kommunikationsmedien, insbesondere Kontakt zu Robert per Messenger. Robert äußert sich, vor allem bezogen auf den beruflich bedingten Umfang der Kommunikation über Medien, ausgesprochen kritisch. Er spricht etwa von einer „Reizüberflutung". Gleichzeitig ist er sehr interessiert hinsichtlich technologischer Entwicklungen, zum Beispiel Digitalfotografie, und den damit verbundenen Möglichkeiten, zum Beispiel der Einsparung von Papier, und zeigt auch Interesse an alternativen Medienprogrammen, zum Beispiel Internet Podcast.

Der mit Hilfe des Tagebuches erfasste Tag begann für Robert und Tanja mit einem Frühstück und dem Gespräch über die Pläne für den Tag. Über den Vormittag hinweg sind beide Partner an den Arbeitsstellen außerhalb und denken jeweils einmal an den anderen. Am späten Vormittag sowie um die Mittagszeit gibt es zwischen Ihnen jeweils einen kurzen Kontakt per Skype-Nachrichten zum momentanen Befinden und einem eventuellen Treffen am Nachmittag. Am Nachmittag denkt Tanja erneut an Robert und schaut in der Skype-Software, ob er erreichbar ist. Zudem müssen beide, als sie jeweils ein Stück von dem von Robert am morgen für den Tag vorbereiteten Gemüse essen aneinander denken. Diese „Rettich-Episode" besprechen sie dann im abendlichen Gespräch und vermerken, dass sie darüber lachen mussten. Am späten Nachmittag gibt es einen Kontakt per E-Mail, wobei Robert eine Sachinformation sowohl an Tanja als auch an einen gemeinsamen Freund schickt. Nach dem gemeinsamen Abendessen, schaut das Paar noch gemeinsam einen Spielfilm auf DVD.

Das Paar hat eine durchaus unterschiedliche Einstellung zur Gestaltung von Kommunikation und zum Gebrauch von Medien, die es sehr differenziert darlegen kann. Robert und Tanja handeln diese Aspekte miteinander sehr offen aus, wie folgende Auszüge aus dem Paarinterview verdeutlichen.

„(...)
T: Und mir ist es schon wichtig, dass man (Kontakt hat.) Und früher war immer noch mit den E-Mails ein bisschen das Problem, da hab ich halt E-Mail geschrieben und es kam keine Antwort und das fand ich doof. Und das find' ich aber ist mit dem Skype besser geworden. also da ist halt, wenn ich was schreibe, da kommt auch ne Antwort. Und wie gesagt, das geht dann drei, vier, fünf Mal hin und her und dann ist auch wieder gut und das reicht mir dann auch und ich glaub dass ist auch okay für dich und leichter als ne E-Mail zu schreiben. Also das hat sich da entspannt durch das Skype. (...) Na wie gesagt, das mit dem Telefon, das war eben am Anfang durch die Fernbeziehung. Da haben wir uns schon auch sehr viele und sehr schöne Briefe geschrieben. Das fällt jetzt einfach durch die Nahbeziehung weg.
R: Ja und schon wächst du auch mit den Medien. Ja also, das ist schon eindeutig, ja wenn man sich das mal anguckt. Früher hattest du Skype noch nicht, jetzt hast du Skype. Tanja wollte nie ein Handy, in absehbarer Zeit wird sie so ein Ding haben. Auch wenn sie jetzt immer noch den Kopf schüttelt (Lachen), aber es ist einfach so. (...)"

Paarinterview mit Robert & Tanja

„(...)
R: Ja das ist ja alles, ne Überflutung, ne Reizüberflutung. Aber wie schon gesagt, man entwickelt sich ja mit, ne, also es wird immer mehr, aber. (...) Ja, auf jeden Fall, weil du die Überflutung hast, du kriegst so viel mit, was dich gar nicht interessiert und die Selektion, also wir haben keinen Fernsehanschluss, weil eigentlich 99 Komma neun Prozent nur rotz kommt. Und wenn wir dann was fernsehen, dann möchte ich das ausgewählt machen, nur das gucken was mich oder was uns anspricht.
T: (...) Und ich würde mit dem Computer noch sagen, dass ich finde wir sind gerade mit dem Internet krass abhängig.
R: Ja, das ist wirklich.
T: Wenn, wenn das Internet mal nicht funktioniert, da merkt man erstmal, was man alles per Internet macht. Also sei es, dass man abends sich aussucht, was man machen will. Klar hast du das ****Magazin irgendwo rum liegen, aber eigentlich guckst du im Internet nach. Oder halt Telefonbuch machst du übers Internet, guckst kaum ins normale Telefonbuch. So viel Kommunikation eben per E-Mail mit allen möglichen Leuten.
R: Also ich könnte nicht arbeiten, wenn mein Computer nicht ginge, keine Chance.
T: Aber eben finde ich jetzt nicht nur die Arbeit, also es greift auch in den Freizeitbereich mit über.
R. Ja aber vor allem Arbeit, du könntest ja auch nicht arbeiten, wenn du deinen Rechner nicht hättest.

T: Ne, man kann schon dann auch Alternativen finden, aber es ist erstmal mühsam, also ich merke, dass wir sehr, sehr viel über den Computer organisieren und über Internet.
(...)"
Paarinterview mit Robert & Tanja

Andrea und Tobias

Seit zwei Jahren sind Andrea und Tobias, beide Mitte zwanzig, ein Paar. Sie leben in einer gemeinsamen Wohnung in einer mittelgroßen deutschen Stadt. Andrea studiert an der Universität ihres Wohnorts und erreicht diese zu Fuß oder mit öffentlichen Verkehrsmitteln. Tobias ist in einem Unternehmen (unter 50 km entfernt vom Wohnort) beschäftigt und fährt dieses täglich zu fest geregelten Arbeitszeiten an. Während das Paar im Alltag das Festnetztelefon nur für den Kontakt mit der Familie nutzt, findet der Austausch miteinander per Handy statt, wobei beide vom „Telefon" sprechen und damit ganz selbstverständlich das Mobiltelefon meinen. Beide Partner besitzen jeweils einen Laptop, Andrea nutzt diesen für ihr Studium sowie für E-Mail-Kontakte. Mit Tobias schreibt sie sich tagsüber auch E-Mails, da er am Arbeitsplatz schlecht auf seinem Mobiltelefon zu erreichen ist. Absprachen im Tagesverlauf, etwa zur Planung des Abendessens oder über Besorgungen trifft das Paar mit Hilfe von SMS-Nachrichten. Tobias, der an der Arbeitsstelle zwar am Rechner arbeitet, hier aber kein privater Gebrauch möglich ist, nutzt seinen Laptop zu Hause zum Online-Banking, Online-Shopping sowie um mit Freunden per Instant-Messenger und Internettelefon in Kontakt zu sein. Direkt nach dem Aufstehen, wenn Tobias bereits zur Arbeit fährt, schaut sich Andrea im Fernsehen Nachrichten an. Das Paar sieht abends auch häufig gemeinsam fern, wobei sie schildern, dass dies eine typische Winterbeschäftigung ist und sie im Sommer abends häufiger Sport machen, draußen sind oder mit Freunden weggehen. Andrea und Tobias schauen häufig gemeinsam DVDs (Spielfilme und Fernsehserien) und hören gemeinsam Hörbücher. Fotos machen beiden Partner weniger im Alltag, aber bei Ausflügen, Feiern, Familientreffen und Reisen. Andrea nutzt eine Digitalkamera und Tobias nimmt zum Fotografieren sein Handy. Beide planen aber die Anschaffung einer digitalen Spiegelreflexkamera und wollen zukünftig mehr Fotos machen.

Am Tag, an dem Tobias und Andrea das Kommunikationstagebuch führten, hatten sie einen ersten Kontakt am Nachmittag per SMS, denn als Tobias die Wohnung auf dem Weg zur Arbeit verließ, schlief Andrea noch. Am Abend waren beide jeweils mit Freunden unterwegs. In dieser Zeit telefonierten sie zweimal per Handy miteinander und schickten sich eine SMS, um zu erfahren, wo sie sich jeweils aufhielten und um sich möglicherweise noch zu treffen. Am späten Abend war das Paar wieder in der Wohnung und sah noch eine halbe Stunde gemeinsam fern.

Die Folgenden Aussagen von Andrea und Tobias verdeutlichen zum einen ihre Einstellung und die Hintergründe ihrer Nutzung des Computers, von Internetmedien, des Fernsehers, DVDs und Hörbüchern sowie ihre Ansichten zur Gestaltung der Kommunikation miteinander.

„ (…)
A: Also an so einem normalen Tag, da schreiben wir uns eigentlich kaum, höchstens mal 'ne E-Mail und telefonieren dann, wenn einer von uns nach Hause geht. Und SMS schreiben wir eigentlich nur, wenn was Besonderes ist. Also wir telefonieren halt wirklich mehr.
T: Weil es halt schwierig ist den ganzen Tag über, weil ich halt nur selten ans Telefon gehe.
A: Ja, deswegen hab ich es aufgegeben, ihn tagsüber erreichen zu wollen, außer halt über E-Mail, das geht eigentlich ganz gut.
T: Also es ist eigentlich abends immer noch kurz die Absprache, wenn du von der Uni kommst oder ich von der Arbeit, ob wir halt noch mal einkaufen gehen müssen oder irgendwie und dann, es ist aber eigentlich so schon das Allgemeine, dass wir uns gegen 18, 19 Uhr zu Hause dann treffen.
(…)"
Paarinterview mit Andrea & Tobias

„ (…)
A: Ja, (…) Letztens hab ich hab ich z.B., abends, er musste ganz früh raus, weil er in Skiurlaub gefahren ist, und da hab ich an die Tür ein Notizzettel gemacht, dass sein Proviant im Kühlschrank ist und er soll's nicht vergessen. Schreibt man dann halt noch was Liebes drunter und das macht er halt auch, aber nicht häufig. Also nur wenn es außergewöhnlich ist. (…)
T: Es ist eigentlich sehr wenig, nee, das ist einfach zu altmodisch und dauert auch eben zu lang.
A: Macht ja auch kein Sinn.
T: Ja, wobei man auch sagen muss, ich mein, die E-Mail ist ja nicht groß was anderes. Ist halt eben nur, dass sie schneller da ist.
(…)"
Paarinterview mit Andrea & Tobias

„ (…)
T: Ja, DVD ist halt einfach, du machst die Scheiben eben an, du hast ein ordentlichen Sound, du hast keine lästige Werbung dazwischen, du musst keine 10 Euro für ne Karten bezahlen, wenn du ins Kino gehst und deswegen ist es einfach, du setzt dich halt gemütlich daheim hin und guckst dir das an.
A: Wobei wir halt lieber Filme kaufen als uns auszuleihen.

T: Wenn's gute Filme sind.
A: (...) Ich hab's dann halt wirklich lieber im Regal stehen. Ja, es ich manchmal einfach ganz schön, wenn man so bestimmte Filme hat, wie jetzt, "Herr der Ringe" zum Beispiel oder „Harry Potter", die wir auch beide sehr gerne mögen, die sich auch einfach mal, im Winter nachmittags rein zu machen und den Film zu gucken, gemeinsam.
T: Oder halt eben, weil ich hier gerade sehe, das Hörbuch, „Der Schwarm" oder „Illuminati", das ist schon. Weil ich nicht so der Typ bin zum ewig langen Lesen. Deswegen, ich bin, nach fünf Seiten fallen mir die Augen zu und da ist ein Hörbuch schon halt einfacher.
(...)"
Paarinterview mit Andrea & Tobias

„ (...)
A: Also ich find halt, man kann das schon unterteilen in verschiedene Phasen, also man hat erst die Kennenlernphase, so dieses anfängliche verliebt sein, was noch ganz intensiv ist. (...) Aber so dieses erste Viertel- bis Halbjahr, wo wir auch noch nicht zusammen gewohnt haben, haben wir schon viel mehr miteinander kommuniziert und wollten auch wissen, was der andere macht. Vor allem die Frage, was machst du grad' hat er unglaublich oft geschrieben. Und da haben wir wirklich viel mehr telefoniert, vor allem mehr, SMS geschrieben, ja auch. E-Mail, nicht so sehr. Ja, das Telefon spielte schon die zentrale Rolle. Und als wir dann zusammen gezogen sind, hat das sicherlich so nach und nach abgenommen. Weil halt dieser Alltag drin ist, diese Regelmäßigkeit. Man sich auch auf den anderen verlassen kann, dass das immer wieder so ist und deswegen muss man das ja nicht jeden Tag neu absprechen.
T: Ja, ich glaub aber auch, dass es in Zukunft halt, gerade mit dem Telefon schon weiter in die Richtung gehen wird. Also, ganz klar, dass man sich tagsüber austauscht, übers Telefon. Das ist halt, das hat man immer dabei.
(...)"
Paarinterview mit Andrea & Tobias

Elisabeth und Rolf Meyer[7]

Das Ehepaar Elisabeth und Rolf Meyer, beide in den frühen Fünfzigern, leben in einer gemeinsamen Wohnung in einer mittelgroßen deutschen Stadt. Beide sind berufstätig: Frau Meyer arbeitet in einem Unternehmen am Wohnort zu festen Arbeitszeiten. Ihren Arbeitsplatz erreicht sie mit öffentlichen Verkehrsmitteln.

---

7 Die Pseudonymisierung der Namen erfolgt in Anlehnung an die Anrede, die die Teilnehmer und die Interviewerin im Rahmen der Befragungen verwendeten. Acht Paar wurden mit „Du" angeredet und werden daher mit Vornamen pseudonymisiert. Zwei Paaren wurde mit „Sie" angesprochen und werden mit Vor- und Familiennamen pseydonymisiert.

Rolf Meyer ist ebenfalls bei einer Firma im Wohnort beschäftigt, ist aber im Rahmen seiner Tätigkeit sehr viel unterwegs, wobei er große Strecken mit dem Auto zurücklegt. Die Meyers sind seit fünfundzwanzig Jahren verheiratet und haben erwachsene Kinder, die nicht mehr mit im Haushalt leben. Tagsüber hat das Ehepaar Kontakt per Handytelefonat oder auch per E-Mail. So werden Informationen zu Terminen oder Veranstaltungen ausgetauscht sowie Absprachen zur Gestaltung des Abends getroffen. Einmal wöchentlich fährt Herr Meyer seine Frau zu ihrem Sportverein. Auch hierfür wird ein Treffen per Handy vereinbart. Am Abend sehen die Meyers häufig fern. Besonders Herr Meyer schaut gern verschiedene Programme unter anderem im Pay-TV. Das Paar besitzt mehrere Geräte, so dass die Partner auch unterschiedliche Sendungen schauen können. Frau Meyer schaut weniger fern und bevorzugt Nachrichtensendungen und politische Magazine. Fotografien sind für Elisabeth und Rolf Meyer sehr wichtig. Die Bilder, insbesondere von der Familie, werden mit einer Digitalkamera gemacht und sowohl auf dem Laptop als auch über den DVD-Player und Fernseher angeschaut, eine Auswahl wird zudem in Alben aufbewahrt. Das Paar Meyer dokumentiert so seit dreißig Jahren die Familiengeschichte.

Frau Meyer dokumentierte am Tag, an dem das Paar das Kommunikationstagebuch führte, beim Aufstehen einen ersten Gedanken an ihren Mann. Bevor sich beide auf den Weg zur Arbeit machten, besprach das Paar Termine für den Tag und verabschiedete sich voneinander. Am Morgen notierte Herr Meyer Gedanken an seine Frau, als er ein Gespräch mit einem Kollegen führte. Am Nachmittag telefonierten Elisabeth und Rolf dreimal miteinander per Handy. Es ging in den Gesprächen um eine Erinnerung an eine Lohnsteuerkarte sowie um die Planung des kommenden Urlaubs. Rolf Meyer dachte am späten Nachmittag an seine Frau. Das Paar traf sich am Abend wieder in der Wohnung. Sie unterhielten sich über das Tagesgeschehen, die Kinder und ihre Eltern, schauten dabei fern und telefonierten mit einem der Kinder. Während Frau Meyer frühzeitig zu Bette ging und noch las, schaute Herr Meyer noch einen Spielfilm.

Das Ehepaar Meyer, so zeigen die folgenden Auszüge aus dem Paarinterview, nutzt Kommunikationsmedien zur Abstimmung ihrer beiden Abläufe. Es wird ebenfalls deutlich, welche Rolle Fotografien und das Anschauen und Sammeln dieser für das Paar und die Familie hat.

„(...)
R: Na, wenn was anfällt, was vergessen wurde, wird kommuniziert. Im Regelfall übers Telefon. Manchmal bin ich noch im Bad, wenn es klingelt: „Ist das Fenster zu gemacht, ist die Waschmaschine aus, ist das?"
E: Auf dem Weg zur Straßenbahn, wenn mir was einfällt (Lachen).
R: Tagsüber das was notwendig ist, wird telefoniert, aber, sie hat Arbeit, ich habe Arbeit. Also wir machen die Arbeit, sind eigentlich zu. So, nach Feierabend gege-

benenfalls noch mal Abstimmung. Wobei das im Regelfall auch schon früh passiert, wann dann letztlich wer kommt.
E: Wann wir uns wieder treffen.
R: Na, was ansteht, Freizeitaktivitäten. Also ob ich noch mal in den Garten fahre oder sie zum Sport geht oder mit den Frauen Frauenabend macht, den Freunden.
E: Oder du noch mal ein Bier trinken gehst mit Kollegen.
R: Oder das. Ja. Selten aber, oder ob ich in den Garten noch mal vorbei fahre, die Erdbeeren abnehme.
E: Oder Geschwister, deine Geschwister besuchen, große Familie.
(…)"
      Paarinterview mit Rolf & Elisabeth Meyer

„ (…)
R: Fotoapparat wird genutzt, im Regelfall digital. Wird dann hier auf das Gerät übertragen oder hier auf ein Stick und auf den Computer, da kümmert sie sich dann drum. Ja, digital heißt: auf den Laptop gespeichert beziehungsweise auf den Stick und ordentlich ausgedruckt, ja. Kannst den Schrank aufmachen, 10, 15 Fotoalben sind da. (…)
E: Mein Mann brennt es auf CD oder ich nehm ein Stick und lass es bei Rossmann für Pfennige entwickeln.
R: Ist ja heute auch, ist ja eigentlich komfortabel.
E: Nicht alle Bilder, immer nur so die schönsten und die werden halt ins Album geklebt. Das haben wir seit dreißig Jahren, das wird eben fortgeführt, die Familiengeschichte im Album.
R: Und über den Drucker, ist einfach zu teuer.
E: Aber inzwischen, guck mal über den DVD-Player, ne, gucken wir uns auch schon Bilder an.
R: Ja, DVD-Player, der wird auch schon genutzt, um vorweg schon mal zu entscheiden oder direkt auf dem Laptop.
E: Auch um mehrere zu gucken, ne wenn meine Eltern jetzt da waren oder so, da lässt man es schon so durchlaufen
R: Ja, das ist immer, wenn die Verwandtschaft hier und Familienfeierlichkeiten, alles sitz voll, die Familienalben und die Fotos auf den Rechnern, das ist immer ein Highlight. Ja, es sind ja alle älter, größer, breiter und sonst wie geworden.
(…)"
      Paarinterview mit Rolf & Elisabeth Meyer

Yvonne und Jan

Yvonne und Jan, beide Ende Zwanzig, sind seit zehn Jahren ein Paar und seit fünf Jahren verheiratet. Das Paar lebt mit seinen zwei Kindern in einer mittelgroßen deutschen Stadt. Yvonne ist zur Betreuung des kleinsten Kindes in Elternzeit. Jan ist in einem Unternehmen am Wohnort beschäftigt, dass er per

Auto täglich anfährt. Während sich Yvonnes Tagesablauf nach den Bedürfnissen des Babys richtet, sind für Jan die Arbeitszeiten des Schichtbetriebs bedeutsam. Das Paar nutzt in seinem Alltag sowohl das Handy, das Festnetztelefon als auch E-Mail für den Kontakt miteinander, wobei die mobile Variante dann gebraucht wird, wenn einer von beiden unterwegs ist. Sowohl Jan als auch Yvonne haben das Handy immer dabei – sie benutzen es auch als Uhr, da sie beide keine am Arm tragen – und schätzen dessen Möglichkeiten der unmittelbaren Koordinierung miteinander, insbesondere wegen der Alltagserfordernisse durch ihre kleinen Kinder. Fotos sind für das Paar von großer Bedeutung. Diese fertigen sie vor allem von den Kindern und der Familien mit ihrer Digitalkamera an. Die Bilder stellt Jan regelmäßig auf eine Webseite, die er für die Verwandten und Freunde gestaltet hat, damit sie das Aufwachsen seiner Kinder verfolgen können. Beide schauen im Alltag, insbesondere abends zum Abschalten fern. Jan bezeichnet sich als Tatort-Fan, so dass es auch feste Fernsehtermine gibt. Auch Musik ist für beide von Bedeutung, die zumeist von Yvonne zusammengestellt wird. Sowohl das Fernsehprogramm als auch die Musik, die das Paar hört sind aber in den letzten Jahre vor allem auch durch ihre Kinder geprägt: So gibt es ein allabendliches Sandmännchen-Ritual und auch beim Autofahren entscheiden die Kinder mit, was gespielt wird. Beide Partner nutzen den Computer und das Internet als selbstverständliche Technologien. Beide haben in Ausbildung und Beruf explizit Kompetenzen hierzu erworben und erachten auch eine Vermittlung des Umgangs mit Technologien an ihre Kinder als Normalität. Des Weiteren nutzt das Paar zur Planung der Familientermine einen Kalender. Sie beziehen ein Zeitungsabonnement und lesen sich bei Gelegenheit aus der aktuellen Ausgabe vor beziehungsweise dienen Zeitungsmeldungen als Gesprächsstoff.

Die Aufzeichnungen zum Tag, an dem Yvonne und Jan das Tagebuch führten, beginnen in der Nacht: Da Jan zu diesem Zeitpunkt in der Spätschicht arbeitete, verbrachten sie die Zeit zwischen Mitternacht und ein Uhr gemeinsam vor dem Fernsehapparat, wobei sie sich entspannten und unterhielten. Der Tag begann dann mit einem gemeinsamen Frühstück der Familie. Jan der am Vormittag Besorgungen im Stadtzentrum erledigte, erhielt dabei eine SMS von Yvonne mit der Bitte etwas für sie mitzubringen. Um die Mittagszeit hatten beide einen Gesprächstermin in ihrer Wohnung und unternahmen im Anschluss noch einen Spaziergang mit ihrem kleinen Kind. Während des Nachmittags gab es zwei Telefonate zwischen Jan, der sich mittlerweile an seiner Arbeitsstelle befand, und Yvonne, die zu Hause war. Während das erste von Yvonne initiiert wurde, die eine Frage an ihren Mann hatte, kam der zweite Anruf von Jan, der mit seiner Frau einen Termin absprechen wollte. Der Tag klang, nachdem Jan wiederum am späten Abend von der Arbeit gekommen war, mit einem Gespräch zwischen den Partnern aus.

In folgenden Auszügen äußert sich das Paar zur Bedeutung des Mobiltelefons, des Fernsehers und des Internets für ihren Alltag:

„(...)
J: Die mobile Variante ist wahrscheinlich die wichtigste, gerade (mit Kindern). Äh man ist halt dann doch mal schnell erreichbar und 'wo bist du jetzt, ich komme jetzt, dauert doch noch länger' oder ähnliches. Mal einfach nur, wir telefonieren meistens nicht lange, aber eben solche Sachen lassen sich dann eben schnell äh mal klären.
Y: [(...) unterwegs] Klar wenn du, zum Beispiel, wie letztes Jahr, warst du auf Lehrgang in *Ort*, da ist das Handy aus. Da schreibt man doch mal ne [SMS ' Wie geht's dir' oder] 'bist du gut angekommen'. Oder dann schreibt man, ruft man sich auch jeden Tag an und dann wird natürlich auch das Handy die (...)
J: [Ja, dann ist es sehr praktisch.] Genau.
Y: Ansonsten, wenn ich zu Hause bin und äh irgendwas ansteht oder ich einfach nur mal hören will 'Alles klar bei dir an der Arbeit', dann nehm' ich natürlich das normale Telefon, E-Mail.
(...)"
    Paarinterview mit Jan & Yvonne

„(...)
J: Der Fernseher hat ja das Problem, dass wenn er wirklich mal aus dem Ruder läuft, dass da die Kommunikation dann irgendwann zu kurz kommen würde.
Y: Richtig. Wir haben uns auch eigentlich mal vorgenommen, dass man so einen Abend sagt, aber dadurch dass er auch oft Spätschicht - also ich bin jetzt sowieso die ganze Woche alleine abends ähm - ist da eben auch schon schwer umzusetzen. Weil meistens kommt sowieso was dazwischen, dass man sagt, okay der Fernseher bleibt einen Abend aus. Aber es ist jetzt auch nicht so, dass wir unbedingt stur in das Ding reinschauen und uns nicht miteinander unterhalten. Also wenn jetzt kein Tatort ist, wo man ein bisschen vielleicht verfolgen muss, den gucken wir ja auch gerne, was weiß ich was man da jetzt gucken kann, aber dann sprechen wir auch zwischendurch miteinander.
J: Ja.
Y: Also es ist nicht so, dass wir da rein starren, der eine sitzt da, der andere sitzt da. Also es findet dann schon noch Kommunikation - DA hätt ich [auch Angst. Ja.]
J: [Das ist auch nebensächlich.] Also das muss ich sagen, das Fernsehprogramm ist auch völlig nebensächlich, wenn man dann telefoniert und miteinander spricht.
Y: Richtig.
(...)"
    Paarinterview mit Jan & Yvonne

„(...)
Y: Also ich denke, dass wir dadurch dass wir damit aufgewachsen sind so die letzten Jahre, dass das Internet weiter für uns wichtig wird. Ich kann mir auch vorstel-

len auch im Alter, ich weiß natürlich noch nicht, wie das sein wird. Aber ich denke, dass das für uns dann immer noch ein ganz normales Medium sein wird. Und ansonsten wird die Kommunikation, ja die wird irgendwann wieder paarspezifischer, weil die Kinder größer werden. Also dass wir einfach wieder ANDERE Gemeinsamkeiten haben.
(…)"
Paarinterview mit Jan & Yvonne

Ramona und Stefan

Ramona und Stefan, beide Ende Dreißig, leben gemeinsam mit ihren beiden Kindern in einer kleinen Ortschaft. Sie sind seit achtzehn Jahren ein Paar und seit dreizehn Jahren verheiratet. Beide sind berufstätig: Ramona arbeitet in der nächstgelegenen Stadt, die sie mit dem Auto erreicht. Stefans berufliche Tätigkeit führt er an verschiedenen Arbeitsorten aus, so dass er jeden Tag mehrere hundert Kilometer mit dem Auto zurücklegt. Beide haben relativ feste Arbeitszeiten, wobei sie sich diese eigentlich relativ flexibel einteilen können, hat sich ein fester Ablauf auch im Zusammenspiel mit den Schulzeiten der Kinder eingefunden. Ramona und Stefan nutzen das Handy, um einmal am Tag miteinander zu telefonieren. Des Weiteren lesen beide sehr gern. Sie betonen besonders die Bedeutung von Gesprächen, die sie etwa auch über ihre Sachlektüre führen. Während Stefan auch das Fernsehen nutzt, für Fußballübertragungen, sieht sich Ramona selbst nichts im Fernsehen an. Sie hat vielmehr eine eher negative Meinung sowohl über das Fernsehen als auch über den Computer und das Internet und betont, selbst aktiv entscheiden zu wollen, womit sie ihre Zeit verbringt und sich in keine Abhängigkeit bringen zu wollen. Sehr gern nutzt sie ihre persönlichen Tonträger, etwa bei der täglichen Fahrt im Auto. Stefan nutzt den Internet-Computer der Familie, um sich über seine Hobbys zu informieren und sieht in diesem Medium eine gute Möglichkeit hierfür. Musik hört er per mp3-Spieler beim wöchentlichen Joggen. Zur Koordinierung von Aufgaben und Terminen nutzt das Paar einen Familienkalender. Der gemeinsame Gebrauch von Medien zusammen mit den Kindern erfolgt eher nebenbei, etwa zu den gemeinsamen Abendessen an Freitagen, die als Wochenausklang gestaltet werden. Das Paar besitzt eine digitale Fotokamera, die zumeist zum Einsatz kommt, um die Kinder zu fotografieren. Kurze Ausflüge als Paar unternehmen beide wieder häufiger, wobei sie dies durch das Handy ermöglicht sehen, da ihre Kinder sie notfalls immer erreichen könnten. Der Gebrauch von Medien und Fragen der Medienkompetenz sind ein wichtiges Thema für das Paar, dass sie besonders im Zuge der Erziehung der Kinder beschäftigt.

Der durch das Doppeltagebuch dokumentierte Tag begann für Stefan und Ramona mit einem Guten-Morgen-Kuss. Stefan war an diesem Tag wie immer unterwegs, konnte aber am Mittag einen Zwischenstopp zu Hause einrichten. Ramona war an diesem Tag wegen einer Erkrankung der Kinder zu Hause. Im Verlauf des Vormittags gab es mehrere Kontakte per Handytelefonat, in den sich zum Befinden der Kinder sowie zur Planung eines gemeinsamen Mittagsessens verständigt wurde. Zudem gab es von Stefan aus einen Handyanruf, der Ramona allerdings nicht erreichte und den Stefan im Tagebuch als gedanklichen Kontakt notierte. Während des gemeinsamen Mittagessens unterhielten sich die Partner. Am Nachmittag folgten wiederum zwei Telefonate per Handy, wiederum zur Erkundigung zum Befinden der Kinder, zur Planung von Stefans Ankunft zu Hause und des Abendessens. Am Abend wurde – wiederum von Gesprächen begleitet – gegessen. Später sah Stefan noch Fußball im Fernsehen währenddessen Ramona las.

Folgende Interviewauszüge stehen exemplarisch für den Alltag und die Kommunikation sowie die Nutzung von Medien von Stefan und Ramona:

„(...)
S: Wie wir das nutzen? Also ich ruf meine Frau oder sie ruft mich, auch wenn nichts abzusprechen ist, wir rufen uns, auch wenn nichts abzusprechen ist, einmal am Tag an. Meistens Mittag rum, um zu hören-
A: -wie's dem anderen [einfach geht.]
S: [Genau.]
A: Einfach so [oder um] sich mal zu sagen, dass man sich [lieb hat. Mh.]
S: [Aber mehr] (3) [Ja, genau.]
(...)"
                Paarinterview mit Ramona & Stefan

„(...)
S: Also ich bräuchte für mich, für meinen (schmunzelnd) Alltag bräucht ich auf jeden Fall den Fernseher um Fußball zu gucken. So. (2) Und ja (2) MP3-Player einmal die Woche und den Fotoapparat. (...) um Bilder zu machen, (...) zum Beispiel mein Sohn beim Fußball oder bei anderen Dingen. Ja und mehr ist das nicht, das war's. (...)
A: Also wirklich wichtig ist für mich das Handy geworden. Weil dadrüber schon ich meine gut mit ihm die Kommunikation abläuft, aber ich auch mit meinen Freunden da drüber kommunizieren. also Verabredungen treffe oder wir schreiben uns bestimmte Dinge, die für uns halt von Bedeutung sind. Ähm was ich noch mag sind meine Tonträger, weil ja, ich hör mir halt die Musik an, die mir gut tut. Und auch oftmals phasenweise länger hintereinander die gleiche, weil die halt grad in dem Moment oder ich das Gefühl hab, die passt grad zu mir oder zu meiner Stimmung und so oder die tut mir gut. Aber es ist nicht gerade unverzichtbar. (...) So

das andere brauch ich nicht unbedingt. Ich kann auch sehr gut mit mir selbst ohne irgendwas rund herum.
(...)"
A: Ich hab da schon eine Einstellung dazu, ich hab nämlich nicht wirklich Lust mich von irgendwelchen technischen Dingen mich mehr abhängig zu machen als nötig. Und ich bin der Meinung, dass direkte Kommunikation immer noch das Beste ist und da mein ich auch wirklich das Miteinander sein.
(...)"
Paarinterview mit Ramona & Stefan

Anja und Sebastian

Anja, Anfang zwanzig, und Sebastian, Mitte zwanzig, sind seit drei Jahren ein Paar und leben in einer gemeinsamen Wohnung in einer mittelgroßen deutschen Stadt. Sebastian ist in einem Unternehmen am Wohnort angestellt und Anja absolviert ein Studium in einer nahe gelegenen Stadt. Sebastians Arbeitszeiten sind fest geregelt und er erreicht seine Arbeitstelle mit öffentlichen Verkehrsmitteln. Anja beginnt ihren Tag sehr früh mit der Autofahrt zum Studienort (unter 50 km entfernt vom Wohnort), wobei das Ende der Unterrichtszeiten variiert und sie am Nachmittag häufig auch zu Hause für das Studium arbeitet. Im Alltag nutzen beide für die Kommunikation miteinander das Handy, wobei SMS-Botschaften ausgetauscht – insbesondere am Morgen gibt es einen immer stattfindenden Kontakt – und Telefonate geführt werden. Das Festnetztelefon der Wohnung nutzt vor allem Anja für den Kontakt mit Familie, Freunden und um Sebastian am Arbeitsplatz zu erreichen. Während Anja sehr gern fernsieht, hierbei ihre festen Sendungen verfolgt, sich aber auch „berieseln" lässt, ist Sebastian dem Fernsehprogramm gegenüber eher skeptisch und schaut ausgewählte Sendungen, lässt sich aber auch mal „berieseln". Gemeinsam schauen Sebastian und Anja sowohl im TV, auf DVD als auch im Kino Spielfilme. Bezüglich Musik haben beide unterschiedliche Nutzungsstile: Anja nutzt Musik und Radio viel nebenbei während Sebastian Musik nur konzentriert hören will. Beide arbeiten für Beruf und Ausbildung viel am Computer und nutzen auch privat zur Pflege des Freundeskreises das Internet, z.B. Instant-Messenger, Social-Networking-Portale und E-Mail. Das Paar hat sich gemeinsam eine Spielkonsole angeschafft, auf der sie zusammen beziehungsweise gegeneinander Spiele spielen.
Die an einem Tag mit dem Doppeltagebuch dokumentierte Kommunikation des Paares begann mit dem persönlichen Guten-Morgen-Sagen und über den Vormittag mit dem Austausch von insgesamt vier SMS. Anja dokumentierte zudem Gedanken an den Partner: bei einem Gespräch mit Kommilitonen über die Ur-

laubsplanung sowie beim Warten auf eine SMS von Sebastian. Bevor Anja am Nachmittag ihren Heimweg antrat, rief sie Sebastian, der noch im Büro war, an, um ihm mitzuteilen, dass sie sich auf den Weg macht und um eine Anschaffung abzusprechen. Anja dokumentierte weitere zwei Momente, wo sie an Sebastian dachte – zum einen beim Lesen einer Paketkarte und zum anderen im Chat mit einer Freundin. Den frühen Abend verbrachte das Paar zusammen mit gemeinsamen Abendessen, einem Gespräch über den Tag und mit Fernsehen. Sebastian ging noch zum Sport, während Anja das Internet nutzte und Kontakte pflegte sowie am Rechner fürs Studium arbeitete.

Die Auszüge aus dem Paarinterview mit Anja und Sebastian verdeutlichen ihre Kommunikation und ihren Gebrauch von Medien im Alltag:

„(...)
A: Das wichtigste ist das Handy.
S: Mhmh einfach, um in Kontakt zu bleiben. Ja.
A: Ja, der Vorteil ist einfach, dass du äh bei ner SMS, entweder du liest sie gleich oder du hast gerade Stress und du liest sie später.
S: Richtig.
A: Einen Anruf muss man immer gleich entgegennehmen.
S: Mh, genau. Ja? Ansonsten?
I: Wie ist es so mit Erreichbarkeit?
A: Also Handys sind eigentlich immer an.
S: Ach so, ja.
A: Die sind immer an, also das merk ich auch. Die sind sonst, also meins ist immer auf lautlos gestellt während der Vorlesung und ich guck dann halt in der Pause drauf oder bei ner langweiligen Vorlesung auch mal in der Stunde. (Lachen). U-uund (1) ansonsten also sie sind glaub ich nie- ist dein Handy je aus?
S: Eigentlich nicht.
A: Also meins ist auch nie aus, ich hab's auch nachts an. (...)
S: Ja, das ist einfach 24 Stunden am Tag am Mann beziehungsweise an der Frau, das Handy.
A: Merkt man auch, wenn das mal aus ist, wenn der Akku leer ist, muss man kurz überlegen wie der PIN ist, weil man es nie anmacht.
(...)"
      Paarinterview mit Anja & Sebastian

„(...)
S: Ja, das ist, da bin ich ein bisschen zwiegespalten, weil das Fernsehprogramm, äh ja, ich reg mich immer gern künstlich auf darüber. Weil das ist, also vor allem Privatsender das ist äh niveauloser Kram. Ich mein, ich nutz es auch gern mal und mich zu entspannen einfach mal ja einfach mal [mich vor die Glotze hängen-].
A: [Mich berieseln zu lassen.]

S: -und sich berieseln lassen genau. Ähm such dann allerdings des häufigeren mal Sachen, die man sich wirklich mal anschauern kann. Meistens bleib ich dann auf solchen äh Informationssendern hängen ähm was es da alles gibt keine Ahnung (1) ntv. Um einfach mal ein bisschen informiert zu werden. Ich mein, normalerweise nutz ich dann auch das Internet um einfach mal Nachrichten abzurufen. Oder einfach mal ja ich schau mir auch mal ne Reportage an, die ein bisschen anspruchsvoller gemacht worden ist. Und ansonsten (1) schau ich relativ wenig TV. Ich schau mir ab und zu noch mal nen Film an, der gebracht wird, obwohl das auch weniger, weil ich das nicht mag, weil da immer geschnitten wird in den Filmen, das kann ich nicht leiden. Und deswegen äh ansonsten lieber mal auf ner DVD nen Film schauen.
A: Also ich guck schon Fernsehen. Eigentlich, eigentlich sind wir da grundverschieden irgendwie.
S: Mh.
A: Weil ich guck meistens, wenn ich, wenn ich von der Uni heim komm guck ich immer, also, das geb ich zu, guck ich immer also sechzehn Uhr diese Reportage auf Pro7, wo sich immer drei Bewerber um einen Job so-
(...)"
      Paarinterview mit Anja & Sebastian

Anna und Christian

Anna ist Mitte dreißig und mit Christian, Mitte vierzig, seit neun Jahren verheiratet. Das Paar lebt mit ihrem Kind in einer mittelgroßen Stadt in Deutschland. Beide sind berufstätig, wobei Anna im Wohnort selbstständig arbeitet, Christian aber die Woche über mit dem Auto in eine weiter entfernte Stadt pendelt. Das Paar sieht sich daher nur am Wochenende. Anna erreicht ihren Arbeitsort mit öffentlichen Verkehrsmitteln. Christian ist auch während der Woche sehr viel unterwegs. In der Woche findet sehr viel Kontakt zwischen den Partnern über Handytelefonate, Festnetztelefonate sowie per Internetcomputer mittels Instant Messenger und E-Mail statt. Bedingt durch die verschiedenen Aufenthaltsorte und die umfangreiche Mobilität hat jede der genannten Kommunikationsformen eine spezielle Rolle inne. Das Paar hat dadurch ausgefeilte und gut funktionierende Strategien des Erreichens entwickelt, so dass sie über den Tag hinweg mehrfach Kontakt haben. Wenn sie allein sind, aber auch am Wochenende gemeinsam nutzen beide das Fernsehen, insbesondere zum Abschalten von der Arbeit. Zudem nutzen beide den Internetrechner. Anna hört, häufig auch gemeinsam mit ihrem Kind, Radio. Beide Partner nutzen Musik und Radio vor allem auch im Auto.
 Der Tag an dem das Paar das Kommunikationstagebuch führte, stellte eine Ausnahme von ihrem bis dato üblichen Ablauf dar. Christian war am Abend

zuvor zu Hause eingetroffen und das Paar begann den Tag gemeinsam. Dies wurde von beiden als Ausblick auf ihr zukünftiges Zusammenleben gesehen, denn Christian plant häufiger vom Wohnort aus zu arbeiten. Bei dem gemeinsamen Frühstück besprach das Paar seine Tagespläne bevor sich Anna auf den Weg zur Arbeit machte und Christian mit dem Auto die eintägige Dienstreise an einen mehrere hundert Kilometer entfernten Ort antrat. Über den Tag verteilt gab es drei Handytelefonate zwischen den Partnern, in denen es sowohl um Bitten um Besorgungen, Erinnerungen sowie um die Abendplanung ging. Dabei berichtete Christian per Headset vom Stand der Autofahrt und informierte Anna über den Zeitpunkt der Abfahrt am Dienstort sowie über die erwartete Ankunft zu Hause. Am Abend tauschte sich das Paar im Gespräch über seine Gedanken und die geplante Geburtstagsfeier für ihr Kind aus.

Es folgen Auszüge, in denen das Paar schildert, wie es mit verschiedenen Technologien und Medien im Alltag umgeht.

„(...)

C: Für mich ist das eins, ne es ist das Sinnbild für ein Endgerät mit dem ich kommuniziere, äh, es gibt heute Computer, die sind in der Größe ungefähr und ich nutze sie auch so ja. Also es gibt da ein, ein Endgerät mit dem kann ich Daten versenden, mit dem kann ich mobil sprechen und es ist im Grunde genommen das Telefon Schrägstrich Computer so benutze ich die drei heute und sie sind ungefähr fünfundneunzig Prozent meines Lebens (lacht) ist so. Also ganz, ganz wichtiger Stellenwert für mich also ich benutze die wirklich komplett und gleichwertig (2) permanent.

A: Bei mir ist das ähm-

C: -weniger aber-

A: - dass, dass Computer ist ja nur für die Arbeit wichtig, weil die Kundschaft ist im Computer gespeichert, hinterlegt und das Geld und die Kasse und alles Mögliche läuft wirklich alles über Computer. Ein bisschen privat mach ich auch online aber versuch ich mich einzuschränken was langsam zur Sucht wird (lacht)

C: Mhmh.

A: Na ja aber ich versuch das schon mal zwei drei Mal die Woche geh ich mal rein meine E-Mails abfragen oder so was aber-

I: Habt ihr einen Internetzugang?

C: Ja.

A: Mhmh wir haben Rechner, wir haben auf Arbeit jeder einen Rechner und ALSO schon erstmal um miteinander auszutauschen äh da also YAHOO (lacht auf) läuft schon mal im Hintergrund immer oder eben auf Arbeit oder die E-Mails.

C: Mh genau.

A: Weil keiner fragt die jetzt von der Geschäftswelt keiner fragt dich nach der Telefonnummer. Die wollen alle E-Mail-Adresse haben.

C: Ja, genau.

A: Ne und das war's ja schon und dann brauchst du dieses Teil und immer online oder ja.
(...)"

Paarinterview mit Anna & Christian

„(...)
C: So und dann das (weist auf Fernsehgerät) (Lachen) [jetzt doch mal ehrlich.]
A: [Ja das ist wirklich]ja, das ist die Macht, die Macht ist eigentlich die Fernsteuerung, die Fernbe-bedienung. Aber zum Abspannen, mein Mann kommt von der Autobahn und sagt ‚So und jetzt Ruhe'.
C: Das ist der Ausgleich dazu. Wenn man so zwölf vierzehn Stunden jetzt auch in der Woche im Grunde genommen im Kommunizieren höchst angespannt ist ähm dann braucht man nen Gegenpol dazu und das ist der Gegenpol (weißt auf Fernseher). Und ja die äh wie wir es benutzen und wie ich es benutze ist wirklich berieseln lassen mh - zum einen, wenn ich mehr oder weniger unbewusst fernsehe, einfach nur berieseln lassen, IDEAL sind Comics, Zeichentrickfilme, nicht nachdenken, einfach nur wuff runter runterfallen lassen. Ähm am Wochenende eher eher dann ausgewählter (2) in Richtung dann ein Stück weit schon in Richtung Comedy und auch mal nachdenken mh.
A: Dann abends.
C: Aber dann nur am Wochenende, weil in der Woche e-eher selten, eher seltener, ja.
A: Genau.
C: Da geht's wirklich nur um Berieselung, einfach nur abschalten.
A: Mh, ja und bei mir ist es eben abends mein Abendprogramm (lacht) da wird natürlich fernsehen geguckt aber ansonsten also wie gesagt alles zusammen, ne also wir sprechen uns dann auch ab 'Schalte doch mal durch was noch kommt' und was dann wirklich allen dreien gefällt, das wird dann geguckt oder es wird hin und hergeschaltet (Lacht)
C: Genau
A: Er möchte das und ich möchte das aber wir [wir finden dann schon einen Kompromiss]
C: [Wir gucken dann auch mal drei] drei Sendungen gleichzeitig (lacht)
(...)"

Paarinterview mit Anna & Christian

Carola und Roland Heinze

Das Ehepaar Carola und Roland Heinze, beide Anfang vierzig, leben in einer gemeinsamen Wohnung in einer kleinen deutschen Stadt. Sie sind seit achtundzwanzig Jahren ein Paar und haben ein erwachsenes Kind, das nicht mehr mit im Haushalt lebt. Beide sind bei Unternehmen im Wohnort angestellt und arbeiten zu festen Zeiten. Beide erreichen ihre Arbeitsplätze mit dem Auto und sind im Rahmen ihrer Tätigkeit ab und zu in einem Umkreis von wenigen Kilometern mobil. Herr und Frau Heinze haben über den Arbeitstag hinweg Kontakt über Festnetztelefon sowie über SMS-Nachrichten. Von großer Bedeutung ist für das Paar, der Kontakt, wenn Frau Heinze dienstlich mit dem Auto unterwegs ist. Dann teilt sie ihrem Mann mit, wo sie ist und wie es ihr geht. Den Abend verbringen sie gemeinsam – mit Gesprächen, Spielen und Musikhören. Roland Heinze zeichnet in Absprache mit seiner Frau Sendungen aus dem laufenden TV-Programm auf Video auf. Am späteren Abend sieht sich das Paar häufig diese ausgewählten Sendungen an. Beide nutzen auch das Internet, zum Beispiel zum Online-Shopping, und Carola Heinze macht das Online-Banking für das Paar. Das Internet wird häufig von einem der Partner dann genutzt, wenn der andere eine Fernsehsendung sieht, die ihn nicht interessiert. Das Festnetztelefon nutzt das Paar, um in Kontakt mit der Familie und Freunden zu bleiben. Das Paar schreibt sich kleine Zettel und Karten zu alltäglichen und auch zu besonderen Gelegenheiten. Das fotografieren ist ein Hobby von Herrn Heinze, der bei Ausflügen und Urlauben sowie im Alltag Bilder macht und diese archiviert.

Carola Heinze steht sehr früh am morgen auf, so dass sie auch am Tag des Doppeltagebuchführens vor ihrem Mann wach war und ihm eine kleine Botschaft auf einen Zettel schrieb, den sie in seine Brotbüchse legte. Daraufhin fand der erste persönliche Kontakt statt, das Paar tauschte sich aus, auch zu ihren Vorhaben am Tag. Über den Vormittag verteilt gab es zwischen beiden Kontakte per SMS. Carola teilte ihrem Mann mit, wenn sie bei ihrem Auswärtsterminen angekommen war. Als sie vom ersten Termin zurück im Büro war, rief sie zudem ihren Mann über das Festnetztelefon an. Beide Partner notierten am Vormittag verschiedene gedankliche Kontakte an den anderen, etwa Roland, als er den Zettel mit Grüßen in der Brotbüchse fand und Carola, als sie ihrem Mann auf dem Weg zum Auto am Fenster zuwinkt oder ihr Blick auf ein gemeinsames Urlaubsfoto fiel. Am Nachmittag gab es nach einem nicht gelungenen Kontaktversuch von Carola per Festnetztelefon einen Rückruf von Roland. Das Paar besprach die weitere Tagesplanung, etwa das Treffen mit Rolands Eltern und einen Zahnarzttermin. Carola Heinze dokumentierte auch im Verlauf des Nachmittags Gedanken an ihren Mann, beispielsweise während des Telefongesprächs mit ihrem Kind. Am Abend trafen sich beide in der Wohnung und tauschten sich über die Ereignisse des Tages aus. Roland Heinze überreichte seiner Frau eine Karte, die er am Vormittag für sie geschrieben hatte. Das Paar sah an diesem Abend gemeinsam fern und unterhielt sich dabei über verschiedene Themen, etwa die Pläne für den gemeinsamen Urlaub oder auch über einen Artikel, den Roland beim Zahnarzt gelesen hatte.

In den folgenden Auszügen aus dem Interview mit dem Ehepaar Heinze geht es um die Kommunikation im Tagesverlauf, die Bedeutung des Mobiltelefons sowie die Nutzung des Fernsehens und des Computers.

„(...)
R: Also mindestens zwei, dreimal am Tag rufen wir uns von der Arbeit aus an. (...)
I: Also das ist dann Stadttarif.
C: Genau.
R: Mh. Das kann man sagen um zehn schon das erste Mal.
C: Ja.
R: Nach der Mittagspause generell, wie die Pause war.
C: Mh.
R: Also wir wissen eigentlich immer -
C: - Was der andere macht.
R: Wie's dem anderen geht, was er gemacht hat. Ja. (...) Manchmal auch gar nicht.
C: Ja.
R: (...) stressig.
C: Mh.
R: und da erzählt man sich halt, was man so gemacht hat.
C: (...) nicht lang, also vielleicht so drei, vier Minuten, fünf Minuten. Aber es ist halt einfach nur mitgeteilt, was man bisher so gemacht hat. Was er so plant oder ich plane und wie seine Mittagspause, wie hat er die verbracht oder ich meine. Ja und es ist halt einfach nur, dass man dem anderen erzählt, was man im Moment macht und was man plant.
(...)"
Paarinterview mit Roland & Carola Heinze

„(...)
R: Live gucken wir gar nicht mehr.
C: Gar nichts.
R: Höchstens bevor wir rausgehen, perfektes Dinner oder so was.
C: Einfach nur, wenn man und ein bisschen runter fährt und so abschaltet (...) Oh dass machen wir?
R: Das geht schon mindestens zehn Jahre (...) Ja, weil wir gucken es entweder dann, wenn wir wieder reingehen oder am Tag danach, da können wir es genauso gucken. Und vor allen Dingen kann man die Werbung spulen, das ist so genial.
C: Das ist für mich auch so eine verplemperte Zeit, also Werbung das ist für mich so richtig verplempert, also ich weiß nicht, ich komm damit nicht zurecht.
(...)".
Paarinterview mit Roland & Carola Heinze

Eva und Max

Eva und Max sind beide Mitte zwanzig und seit fünf Jahren ein Paar. Beide kommen aus einer großen deutschen Stadt und befinden sich in ihren Ausbildungen. Während Eva diese im Heimatort absolviert, studiert Max mehrere hundert Kilometer entfernt. Im Semester treffen sich die beiden etwa an einem Wochenende im Monat. In den Semesterferien ist Max für mehrere Wochen am Heimatort und das Paar sieht sich dann täglich. Auch in Phasen der räumlichen Trennung hat das Paar täglich Kontakt miteinander, ob über Instant-Messenger oder per Handytelefon. Alle paar Tage führen beide auch ein längeres Gespräch. Diese Gespräche, bei denen sich das Paar intensiver über Erlebnisse, Gedanken und Gefühle austauscht, finden zumeist am Abend statt. Da ihre Zeitabläufe in Studium und Ausbildung sehr verschieden sind – Eva hat fest geregelte Arbeitszeiten und Max sehr variierende – kontaktieren sich die beiden häufig auch durch „Anklingeln" oder „Anskypen" und ermitteln so, inwieweit der andere gerade für einen längeren Kontakt bereit ist. In größeren Abständen aber kontinuierlich nutzen Max und Eva kreative Formen der Kommunikation, etwa schreiben sie einander Gedanken in ein Büchlein, dass sie sich per Paket zusenden. Auch andere Formen, wie gestaltete Karten und Briefe senden sich die Partner. In den Zeiten, die sie zusammen verbringen, spielen wiederum auch das Handy sowie der Instant-Messenger eine Rolle, dann insbesondere zu Koordinierung der persönlichen Treffpunkte und Zeiten. Wenn das Paar Zeit zusammen in Evas Wohnung verbringt, schauen sie häufig auch fern. Sind sie bei Max, spielen sie auf einer Konsole und hören auch häufig Musik.

Der Tag, an dem das Paar das Kommunikationstagbuch führte, war ein Tag im Semester, Eva und Max begannen den Tag jeweils in den eigenen Wohnungen und waren tagsüber mit ihrer Ausbildung beschäftigt. Eva dokumentierte am frühen Morgen auf dem Weg zur Schule sowie am Nachmittag im Gespräch mit ihrer Mutter gedankliche Kontakte zu Max. Auch Max notierte sowohl noch in der Nacht, er war sehr spät zu Bett gegangen, als auch am Mittag und am Nachmittag, dass er an Eva gedacht hatte. Am frühen Abend kontaktierte sich das Paar über den Instant-Messenger. Eva war gerade nach Hause gekommen, wo sie, wenn sie den Rechner hochgefahren hat, immer auch versucht Max zu erreichen. Eine halbe Stunde später rief Max Eva kurz an, um ihr mitzuteilen, was er macht und dass er sie später wieder anruft. Kurze Zeit später telefonierten die beiden erneut. Am späteren Abend versuchte Eva noch einmal, Max über den Messenger zu erreichen, was nicht gelang. Sehr spät gab es noch ein weiteres Telefonat zwischen den beiden.

Zwei Auszüge aus dem Paarinterview mit Eva und Max werden im Folgenden aufgeführt und sollen zum einen die Verläufe ihres Alltags und die Bedeutung der Medienkommunikation für das Paar beschreiben.

„(...)
M: Also Alltag ist ja eher total getrennt. Einzige Verbindung ist Internet oder Telefon oder Briefe schreiben und Pakete durch die Gegend schicken. Deswegen ist es bei mir so, dass ich in der WG lebe, das ist mein soziales Umfeld oder der Kernkreis oder mehr oder weniger. Und ja Studieren, Studieren heißt irgendwann in die Uni, ein paar Vorlesungen sich anhören (1) und dann noch viel Dallerei zwischendurch. (...) Und telefonieren, zueinander finden das ist entweder spontan oder abends. In der Regel abends und das pendelt dann immer von Tag zu Tag.
E: Ja also bei mir ist es eher dass ich morgens ziemlich zeitig aufstehe in die Schule gehe und manchmal arbeite ich nach der Schule und komm dann sowieso erst um sieben nach Hause und die Tage, wo ich nicht arbeite, komm ich eigentlich nach Hause, mach den Computer an und dann (1) seh ich ja entweder schon, ob Max (lacht) bei Skype ist und dann reden wir eigentlich darüber (1) ja oder wie er schon meinte abends dann halt Telefonieren so aber tagsüber eigentlich ja das konzentriert sich immer auf den Abend so vorm Schlafengehen.
(...)"

Paarinterview mit Max & Eva

„(...)
E: Und manchmal ähm aber auch sehr selten gibt's halt Pakete richtig. Zum Beispiel als Max im Urlaub war oder so, viele Süßigkeiten, en Brief.
M: Genau oder Flaschenpost also.
E: Also eigentlich schon relativ vielfältig es ist jetzt nicht nur auf das Telefon beschränkt wie wir miteinander kommunizieren war schon eigentlich immer viele Sachen bei muss ich sagen. (...) Na Max ist ein sehr kreativer sowieso also ich glaub es ist gar nicht so dass er sich dafür anstrengt sondern, das kannst du wahrscheinlich noch eher sagen als ich, aber ich hab immer so das Gefühl, dass das-
M: (lacht) Ha ich bin ja jetzt eher peinlich berührt aber.
E: Na ja, es ist ja jetzt nicht so dass du da sitzt und denkst ach was könnt ich diesmal machen, ach, da mal ich mal ein Bild sondern das ist ja dann eher so wie du gerade drauf bist, dich auszudrücken so in die Richtung.
M: Mh ja genau, ich glaub, das ist mit den Kassetten auch so und mit dem Gestalten das ist eher intuitiv so das fühl ich was bei rauskommt das seh ich später und vielleicht denk ich nach nem Jahr Oh mein Gott (Lachen) Aber das drückt immer ziemlich gut aus, wo ich stehe.
(...)"

Paarinterview mit Max & Eva

7 Die Aushandlung[8] eines kommunikativen Repertoires in Paarbeziehungen

Im vorangegangenen Kapitel wurde das Medienhandeln von Paaren als integraler Bestandteil des partnerschaftlichen Alltags vorgestellt. Alle zehn an der Studie teilnehmenden Paare berichteten über verschiedene und variierende Formen der Medienkommunikation bei der Beschreibung ihres Alltags. Dabei ließ sich neben individuellen Vorlieben ein paarspezifisches Repertoire von Kommunikationsformen identifizieren. Dieses Repertoire ist nicht nur von verschiedenen Medien gekennzeichnet, vielmehr ist in Anbetracht des breiten Medienspektrums sowie dessen Dynamik der Blick auch auf Anforderungen, Strategien und situative Aspekte der Kommunikation zu richten. Hierbei wurde vielmehr deutlich, dass Medienhandeln im Kontext des komplexen Zusammenspiels kommunikativer Praxis von Paaren zu begreifen ist. Die empirischen Befunde weisen darauf hin, dass der Fokus der Untersuchung auf den in den Alltag integrierten kommunikativen Handlungen liegen muss, nicht auf der isolierten Nutzung einzelner Medien oder Endgeräte.

Kommunikative Repertoires sind als Sammlung von Handlungsweisen zu verstehen, die Partner für die Kommunikation miteinander im Kontext ihrer alltäglichen Strukturen entwickeln. Die Gestaltung dieser Handlungsweisen ist verknüpft mit spezifischen Anlässen, mit Informationen zu beziehungsrelevanten Themen oder auch mit Gefühlen. Dabei ist bei den kommunikativen Handlungen, so wird deutlich, niemals nur ein isoliertes Motiv der Kommunikation, etwa instrumenteller oder affektiver Art, zu erkennen. Vielmehr kommt es bei der Entstehung kommunikativer Repertoires in Paarbeziehungen zu einer komplexen Konstellation sozialer Handlungsweisen, die zwischen den Partnern ausprobiert, einstudiert und fortwährend geprobt und dabei auch weiterentwickelt werden. Die Dynamik dieser Aushandlungsprozesse um kommunikative

---

8 Der Begriff „Aushandlung" wird in dieser Studie verwendet, um sowohl aktive und bewusste wie auch unbewusste alltägliche Prozesse der Entwicklung und Gestaltung kommunikativer Praktiken in engen Beziehungen zu beschreiben (vgl. Hildebrandt 1997, Lenz 2006). Man könnte den Begriff daher auch in Anführungszeichen gesetzt nutzen. Die Verwendung der Bezeichnung „Aushandlung" gilt es im Rahmen wissenschaftlicher Arbeiten in jedem Fall zu reflektieren (Dieckmann / Ingwer 1983).

Repertoires ist, so zeigen die Befunde, ein zentrales Kennzeichen der Kommunikation in Paarbeziehungen.

7.1 Abstimmungsprozesse der Kommunikation in Paarbeziehungen

Die Etablierung kommunikativer Repertoires in Paarbeziehungen ist grundsätzlich von einer Veränderung beziehungsweise Entwicklung der Interaktion gekennzeichnet. Die Befunde zu den im Alltag etablierte kommunikativen Formen zeigen, dass dies im Sinne einer Verstärkung oder auch einer Abschwächung des Handelns vollzogen wird. Weiterhin wurde deutlich, dass sich Regelungen in Paarbeziehungen durch eine direkte, also aktiv kommunikative, Abstimmung vollziehen oder aber indirekt etabliert werden, ohne dass es eine explizite Verständigung zwischen den Partnern gibt. Basierend auf dieser Konstellation zweier dichotomer Kategorien konnten vier Typen von Abstimmungsprozessen der Kommunikation in Paarbeziehungen identifiziert werden. Typ 1 beschreibt Prozesse, bei denen eine direkte Abstimmung erfolgt, die eine Reduktion der bezogenen Handlung zu Folge hat, während beim Typ 2 die Folge direkter Abstimmung eine Verstärkung der Handlung ist. Keine explizite beziehungsweise eine indirekte Regulierung erfolgt bei den Typen 3 und 4. Dabei ergibt sich bei Typ 3 eine Reduktion und bei Typ 4 eine Verstärkung des relevanten Handelns.

Abbildung 2: Matrix der Typen der Abstimmungsprozesse.

	Reduktion	Verstärkung	
	Typ 1 Beispiel: Keine Mails mehr schreiben, da zu viele Mißverständnisse	Typ 2 Beispiel: Handy in mobilen Situationen mitnehmen und potentiell nutzen	Direkt
	Typ 3 Beispiel: Weniger ICQ-Nachrichten am Arbeitsplatz	Typ 4 Beispiel: Etablierung der Handy-An- und Weiterklingelstrategie	Indirekt

Die einzelnen Typen werden mit Hilfe von Beschreibungen aus dem Datenmaterial detaillierter dargestellt:

Typ 1: Max' und Evas Beziehung ist durch Studium und Ausbildung und einer längeren Auslandsreise von längeren Phasen physischer Trennung gekennzeichnet. Während dieser Zeit schrieben sie sich gegenseitig E-Mails und erinnern sich rückblickend an diese Kommunikation, als „ganz schlimm" und „das hat gar nicht funktioniert" (Eva im Paarinterview) sowie „das ging (…) voll an die Wand" (Max im Paarinterview). Dabei äußern beide im Dialog, dass sie grundsätzlich das Problem der fehlenden Möglichkeit zu sofortigem Feedback zur Klärung von Mehrdeutigkeiten als Grund sehen. Die Lösung dieser Situation beschreiben sie lachend als einfach, da sie sich exakt aus diesem Grund keine E-Mails mehr schreiben würden.

Typ 2: Zwischen Tanja und Robert gibt es seit geraumer Zeit Diskussionen zum Thema mobile Kommunikation. Robert besitzt ein Handy und findet dies sehr praktisch. Tanja besitzt kein Gerät und begründet dies mit dem Wunsch nicht „alles" besitzen und nutzen zu müssen, wobei sie die eigene Protesthaltung durchaus reflektiert. Im Zuge von verschiedenen Erfahrungen physischer Trennung durch beruflich bedingte Mobilität beider hat sich für die Zukunft aber ergeben, dass Robert Tanja sein altes Handy überlassen wird. Sie wird dieses dann, wenn sie unterwegs ist, an sich nehmen und wenn nötig benutzen. Hintergrund ist dabei das Bedürfnis, auch in diesen Fällen in Kontakt miteinander treten zu können.

Typ 3: Das Paar Annika und Niklas beschreibt die Nutzung des Instant-Messengers, der in ihrer Kommunikation über den Arbeitstag hinweg täglich genutzt wird, als „Verlockung"(Annika und Niklas im Paarinterview). Dabei reflektieren beide die Gefahr der Ablenkung von der Computerarbeit und rekapitulieren, dass die Nutzung daher zurückgegangen ist. Deutlich machen sie auch, dass dies nicht konkret zwischen ihnen thematisiert wurde. Vielmehr äußert etwa Annika im Paarinterview, dass sie das irgendwann selbst gemerkt habe.

Typ 4: Christian und Anna führen ein Wochenendbeziehung, wobei täglicher Kontakt per Telefon oder Messenger erfolgt. Da insbesondere Christian beruflich sehr eingebunden und nicht kontinuierlich erreichbar ist, haben sie eine Strategie entwickelt, die einander die Dringlichkeit von Kontaktversuchen verdeutlicht. Diese Anklingelstrategie ist davon gekennzeichnet, dass sie in dringenden Fällen variiert wird hin zu einer Weiterklingenlassen-Strategie. Bewerkenswert ist hier, dass sich dieses kommunikative Verhaltensmuster indirekt etabliert und verstärkt hat. Im Paarinterview beschreiben sie diese Verhaltensweisen hinsichtlich emotionaler Situationen und Gefühlsäußerungen. Der Auszug aus dem Gespräch verdeutlicht dies exemplarisch. Er demonstriert auch das dialogische Interviewgeschehen beim Berichten der Partner über das Handeln mit Medien, wie auch die Reflexion der Veralltäglichung dessen:

„(…)
C: Das wär so ein Moment, [wo sie dann weiter klingeln lässt bis ich drangehe.]
A: [Das ist, wo ich dann weiter klingeln lasse, genau.]
C: Wo ich dann weiß, okay, jetzt brennt irgendwas.
A: Ja, also, wenn es gut ist, wenn es was Gutes ist, ne oder irgendein Erfolg, dann lass ich mal klingeln und dann denk ich mir 'na gut der läuft ja nicht weg'. Aber wenn ich dann hier Nervenzusammenbruch hatte oder irgendwas-
C: Genau.
A:- dann rufe ich an, da ist es mir auch dieses - Finanzielle Handy auch wenn's nur zwanzig Minuten sind gefühlte, werd ich trotzdem mit ihm telefonieren und da werd ich das auch zahlen egal-
C: Genau.
A: -aber Hauptsache, er wird mich gleich auffangen, auch wenn er nicht da ist, er wird mich gleich auffangen, das weiß ich.
C: Und ich werde mein Meeting unterbrechen.
A: Genau und das, das ist ja und das haben wir schon irgendwie, ne, nicht mit Absicht, aber irgendwie von alleine zu gekommen ne -
C: Genau.

A: -wenn ich länger klingeln lasse, dann ist es echt super wichtig.
C: Genau. Da haben wir nie drüber gesprochen, ich weiß es aber.
A: Genau, genau [ne weil jedes Mal-]
C: [Ich weiß es einfach.]
(...)"
   Paarinterview mit Anna & Christian

Das subjektive Erleben, welches für die Partner mit diesen Aushandlungsprozessen einhergeht, ist ebenso differenziert zu betrachten, da die Prozesse, wie anhand der vier Typen beschrieben, unterschiedlich explizit verlaufen. Sowohl eine Verstärkung von Handlungsweisen (etwa der Skype-Kontakte über den Tag hinweg zwischen Tanja und Robert) oder auch eine Reduktion (etwa der Telefonate zwischen Max und Eva) kann als positive Veränderung erlebt werden. Der folgende Auszug aus dem Paarinterview mit Max und Eva, die in einer Fernbeziehung leben, verdeutlicht dabei die subjektiven Hintergründe und Bewertungen solch einer Entwicklung durch die Partner:

„(...)
E: Ja, das Problem beim Telefonieren ist einfach man sieht seinen Gegenüber nicht, man kann die Gestiken [und Mimiken] nicht einschätzen und dadurch geht auch viel halt immer nach hinten los. Man versteht die Sachen falsch, die der andere sagt oder (0,5) was auch immer, weil man das schlechter, also, ich kann das jedenfalls schlechter einschätzen, deswegen, find ich das.
M: [Ja genau.] (lachend) Nach wie vor.
E: (schmunzelnd) Mh. Das ist halt nicht so, das ersetzt nicht wirklich das Beieinandersein was auch immer. Deswegen ist es, glaube ich, auch deutlich geringer geworden, also wir haben, glaube ich, beide, ich vor allem, damit gelernt (0,5) weniger zu telefonieren. Also, es war früher ganz, ich weiß nicht wie -
M: Ja, man hat sich voll geödet, dann stundenlang Rauschen in der Leitung und (1) [Ja genau (lachend)] man muss ja den Kontakt halten.
E: [Ja.] Also, das war das eher so ein Zwang, wir mussten jeden Tag miteinander telefonieren. (1) Genau und sich austauschen was war und was gab's für Probleme und so (0,5) und das hat halt manchmal war halt nicht so [die Stimmung danach und (lachend) dann haben wir uns nichts erzählt (...)]
M: [Ja und dann (lachen) genau.] Ist bei dir was passiert- nö. Ja das ist dann das Kuriose, dass es einem dann doch schon so viel gibt, dass man nicht auflegen will einfach nur die Stimme zu hören oder (0,5) den Atem das reicht vollkommen aber das ist halt aahhh so voll schizophren (lacht) du bist da aber doch nicht da.
E: Ja und deswegen ist inzwischen, ist es jetzt auch so, also grad letztes Semester haben wir teilweise einmal in der Woche oder zweimal in der Woche miteinander telefoniert. Da hattest du zwar enorm viel zu tun, aber irgendwie war's okay.
M: Ja, genau und der Unterschied ist halt- du nimmst dir [dann] die Zeit.
E: [Ja.]

M: Und das nicht so runtergerockt wie ha es ist zweiundzwanzig Uhr, scheiße ich muss noch anrufen.
M: Und dann ist so - ah und regnets bei dir - ne - ah bei mir schon - ah ist ja voll super (Lachen) Sondern man nimmt sich die Zeit (0,5) und kommt über Umwege dann zu Themen, die eh schon seit Wochen anstanden, aber man schafft es irgendwie dann auch über die Entfernung sich abzugleichen, Konsens zu finden, womit beide ganz glücklich sind.
(...)"
Paarinterview mit Max & Eva

Die aktuelle Lebenssituation — das Paar lebt ca. 300 Kilometer entfernt voneinander und trifft sich etwa monatlich — stellt den entscheidenden Hintergrund für die Herausbildung der Kommunikationsstrukturen dar. Durch die seltenen Treffen spielen Medien eine wichtige Rolle beim interpersonalen Austausch. Im weiteren Gespräch (siehe Auszug oben) vollziehen Max und Eva die Veränderung ihres Umgangs mit dem Telefonieren nach und kennzeichnen diese Entwicklung als einen Prozess, ja als einen Lernprozess. Sie machen damit auch ihre Sicht auf eine aktive und herausfordernde Einstellung zum Umgang mit ihrer Kommunikation deutlich („*Wir haben, glaube ich, beide vor allem damit gelernt, weniger zu telefonieren.*"). Als Elemente dieses Prozesses werden dabei der Umgang mit Erwartungen an die partnerschaftliche Kommunikation, die mit der Etablierung eines partnerschaftlichen Repertoires einhergeht („*Also, das war, das eher so ein Zwang wir mussten jeden Tag miteinander telefonieren*") sowie subjektive situative Einflüsse („*manchmal war halt nicht so die Stimmung danach und (lachend) dann haben wir uns nichts erzählt*") deutlich. Das Paar nimmt implizit auch eine Differenzierung der erlebten Qualität der kommunikativen Kontakte — in diesem Fall per Telefon — vor, was verdeutlicht, dass sich ein funktionales kommunikatives Repertoire nicht über seinen Umfang, seine Breite oder Frequenz äußert, sondern über eine erfolgreiche Aushandlung zwischen den Partnern. Diese ermöglicht ein harmonisches Zusammenspiel („*Ja genau und der Unterschied ist halt- du nimmst dir dann die Zeit*"; „*man schafft es irgendwie dann auch über die Entfernung sich abzugleichen, Konsens zu finden womit beide ganz glücklich sind*"). Reduktion und Verstärkung sind auch im Kontext der Etablierung und Transformation von ritualisierten Handlungsweisen zu verstehen. Dem allabendlichen Telefonat, welches als Ritual leer geworden ist, indem es keine subjektive Bedeutung in einer Situation innehat beziehungsweise zum Antiritual verkommt, indem es negativ erlebt wird und gar Anlass zu Streit gibt, wird durch eine Reduktion und damit auch Transformation des Verhaltens neues rituelles Potential eingehaucht. Damit entsteht für die Paarbeziehung wieder ein stärkendes Bedeutungsmoment im Alltag.

Die Abstimmungsprozesse der Kommunikation in Paarbeziehungen, so verdeutlichen die Befunde über diese exemplarischen Auszüge hinaus, werden nicht vordergründig auf einzelne spezifische kommunikative Formen, Praktiken bezogen oder hinsichtlich einzelner Medien oder Dienste geführt. Darauf weisen insbesondere Anzeichen für Wechselwirkungen im kommunikativen Repertoire hin. Es zeigt sich einmal mehr, wie wichtig es ist, eine Perspektive, die die Dynamik zwischen der Herausbildung beziehungsspezifischer idiosynkratischer Regeln zu kommunikativen Handlungen sowie die Veränderlichkeit des Medienensembles der Partner beziehungsweise eines kommunikativen Repertoires des Paars mit bedenkt, einzunehmen. Denn es kommt zwischen den Partnern implizit zu einer fortwährenden Aushandlung der Rolle und Funktion von medialen Gebrauchsweisen, wobei diese unterschiedlich stabil und wandelbar zugewiesen werden. Die Aushandlung des partnerschaftlichen kommunikativen Repertoires ist also immer auch eine Koordination von Bedeutungszuweisungen und beinhaltet auf dieser Ebene eine gemeinsame Konstitution von Sinns (Pearce / Cronen 1980).

Auch innerhalb der skizzierten Matrix, die die Typen der Abstimmungsprozesse modelliert, kann also von einer Dynamik ausgegangen werden, wobei sich Veränderungen hinsichtlich einzelner Verhaltensweisen aufeinander auswirken können (z.B. weniger Festnetztelefonate führen zu längeren und lockereren Gesprächen). Deutlich wurde hierbei, dass kreative Formen der Aneignung – die meist sehr paarspezifisch etabliert werden – verknüpft mit Prozessen der Konstruktion von Paaridentität zu sehen sind. Wiederkehrende Elemente bei der Kommunikation, durch sprachliche Wendungen, Kose- und Spitznamen, Running Gags oder auch Necken werden jenseits einer Zuordnung zu Einzelmedien praktiziert. Diese Elemente sind also übergreifende Bestandteile des kommunikativen Repertoires eines Paares und bringen durch ihren performativen Charakter ein rituelles Moment ein. Yvonne und Jan erzählen beispielsweise im Paarinterview, dass die Botschaften verschiedener Art aneinander immer auch einen Liebesgruß beinhalten:

„(...)
J: Also der letzte Satz ist meistens 'ich liebe dich' oder so was.
Y: Ja, ja auf jeden Fall, doch.
J: Auch auf Zetteln uns so ganz klar.
Y: Ja, also irgendwas Liebes steht eigentlich immer dann drauf.
J: Ja.
Y: Ja, auch beim Handy oder bei ner SMS.
(...)"
      Paarinterview Jan & Yvonne

Wiederkehrende Elemente können auch als kommunikative Gattungen betrachtet werden, die sich als Bestandteil des kommunikativen Repertoires eines Paares einspielen (siehe auch Kapitel 7.3).

Hintergründe und Einflüsse der Aushandlung eines kommunikativen Repertoires

Zu den individuellen Motiven, die im Aushandlungsprozess um ein kommunikatives Repertoire in Paarbeziehungen zum Tragen kommen, zählen nicht nur rein rationell-funktionale Beweggründe, wie etwa die Anpassung an die Strukturen des Alltag oder die Verfügbarkeit von Kommunikationsmedien. Es war vielmehr festzustellen, dass durch die besondere Bindung und Fürsorge, die in Paarbeziehungen zwischen Partnern herrscht, die Gestaltung der Kommunikation jenseits rein rechnerischer und instrumenteller Verhandlung zu verorten ist. Partner sind daher bereit, kommunikative Strukturen zu etablieren auch, wenn sie persönlich keine direkten Gratifikationen damit verbinden: Sie kommunizieren ihrem Partner zuliebe. Exemplarisch sollen die Schilderungen zu den Messenger-Kontakten zwischen Robert und Tanja aufgeführt werden. Beide Partner berichten in den Einzelinterviews, wie sie diese Kommunikationsform über den Arbeitstag hinweg miteinander pflegen:

> „(…)
> Das Skype ist Spaß an der Freude, das hat, bis vor nem Jahr hat die Tanja Skype nicht genutzt, es ging da auch. Für sie ist es wahrscheinlich relativ wichtig, dass man sich entweder per Mail oder Skype irgendwann mal tagsüber aneinander wendet, für mich ist das eher nicht so wichtig, also ich hab dann eher, mag das persönliche Gespräch lieber.
> (…)"
> Einzelinterview mit Robert

> „(…)
> Also gerade mit dem Skype, das ist für mich schon eine sehr angenehme Sache. Ja, das hab ich ja schon ein paar Mal gesagt eben dieser Vergewisserungsaspekt.
> (…)"
> Einzelinterview mit Tanja

Während Tanja die Skype-Kommunikation sehr schätzt und für sich als emotionalen Gewinn betrachtet, sieht Robert den Hintergrund für die gemeinsame Nutzung vor allem in der Erfüllung Tanjas Bedürfnisse. Weiterhin kommen individuelle Vorlieben und Abneigungen der Partner zum Tragen. Hierbei sind auch Einstellungen und Stereotype hinsichtlich einzelner oder mehrerer Medien zu nennen, die sich durch aktive Ablehnung äußern. Die Bearbeitung und möglicherweise Transformation von Einstellung, so wurde deutlich, ist Bestandteil des Aushandlungsprozesses um ein kommunikatives Repertoires in engen Beziehungen. Es wurden bei mehreren Paaren verschiedene Verhaltensentwicklungen analysiert, die diese Vorgänge nachvollziehbar machen. Es zeigte sich, dass sowohl die Interaktion in der Paarbeziehung wie auch der Austausch mit dem Umfeld in weiteren privaten wie beruflichen Beziehungen, Veränderungen individueller Einstellungen zu Medien und schließlich auch von kommunikativen Handlungsweisen miterklären können. Vier Teilnehmer der Studie – wohlgemerkt nicht Partner – beschrieben, dass sie eine negative Haltung entweder gegenüber dem Mobiltelefon oder dem Computer haben. Dabei unterscheiden sich diese Personen hinsichtlich des Alters, des Geschlechts, des Berufs und der Alltagsmobilität, so dass hier keine Rückschlüsse gezogen werden können. Interessant ist jedoch die Konstellation, dass sich jeweils nur ein Partner eines Paares ausdrücklich negativ zu Medien äußert. Möglicherweise wird durch die Nutzung des einen Partners (beziehungsweise auch anderer Beziehungspartner) eine Antihaltung teilweise aufgeweicht. Bei drei der vier geschilderten Konstellationen etwa haben die Teilnehmer beschrieben, dass sie ihre Haltung völlig oder teilweise aufgegeben haben (Max: „Handyverweigerungszeit"; Tanja: kein Handy, aber Besitz geplant; Roland Heinze: früher sich wehren gegen Handy und Computer; Ramona: Abneigung gegen Fernsehen und Computer).

In einem alltäglichen Umfeld, das vom Medienwandel gekennzeichnet ist, werden Technologien und Nutzungsweisen auch über den Partner an den Einzelnen herangetragen. Diese Formen werden in die Aushandlung des partnerschaftlichen kommunikativen Repertoires eingebracht. Dies kann dabei verschiedentlich verlaufen und es zeigte sich dass dies, im Sinne einer Reduktion, auch das „Einschlafen" kommunikativer Handlungsweisen und damit das „Einschlafen" der Gebrauchsweisen von Medien möglich. Dieser Befund, das Einbringen neuer kommunikativer Formen durch einen Partner, ist ein Hinweis darauf, dass in anderen Beziehungen auch eigene kommunikative Repertoires entwickelt werden. Partner pflegen neben ihrer Paarbeziehung weitere soziale Beziehungen, sie sind Mitglied von Gruppen und Organisationen und damit sozial in der Gesellschaft eingebunden. Dabei sind sowohl Beziehungen von Bedeutung, die einen stärkeren persönlichen, interpersonalen Charakter haben als auch Beziehungen, in denen eine Rollenfunktion bedeutsam und möglicherweise auch vorherrschend ist. In der Analyse der Paarbeziehungen wurde deutlich, dass Partner in engen Beziehungen untereinander hinsichtlich der Adaption von Medien einen wichtigen Bezugspunkt für eine Etablierung von neuen Medien beziehungsweise von neuen Nutzungsformen spielen. Enge soziale Beziehungen haben hier eine zentrale Funktion inne, etwa indem ein Partner neue

Kommunikationsformen in die Beziehung trägt, dem anderen Partner vorstellt und Initiativen hinsichtlich neuer Arten der Verständigung ergreift. Dabei ist es durchaus erwähnenswert, dass die Impulse jenseits beruflicher Anforderungen entstehen. Auch wenn Kommunikationsmedien und Formen häufig im Beruf und Ausbildung kennen gelernt und genutzt werden, zeichnet sich in Paarbeziehung eine andere spezifische Aneignung und Aufnahme in das partnerschaftliche Repertoire ab. Robert, der Instant Messaging im Rahmen seiner freiberuflichen Tätigkeit zur Kontaktpflege und für internationale Telefonate nutzt, hatte Tanja zunächst die Software installiert und sie so damit vertraut gemacht, so dass beide miteinander über dieses Tool ihre Kommunikation etabliert haben. Ähnlich war der Verlauf bei Max und Eva, die nachvollziehen, dass sowohl Kommilitonen, Familienmitglieder und Freunde Motivation für das Ausprobieren neuer Medienformen in ihrer Paarbeziehung sind:

„(...)
E: Also, du bist auf jeden Fall länger drin, das weiß ich. Aber ich hab erst seit nem halben Jahr oder so bin ich erst bei Skype drin.
I: Wie kam das?
E: Ja, weil Max schon immer drin war, glaub ich.
M: Ja, ich war auch nicht immer drin. Ich bin weiß ich nicht ich bin nicht so hinterher (0,5) also ist mir einfach von der Kommunikation klar, es ist lustig, aber es war nicht so, also ich hab mich nie gefühlt als müsste ich jetzt ein Medium suchen, um noch besser mit Eva Kontakt aufzunehmen. Und deswegen es kommt auch nur ja eigentlich über, über Studium irgendwie Freunde. (...) Das ergibt sich einfach. Der eine hat es, der Andere hat es, da verteilt sich das per Schneeballprinzip und so kommt es dann auch nach Hause. Und Jana und Sebastian klar, [die sind auch ein großer Einfluss]. Also, es läuft über Familie und Freunde.
E: [Genau, das hat ich auch gerade überlegt.]
(...)"
Paarinterview mit Eva und Max

Die Aushandlungsprozesse der kommunikativen Repertoires von Paaren sind im Bezug zu Kontexten der jeweiligen Alltage der Partner und der aktiven Gestaltung eines gemeinsamen Alltags des Paares zu sehen. Die zeitlichen und räumlichen Strukturen des Alltags der Partner stellen den Hintergrund für eine Aneignung und Etablierung der Handlungsweisen mit und ohne Medienbezug dar. Dabei sind die Kontexte jeweils beider Partner von Bedeutung und die Analyse von beziehungsspezifischen Relationen stellt hier einen zentralen Aspekt dar (Höflich 2006b, Schlote / Linke in Vorbereitung). Die Koordinierung der Alltagssituationen der Partner mit ihren jeweiligen Orts- und Zeitbezügen ist ein zentraler Motor für die Aushandlung des partnerschaftlichen kommunikativen Repertoires. Damit geht eine gegenseitige Bedingtheit einher: Die Konstellation der Alltagsstrukturen der beiden Partner und das kommunikative Repertoire des Paares sind miteinander verbunden und beeinflussen sich wechselseitig. Beide Partner sind Akteure eines umfassenden Aushandlungsprozesses der Paarbeziehung, der sowohl eine gemeinsame Lebensführung als auch die Konstruktion einer Beziehungsidentität beinhaltet. Dabei ließ sich feststellen, dass Paare versuchen, ihre Kommunikation in ihre jeweiligen Alltage einzubinden und somit eine Anpassung aneinander zu finden, einen Rhythmus des kommunikativen Repertoires, der eine gemeinsame Alltagsführung möglich macht. Max und Eva sprechen sogar explizit von einem „guten Level", einem guten „Rhythmus", den sie aber erst hinsichtlich vielfältiger kommunikativer Formen in ihren spezifischen Alltagen finden mussten:

„(...)
M: Bei Medien, na so wie wir es nutzen, ich glaub, ist es ziemlich-
E: Wir haben uns [auf nem guten Lev-el]
M: [ein guter Rhythmus] glaub ich auch, also klar, man müsste immer mehr Briefe schreiben und tolle Pakete schicken und -
E: -und die Büchlein ausfüllen.
M: Genau. Aber, also ist jetzt nichts wo ich sage das vermisse ich oder das fehlt mir, [weiß ich nicht wie das bei dir ist]
E: [Ne ich glaub wir haben jetzt] in dem letzten Semester is, da sind wir bei nem ganz guten Punkt angekommen glaub ich, also gute Frequenz oder (2) glaub also ich bin eigentlich auch mit.
(...)"
Paarinterview mit Eva & Max

Die Herausbildung und Entwicklung paarspezifischer kommunikativer Repertoires und die Rolle der Medien hierbei werden weiterhin von ökonomischen und technologischen Voraussetzung des Mediengebrauchs beeinflusst. Die Befunde hierzu zeigen, dass sich Handlungsweisen in Paarbeziehungen sowohl hinsichtlich der Entscheidung der Nutzung beziehungsweise der Nichtnutzung eines Mediums durch technische und kostenbedingte Barrieren ergeben aber auch, dass Paare kreative Wege aushandeln solche Barrieren zu umgehen oder zu reduzieren. Um beispielhaft wieder mit Max und Eva zu beginnen: Während Eva einen relativen teuren Prepaidtarif hat, besitzt Max eine Handy-Flatrate mit der beide relativ günstig telefonieren können. Folglich ist es Max der zumeist die Handytelefonate initiiert. Telefonate über Skype haben beide mittlerweile eingestellt, man könnte auch sagen, aus dem Repertoire genommen, da sie mit der den technischen Voraussetzungen des Dienstes unzufrieden waren. Sie schildern ihre Erfahrungen wie folgt:

„(…)
E: [Das hatten wir vorhin gar nicht] wir haben auch noch Headset, [das hatten wir noch ne Zeit lang]
M: [HEADSET genau, gleich das nächste Ding] wo man ausrasten kann, wenn man immer diese Kriseln in der Leitung hat und der andere abbricht (lacht)
E: Aber es war eigentlich ganz lustig. Das ist-
I: Also über Skype telefonieren.
M: Genau.
E: Ja, genau, ja das stimmt, weil dein Computer ne Zeitlang kaputt war, haben wir irgendwann einfach aufgehört.
M: Bei uns das Netz genau, Medien total Kacke, bei uns ist ne ja ganz viel WLan überall und dann blockieren sie sich gegenseitig (…)
E: Aber das war auch äh das war was zu der Zeit wo wir's gemacht haben was das Telefon abgelöst hatte.
M: Ja stimmt.
(…)"

Paarinterview mit Eva & Max

Andere Beispiele für den Einfluss technologischer und ökonomischer Rahmenbedingungen auf die Gestaltung des partnerschaftlichen Repertoires sind etwa die bevorzugte Nutzung von preiswerteren SMS-Kurznachrichten gegenüber teureren Handytelefonaten (Roland & Carola) oder auch der Rückgang und schließlich die Einstellung des E-Mail-Schreibens bedingt durch einen zu langsamen Internetanschluss (Anja & Sebastian).

7.2 Das kommunikative Repertoire als Spiegel der Dynamik der Paarbeziehung

Die fortwährende Aushandlung eines kommunikativen Repertoires in Paarbeziehungen kann als Spiegel der Dynamik der Paarbeziehung betrachtet werden. Die Befunde der Analyse zeigen sowohl, dass eine kurzfristige Perspektive auf die alltäglichen Strukturen der Partner dies nahe legt, als auch, dass die Entwicklung der Paarbeziehung mit einer Perspektive auf längerfristige Veränderungen Zusammenhänge offenbart. Mehrere der teilnehmenden Paare vollzogen im Gespräch die erste Beziehungsphase und die Veränderung innerhalb der Phase des Kennenlernens sowie zwischen den Phasen Kennenlernen und Bestand unter Berücksichtigung der kommunikativen Formen und des Gebrauchs von Medien nach. Mediatisierte Formen der Kommunikation sind etwa die Basis des ersten Kontakts, sowie in anderer Form Möglichkeit den Austausch zu intensivieren. Anja und Sebastian haben sich etwa in einem Chatroom kennen gelernt, davon ausgehend Handynummern ausgetauscht, um sich gegenseitig SMS zu schreiben und zu telefonieren. Nach zwei Wochen haben sie das erste persönliche Treffen vereinbart. Während das erste Beispiel vor allen die Veränderung der kommunikativen Formen im Verlauf des Kennenlernens verdeutlicht, steht das zweite Beispiel für die Bedeutung der grundlegenden Möglichkeit des Kontaktierens, die sich insbesondere durch das an eine Person gebundene Handy bietet: Annika und Niklas haben sich zum ersten Mal durch einen gemeinsamen Freund getroffen. Um aber einen weiteren Kontakt zu ermöglichen, wurde durch Annika aktiv ein Vorwand erzeugt (Jacke im Auto liegen lassen), um somit „die Daten also die SMS" von Niklas zu erhalten und gleichzeitig einen Anlass zu schaffen, ihm eine SMS zu schreiben. Interessant ist hierbei, dass Annika automatisch SMS mit der Handynummer gleichsetzt, dass also die distanzierte asynchrone Form der Kontaktaufnahmen in dieser unsicheren Phase eine selbstverständlich verwendete Kommunikationsform zu sein scheint.

Eine dritte Episode verdeutlicht nicht nur die Bedeutung, die die Telefonnummer des anderen für die Entstehung einer Beziehung hat, vielmehr ist die Verfügbarkeit von Medien und der Besitz von Endgeräten für das Kennenlernen zentral: Anna und Christian sind sich zum ersten Mal in einer Diskothek begegnet. Dabei stellten sie im Gespräch fest, dass Anna kein Mobiltelefon besaß. Um den Kontakt miteinander zu ermöglichen, schenkte ihr Christian wenige Tage später ihr erstes Handy. Während die Kommunikation per Handy sich in den kommunikativen Repertoires aller Paare etabliert hat, wobei natürlich die beschriebenen Veränderungen der Formen zu bedenken sind, gibt es auch nur für den Beginn einer Beziehung typische Kommunikationsweisen, die im Verlauf der Beziehung abgelegt werden. So schilderten Helena und Roland, die sich im Urlaub kennen gelernt hatten, dass ihr Kontakt zu Beginn der Beziehung vornehmlich über Briefe erfolgte. Seitdem allerdings sind Briefe aus ihrer Kommunikation völlig weggefallen, wenn sie auch zu besonderen Anlässen einander Zettel und Karten schreiben. Auch Anja und Sebastian – um noch einmal zu ersten Beispiel zurückzukommen – nutzen den Chat, in dem sie sich kennen gelernt haben, nicht mehr, wobei jeder der beiden durchaus Social-Networking-Portale, wie etwa StudiVZ, nutzt. Eine letzte Episode der mit der Aufbauphase von Paarbeziehungen verknüpften Kommunikation soll ein weiteres Moment beleuchten: Max, so erinnert sich das Paar im Gespräch, hatte Eva zum ersten Monatjubiläum ihrer Beziehung ein selbst zusammengestelltes und besonders gestaltetes Mixed Tape geschenkt. Kommunikative Formen zwischen Partnern erhalten bereits zu Beginn der Beziehung auch rituellen Anteil und mediale Botschaften können als rituelle Geschenke (Taylor / Harper 2002) und als spezifische Form der Ehrerbietung (Goffman 1971) gesehen werden. Solche Formen, die auch häufig mit besonderen Ereignissen der Paarbeziehung und damit den längerfristigen Entwicklungen einhergehen, können sich auch zeitlich fortsetzten und damit für die Paarbeziehung spezifische rituelle Momente kreieren. So beschreiben Max und Eva, dass sich die Mixed Tapes durch ihre Beziehung ziehen und von anderen Formen des Schenkens abgelöst wurden (z.B. Fotos, Pakete, Büchlein zum Einschreiben). Damit haben diese Bestandteile des kommunikativen Repertoires eine besonderen Stellenwert bei der Konstruktion von Beziehungssymbolen, einer Beziehungsgeschichte und eines Beziehungskalenders inne und stellen gleichwohl eine Mediatisierung der Paarbeziehung auf dieser symbolischen Ebene dar (siehe auch Kapitel 9.3).

Mediatisierte Formen der Kommunikation sind innerhalb eines partnerschaftlichen kommunikativen Repertoires häufig nicht nur der Weg, sondern auch die Form der Aushandlung der Beziehung. Medien bieten, wie die Befunde verdeutlichen, erweiterte Möglichkeiten der Steuerung von Nähe und Distanz zwischen den Partnern. Die Aushandlung von Nähe und Distanz stellt ein Grundprinzip enger sozialer Bindung dar und die Ergebnisse zeigen, dass Medien ein wichtiges Werkzeug hierbei geworden sind. Dabei wurde deutlich, dass eine funktionale Nutzung der Medien in diesem Kontext auch als Zeichen einer kommunikativen Kompetenz, und hier einbegriffen medienbezogenen Kompetenz, ist. So werden von den Paaren, wenn sie sich in räumlicher Nähe zueinander befinden etwa Instant Messanger-Nachrichten (Tanja & Robert) oder auch die ISDN-Telefone im Haus (Anna & Christian) genutzt, um eine kontrollierte Annäherung in Konfliktsituationen zu erreichen. Auch wenn diese Verhaltensweisen nur selten auftreten, verdeutlichen sie, wie intuitiv Medieneigenschaften in kommunikative Repertoires eingebunden sind und dass diese situativ und vor allem beziehungsspezifisch bedeutsam werden, denn mit keiner anderen Person als dem Partner, so berichten die Teilnehmer der Studie – würden sie derartige Formen der Kommunikation vollziehen. Ein weiteres Beispiel ist die Verhandlung von Konflikten im Rahmen der im Alltagsverlauf ritualisiert eingegangenen kommunikativen Formen. Etwa schildern Sebastian und Anja, dass die täglichen SMS-Botschaften miteinander manchmal auch zur Wiederherstellung von Nähe und Austausch dienen, wenn zuvor wegen Meinungsverschiedenheiten die Kommunikation brach lag. Die Herstellung von Nähe ist auch in anbetracht der durch die Alltagsanforderungen der Partner bedingten räumlichen Trennung bedeutsam. Hier werden Kommunikationsmedien teilweise auch sehr bewusst und reflektiert als Elemente aktiver Beziehungsarbeit in das kommunikative Repertoire eingebunden: Ramona und Stefan haben so etwa ein tägliches Telefonat per Handy etabliert und sehen dieses als Zeichen bewusster an ihrer Beziehung arbeiten:

„(…)
A: Na ja, ich will mal sagen (2) so richtig Bedeutung so für unsere, wie soll ich das sagen, vielleicht für unsere Liebe hat's eigentlich mehr dadurch bekommen, dass wir bewusster und intensiver an unserer Beziehung gearbeitet haben. Und vorher haben wir's es eigentlich mehr oder weniger mehr für organisatorische Sachen. Siehst du es auch so?
S: Ja.
(…)"
Paarinterview mit Ramona & Stefan

Medien werden innerhalb des kommunikativen Repertoires von Paaren dazu genutzt nicht nur Nähe und Distanz zu steuern, sondern auch, um die Übergänge zwischen der durch alltägliche Anforderungen bedingten räumlichen Nähe und Distanz zu definieren und zu kommunizieren. Zum Beispiel kontaktieren sich die Partner zur weiteren Planung von Ankunfts- und Abholzeiten oder um sich über deren aktuellen Stand einer Fahrt zu informieren: Christian ruft seine Frau Anna (per Headset) etwa immer von zwei festen Punkten auf der Autobahn aus an, um zu signalisieren, dass er in etwa einer halben Stunde zu Hause sein wird. Sehr häufig, auch zum emotionalen Management räumlicher Trennung, sind ritualisierte Formen der „Gut-Angekommen-Nachrichten", die von verschiedenen Teilnehmern der Studie (Roland & Carola, Eva & Max, Sebastian & Anja) beschrieben wurden (siehe auch Kapitel 9.3). Die Möglichkeit über mediatisierte Formen der Kommunikation emotionalen Rückhalt beim Partner zu erhalten, ist insbesondere in Fernbeziehungen von großer Bedeutung. Dabei stellt das Mobiltelefon durch die ort- und zeitflexiblen Möglichkeiten der Nutzung häufig das Mittel der Wahl dar (vgl. auch Dietmar 2005, Döring / Dietmar 2003). Hier sei noch einmal an die bereits geschilderte Weiterklingeln-Strategie zwischen Christian und Anna erinnert, die exakt in solchen Momenten zum Einsatz kommt. Max und Eva, die in einer Fernbeziehung leben, schilderten ebenfalls die Relevanz von Handytelefonaten in einer für Eva emotional extremen Situation:

(…)"
E: Ich bin aber schon los (0,5) hab zwischendurch auch wieder angerufen, weil was nicht so geklappt hat, wie ich mir das vorgenommen hatte, aber gar nicht zwischen uns, sondern es war einfach, ich hatte-
M: Stimmt, das ist auch voll wichtig, wenn's emotional in die Hose geht oder so rufst du mich oft an.
E: Ja.
I: Okay, per Handy?
M: [Genau.]

E: [Genau.] Also (1) der Platz hatte nämlich zu blah und das war alles nicht so wie ich jetzte das war ganz dringend und das hat nicht geklappt und dann war ich ganz verzweifelt und dann hab ich Max angerufen und auch gar nicht um zu hören, was ich machen soll, sondern eigentlich nur zur Mitteilung. (...)"

Paarinterview mit Eva & Max

Weiterhin wurde in den Gesprächen mit den Paaren auch die Reflexion beziehungsweise besser die Antizipation zukünftiger Verhaltensweisen hinsichtlich der Gestaltung des kommunikativen Repertoires der Beziehung erfasst. Dabei konnte zum einen die Vorstellung einer relativen Konstanz hinsichtlich der Kommunikationsweise miteinander (Yvonne & Jan: kontinuierlicher Verlauf: Kinder werden älter, Yvonne wieder berufstätig), eine relative Idee von spezifischen Bereichen der Veränderung der Kommunikation (Anja & Sebastian: anstehende Praxisphase in Anjas Ausbildung, weniger Kommunikation tagsüber) bis hin zur Vorstellung einer durchaus umfassenden Neuaushandlung der Kommunikation (Christian & Anna: Übergang von einer Fernbeziehung in eine Nahbeziehung und damit verbunden Alltag in einem gemeinsamen Haushalt) ermittelt werden.

7.3 Theoretisches Konzept eines beziehungsspezifischen kommunikativen Repertoires

Zusammenfassend ist festzuhalten, dass sich die Kommunikation in Paarbeziehungen nicht vordergründig bezogen auf spezifische Formen und Medien herausbildet. Vielmehr etabliert sich ein kommunikatives Repertoire, das sich fortwährend verändert und (weiter)entwickelt. Dieses dynamische kommunikative Repertoire ist dabei spezifisch mit der Paarbeziehung verknüpft, worin sich auch die emergente Qualität der Paarbeziehung widerspiegelt. Selbst wenn es ähnliche Handlungsmuster und Verhaltensweisen mit anderen Personen gibt, ist das gesamte Repertoire mit dem Partner absolut einzigartig.

Ein kommunikatives Repertoire bezeichnet die Handlungsweisen zwischen zwei Personen, die sich im kommunikativen Austausch in einer (Paar-)Beziehung etablieren. Das kommunikative Repertoire beinhaltet damit direkte Kommunikation, Formen mediatisierter Kommunikation, interaktive Kommunikation sowie die Erstellung und Rezeption von Kommunikaten als auch kombinierte Formen (z.B. gemeinsame Mediennutzung, abwechselnde Nutzung eines Geräts, Formen der Nebenbei- oder Parallelnutzung, Gespräche über Medien usw.). Das Konzept des kommunikativen Repertoires ermöglicht daher, von Beziehungen ausgehend, einen umfassenden Fokus auf die Kommunikationsprozesse in einer mediatisierten Welt zu legen. Dies kommt den weiteren Herausforderungen für die kommunikationswissenschaftliche Analyse, eines sich weiter und komplexer differenzierendes und auf digitale Technologien basierendes Kommunikationsnetzes (Krotz 2007), entgegen. Die Paarbeziehung, in der sich – wie sich in dieser Arbeit herausgestellt hat – ein kommunikatives Repertoire herausbildet, ist, wenn man diese Strukturen weiter verfolgt, natürlich nicht der ausschließliche Ort der Etablierung beziehungsspezifischer Handlungsmuster: In jeglicher Form sozialer Beziehung kann ein kommunikatives Repertoire entwickelt werden, wobei die Dauer und die Komplexität des Austauschs zwischen zwei Menschen mit dem potentiellen Spektrum des kommunikativen Repertoires in Verbindung steht (siehe auch Grad der interpersonalen Kommunikation Kap 2.3).

Durch die vielfältigen Bezüge, die die *Metapher des Musizierens* anbietet, kann eine Betrachtung eines Repertoires auch eine sinnvolle Abgrenzung von bis dato in verschiedenen Zusammenhängen und synonym genutzten Begriffen helfen. Hermann Bausinger (1983) hat die Bezeichnung des Medienensembles geprägt, die vielfältig aufgegriffen wird und die Verfügbarkeit verschiedener Medien, also eines Medienverbunds beschreibt. Bausinger bezieht diese zunächst vor allem auf die Nutzung standardisierter Kommunikate wie Radio, Zeitung und Fernsehen, deren Inhalte sich überschneiden und auch in Relation zueinander von den Menschen rezipiert werden. Die Domestizierungsforschung greift nun die Bezeichnung auf und bezieht sie zudem auch auf Medien im Sinne von Informations- und Kommunikationstechnologien (z.B. Röser 2007).

Ein Ensemble besteht aus Instrumenten, die verschiedene Medien darstellen. Synonym können Instrumente auch als Werkzeuge bezeichnet werden, eine Metapher, die im Kontext des Mediengebrauchs etwa bezüglich des telekommunikativen Handelns etabliert wurde (Gebhardt 2008). Ein Ensemble kann nun hinsichtlich seiner Instrumente variieren. Ein Medienensemble beinhaltet Instrumente, die in unterschiedlicher Anzahl eine unterschiedliche Rolle erhalten können und die Besetzung des Ensembles kann sich fortwährend verändern. Das Ensemble, das Menschen zur Verfügung steht, stellt damit den Hintergrund und auch die Voraussetzung für die Etablierung eines beziehungsspezifischen kommunikativen Repertoires dar. Eine Sichtweise auf beziehungsspezifische kommunikative Repertoires erweitert und ergänzt ein Verständnis von individuell verfügbaren Medienensembles. Dabei wurde eine wechselseitige Bedingtheit der individuell im Alltag genutzten Medienensembles der Partner und den in der Beziehung etablierten Formen kommunikativen Handelns, die zusammengeführt das kommunikative Repertoire der Paarbeziehung ausmachen, deutlich.

Das Konzept der kommunikativen Repertoires stellt damit eine Differenzierung beziehungsweise Erweiterung von bestehenden Nutzungsweisen des

Begriffs dar. Während Angela Keppler (1994, 1997) die Bezeichnung zur Beschreibung der Kommunikationsstile in Familien benutzt, wird hier der Fokus feiner nämlich auf eine einzige Dyade gerichtet. Kommunikative Repertoires beschreiben in der Arbeit zu Tischgesprächen bei Keppler die Bandbreite von kommunikativen Gattungen, die Familien zur Verfügung stehen. Diese Prinzipien, die Bestandteile von Vergemeinschaftungsprozessen sind, gelten ebenso für die einzelnen Beziehungen innerhalb eines Familienbeziehungsnetzes und hier natürlich auch für die Paarbeziehung als eine der zentralen Familienbeziehung. Das Konstrukt der kommunikativen Gattungen, welches auf wissenssoziologischen Annahmen basiert, bezeichnet dabei Handlungsstrukturen wie Streit, Diskussion, Humor oder Necken (Keppler 1994), die in dieser Arbeit auch auf der Ebene des Paares identifiziert wurden. Familien sind Beziehungsnetze und um diese zu verstehen, ist es auch wichtig, die einzelnen Beziehungen zu begreifen. Zudem ist der Paarbeziehung in ihrer Komplexität und als Quelle einer Familie auch eine gewisse Eigenständigkeit zuzurechnen. Außer Frage steht, dass Familien als Typus entsprechende kommunikative Repertoires ausbilden und sich hier auch eine Familienidentität bildet. Ausgehend von den kommunikativen Strukturen in Paarbeziehungen und in Familien weisen diese Prinzipien auf die sozialen Prozesse auf den verschiedenen Ebenen in einer Gesellschaft hin. Eine Gleichsetzung der Prozesse in Familien mit den Vorgängen in Paarbeziehungen ist problematisch. In Paarbeziehungen werden auf einer spezifischen Ebene eine eigene Sprache, ein Beziehungskalender, Beziehungssymbole sowie eine Beziehungsgeschichte entwickelt (Lenz 2006). Auch werden in Paarbeziehungen Pläne und Ziele geschmiedet, die eine Auseinandersetzung mit der Zukunft beinhalten. Diese Prozesse überschneiden sich in verschiedenen Lebenssituationen mit denen der Familie, sind aber niemals völlig deckungsgleich.

Den Begriff „Medienrepertoire" gilt es in seiner bisherigen Nutzungsweise für diese Arbeit zu erweitern. Leslie Haddon (2003) gebraucht die Begriffe „media repertoire", „media ensemble" und „communication practices repertoire or ensemble" synonym und bezieht sich dabei auf den Gebrauch verschiedener Medien interpersonaler Kommunikation, wie Handytelefonie, Festnetztelefonie, Textnachrichten oder Bildnachrichten. Dabei ist seine Sichtweise auf das Kommunizieren eines Individuums gerichtet. Rich Ling (2005) beschreibt in einer Studie zur Nutzung des Mobiltelefons sowie des Autos von Elternpaaren. Beide Gegenstände begreift er als Mobilität ermöglichende Technologien, als ein „repertoire of routines". Er bezieht sich dabei auf Handlungsweisen, die in den dyadischen Strukturen der Elternbeziehung entstehen, um in einem Familienbeziehungsnetz anfallende Aufgaben zu erledigen. Damit bezieht sich das Repertoire nur auf die Abstimmung alltäglicher Aufgaben und Strukturen. Diese

Sichtweise ist über spezifische Medien und auch jenseits konkreter Anlässe der Kommunikation, wie die von Ling beschriebenen Routinen zur Erledigung von Alltagsaufgaben in Familien, zu erweitern.[9]

Eine Prozessperspektive ist in Anbetracht der fortwährenden Aushandlung eines kommunikativen Repertoires zentral: Das Repertoire muss für ein harmonisches Zusammenspiel der Partner ständig geprobt werden. Eine Beziehung selbst kann somit als Probe aufgefasst werden, was sich etwa mit der Vorstellung von Steve Duck (1990) von „relationships as unfinished business" deckt. Eine solche Sichtweise impliziert auch Rückblicke auf vergangene Konstellationen des Repertoires sowie die Antizipation und Zielstellung hinsichtlich zukünftiger Repertoires eines Paares. Dabei steht allerdings weniger das fortwährende Proben im Zentrum der subjektiven Reflexion, vielmehr sind es Brücken des Alltags, also Ereignisse, die als starke Veränderung wahrgenommen werden (andere Arbeitszeiten, neue Wohnsituation), die antizipiert werden oder an die sich erinnert wird. Der dynamische Aspekt lässt sich folglich aus zwei Perspektiven betrachten: zum einen bei der Berücksichtigung alltäglicher kleiner Veränderungen und Dynamiken – verstanden als anhaltendes Proben des kommunikativen Repertoires – und zum anderen hinsichtlich expliziter Eckpunkte und Ereignisse im Leben des Paares, die stärker markiert und bewusster erlebt werden – als der Aufführung des kommunikativen Repertoires.

Der Charakter eines kommunikativen Repertoires wird von einem weiteren Kennzeichen beeinflusst. Paare entwickeln hinsichtlich des Gebrauchs ihres kommunikativen Repertoires einen eigenen Rhythmus der vom Alltag der Beziehungspartner und von dessen Raum- und Zeitbezug bestimmt wird. Die Feinheiten des Rhythmus ergeben sich durch idiosynkratisch ausgehandelte Aspekte, wie Reziprozitätsregeln oder der Antizipation von Tagesabläufen und der Orientierung an spezifischen Meilensteinen des Tages (siehe auch Kapitel 8.3). Rituelle Elemente, die Paare innerhalb ihres kommunikativen Repertoires etablieren, stellen spezifische Themen und Stilelemente des Repertoires dar, die immer wieder auftauchen und innerhalb des Repertoires und mittels verschiedener Instrumente variiert werden können. Diese rituellen Elemente – die bedeutungsvollen und symbolträchtigen Themen des partnerschaftlichen Repertoires – sind implizit auch vom Charakter der Instrumentalisierung, vom Wesen der Medien, geprägt und prägen durch den kreativen Stil, in dem die Partner Rituale etablieren und ausüben, wiederum deren Mediengebrauch, die Instrumentalisierung. Dabei bilden Paare zwar spezifische Formen von Ritualen aus, diese sind aber immer eingebunden in eine umfassende rituelle Interaktionsordnung (Goffman

---

9 Der Begriff Medienrepertoire wird im Sinne eines zur Auswahl stehenden Angebots von medialen (standardisierten) Kommunikaten auch in der Mediennutzungs- und Rezeptionsforschung genutzt (z.B. Hasebrink / Popp 2006).

1971; Willems 2003). Hierbei ist ein Anschluss kommunikativer Repertoires an soziale Prozesse höherer Ebenen zu bedenken (siehe auch Kapitel 9.3).

Der Gebrauch von Medien – der Instrumente – ist mit der Konstitution von Bedeutungen verknüpft. Auch das ständig verwendete kommunikative Repertoire hat an sich schon Bedeutung, denn es stellt eine einzigartige Verbindung zwischen zwei Menschen, ihrem Alltag, ihren Gedanken, Gefühlen, Erinnerungen und Zukunftsplänen, Gemeinsamkeiten und Unterschieden sowie ihre Vorstellung voneinander als Paar her. Die Ausführung und fortwährende Aktualisierung kommunikativer Repertoires stellt damit auch eine Konstitution von Wirklichkeit dar: Kommunikative Repertoires, die wie beschrieben beziehungsspezifisch entwickelt werden, stellen für die Menschen (auch im Sinne einer Erweiterung eines vorreflexive wie reflexiven Gespräches) ein nomosstiftendes Moment in einer mediatisierten Welt dar.

Das Konzept kommunikativer Repertoires ermöglicht eine umfassende Betrachtung der Momente einer Mediatisierung in Paarbeziehungen. Medien werden durch die umfassende Betrachtung der verschiedenartigen Kommunikationsprozesse und der mentalen Vorgänge der Partner als integraler Bestandteil eines kommunikativen Repertoires erfassbar.

8 Die Mediatisierung von Raum- und Zeitstrukturen der Kommunikation in Paarbeziehungen

Die Gestaltung von Zeit- und Raumstrukturen – beziehungsweise der Umgang mit diesen – ist Bestandteil des Alltags von Paaren. Mit Begriffen wie „Mobilisierung" und „Flexibilisierung" werden Prozesse angesprochen, die letztlich auch auf einer individuellen Ebene mit den Prozessen der Gestaltung von Raum und Zeit verknüpft sind. Damit sei auch auf eine gesellschaftliche Diskussion verwiesen, die eine zunehmende Mobilität in physischer sowie kommunikativer Art und Weise und Flexibilität der Gestaltung des Alltags der Menschen betrachtet (siehe Kapitel 2.1). Zunächst wird im Folgenden mit den empirischen Befunden erarbeitet, wie diese Raum- und Zeitstrukturen für die Partner in Paarbeziehungen aussehen. Diese stellen zum einen Anforderungen an den Einzelnen dar, denen er etwa aus Gründen der Notwendigkeit der Erwerbsarbeit nachkommen muss (z.B. hinsichtlich Arbeitszeiten, Arbeitsort). Die zeitlichen und räumlichen Strukturen im Alltag von Menschen können aber zum anderen von eigenen Vorgaben und individuell motivierten Tätigkeiten (z.B. Hobbys) bestimmt sein. Bei den im Sample vertretenen Paaren gibt es eine große Varianz hinsichtlich der Möglichkeit, diese zeitlichen und räumlichen Anforderungen zu beeinflussen, zu steuern und zu gestalten.

Einen großen Einfluss auf den Alltag von Paaren hat die berufliche Sphäre, wobei sich eine wichtige Relation zwischen Berufsleben und Privatleben zeigt. Es ist hierbei zu bedenken, dass das Privatleben individuell unterschiedlich mit der Paarbeziehung oder dem Familienleben gleichgesetzt wird. Es gibt also bei verschiedenen Menschen immer auch unterschiedliche Definitionen von Privatleben beziehungsweise verläuft in Paarbeziehungen die Aushandlung von Autonomien und von individuellen Freiräumen unterschiedlich. Dies lässt sich etwa an den Strukturen, die mit den Arbeitszeiten von Partnern verbunden sind, festmachen: Die Teilnehmer der Studie berichteten sowohl von festen Arbeitszeiten, Gleitarbeitszeiten, Schichtarbeitszeiten, von mobilen Tätigkeiten, bei denen sich Arbeitszeiten auch infolge der Bewältigung von Entfernungen ergeben, sowie von festen wie auch von unregelmäßigen Stundenplänen in Studium und Ausbildung. Bei einer Teilnehmerin, die sich in Elternzeit befindet, richten sich der Tagesablauf und die Zeitstrukturen nach den Erfordernissen sowie den Essens- und Schlafrhythmen der kleinen Kinder. Auch bei den anderen Familien des Samples sind etwa Schulzeiten für die Zeitabläufe der Partner von Bedeutung. Die Abläufe zweier Partner können dabei was die zeitlichen Strukturen betrifft annähernd gleich (Tanja & Robert, Paar Meyer, Paar Heinze) oder auch unterschiedlich sein (Ramona & Stefan, Max & Eva, Annika & Niklas). Ein interessanter Befund ist zum Beispiel, dass die Teilnehmer der Studie durchaus unterschiedliche Bezugsgrößen für ihre zeitlichen Strukturen benennen, die sich aus der Spezifik ihrer Tätigkeiten ergeben: Während die Partner, die einer klassischen Erwerbsarbeit nachgehen, einen festen gleichen Tagesrhythmus eines Wochentages beschreiben, sind für einige Partner eher Wochenstrukturen bedeutsam, zum Beispiel für die Studentin Annika oder für Yvonne, die sich in Erziehungszeit befindet. Weiterhin ist die Differenzierung der Zeitabläufe zwischen Wochentag und Wochenende für alle Partner bedeutsam, ob direkt (z.B. Arbeit, keine Arbeit) oder indirekt (z.B. Partner ist nicht anwesend / ist anwesend). Für Jan ist zudem die Struktur seines Schichtbetriebs eine entscheidende Vorgabe, die unter Umständen eben auch das Wochenende zur Arbeitzeit macht. Mit den zeitlichen Vorgaben im Alltag der Partner sind zumeist auch Erfordernisse der Anwesenheit an verschiedenen Orten verbunden, womit wiederum die Überwindung der Wege zwischen unterschiedlichen Orten einhergeht. Im Sample sind zwei Paare vertreten, die in einer Fernbeziehung beziehungsweise Wochenendbeziehung leben (Max & Eva, Anna & Christian). Dabei unterschieden sich diese wiederum in der zeitlichen Struktur der räumlichen Trennung: Während Christian jedes Wochenende zu seiner Familie fährt, treffen sich Max und Eva etwa einmal im Monat für ein Wochenende. Das Paar verbringt aber in den Semesterferien einen längeren Zeitraum miteinander. Zudem schilderten zwei weitere Paare (Ramona & Stefan, Roland & Carola Meyer) retrospektiv wie sie eine Zeit der räumlichen Trennung erlebten. Diese war in beiden Fällen berufsbedingt. Jenseits des „ganz normalen Alltags" schilderten einige Paare zeitlich anders geartete Strukturen in besonderen Phasen ihrer Lebensführung, z.B. bei Dienstreisen (Annika & Niklas), Studienaufenthalten (Andrea & Tobias), Zeiten der beruflichen Abordnung / Montage (Stefan & Ramona, Ehepaar Meyer), privaten Reisen und Besuchen (Tanja & Robert, Anja & Sebastian).

Verbunden mit diesen so unterschiedlichen zeitlichen und räumlichen Strukturen des Alltags der Partner und damit auch der Paare ist eine Wechselwirkung zu den kommunikativen Repertoires in ihren Paarbeziehungen. Daher, so wurde deutlich, beinhalten partnerschaftliche kommunikative Repertoires Verhaltensweisen, die den Umgang mit diesen Vorgaben ermöglichen. Deutlich wurde auch, dass Paare in ihren Repertoires verschiedene Kombinationen der räumlichen und zeitlichen Struktur erfassen und auch zwischen diesen wechseln können. Im folgenden Auszug aus dem Paarinterview mit Anja und Sebastian beschreibt das Paar, inwieweit sie, wenn Anja ihre Eltern besucht, anders kommunizieren, als in ihren von Studium und Beruf geprägten Alltagsabläufen:

> „(...)
> A: [Also, wenn ich mal länger bei meinen Eltern bin oder so.] Wobei dann aber noch eher per Telefon direkt als per SMS.
> S: Ja.
> I: Wie ist das ist das häufiger, dass du bei deinen Eltern bist?
> A: Ne, das ist relativ selten. Also, das war bevor ich mit dem Studium angefangen habe jetzt bei der *Unternehmen*, da war das manchmal noch, dass ich noch mal ne Woche unten geblieben bin, weil ich einfach im Sommer noch relativ viel frei hatte, zwischen Abitur und Studium und er halt arbeiten musste. Und da war ich halt noch ne Woche unten und dann haben wir dann auch regelmäßig telefoniert, manchmal zweimal am Tag.
> S: Mh.
> A: Da kam dann meine Mutter schon rein, ‚och telefoniert ihr schon wieder'. Ja. Also, da telefonieren wir relativ häufig und schreiben auch wieder mehr SMS. Das merkt man dann. Das ist dann wieder die Schiene, wie wo mer noch nicht zusammen gewohnt hat. Dann fällt man wieder dahin zurück sag ich jetzt mal so.
> (...)"
> Paarinterview mit Anja & Sebastian

Anja bezeichnet die in verschiedenen Situationen umgesetzten Kommunikationsweisen als das Wechseln zwischen unterschiedliche „Schienen". Diese können als verschiedene Modi des partnerschaftlichen kommunikativen Repertoires interpretiert werden und verdeutlichen, wie sich die Aushandlung der Kommunikation in Paarbeziehungen nach variierenden zeitlichen und räumlichen Anforderungen richtet.

8.1 Medien als Instrument der Koordinierung

Jeder der beiden Partner in einer Paarbeziehung hat in seinem Alltag individuelle Anforderungen hinsichtlich zeitlicher wie räumlicher Verläufe zu bewältigen. Dabei haben zunächst beide Partner sowohl von außen vorgegebene wie auch selbst bestimmte Vorgaben und Abläufe. In dem aktiven Prozess einer Integration individueller Lebensführungen hin zu einer gemeinsamen alltäglichen Lebensführung muss eine Koordinierung dieser Verläufe erfolgen, wobei innerhalb der Paarbeziehung ein gemeinsames Bezugssystem für alltägliches und langfristiges Handeln entsteht (Jürgens 1999: 76). Die Befunde verdeutlichen, dass

Medien im Rahmen der kommunikativen Repertoires von Paaren einen wichtigen Stellenwert in diesem Prozess der Herstellung einer partnerschaftlichen Lebensführung haben. Paare gebrauchen Medien zur Planung, zur Gestaltung und zur Koordinierung ihres alltagspraktischen Handelns. Des Weiteren sind Medien im Sinne eines metakommunikativen Prozesses in Paarbeziehungen auch Werkzeuge der Aushandlung zwischen Partnern. So unterschiedlich die Alltagsanforderungen der Partner und Paare sind, so verschieden verlaufen im Detail die Prozesse der Integration hin zu einer gemeinsamen alltäglichen Lebensführung. In allen im Sample erfassten Paarbeziehungen ist aber deutlich geworden, dass diese Prozesse das aktive Handeln der Partner erfordern (vgl. auch Jürgens 1999, 2001) und dass dieses aktive Handeln vor allem Kommunikation miteinander ist, die wiederum in einem hohen Maße auch mediatisiert stattfindet.

Im Folgenden werden Befunde aufgeführt, die verdeutlichen, dass Medien von den befragten Paaren in ihrem Alltag genutzt werden im Sinne eines Werkzeugs zur Planung, Gestaltung, Koordinierung von:

- Aufgaben und Besorgungen,
- persönlichen Treffen der Partner sowie
- medialen Kontakten, insbesondere bei längerer räumlicher Trennung wie etwa in Fernbeziehungen.

Die Nutzung von Medien ist für die Erledigung von alltäglich anfallenden Aufgaben umfassend und in die jeweils in den Paarbeziehungen etablierten kommunikativen Repertoires eingebunden. Das Ehepaar Ramona und Stefan unterscheidet selbst drei Typen nämlich „längerfristige Sachen", Planungen „von Tag zu Tag" sowie „kurzfristige" Abstimmungen:

> „(...)
> R: Also, wir haben sozusagen, das kann man eigentlich in drei Sachen vielleicht einteilen. Einmal langfristige Sachen über die wir uns unterhalten. Und da ist es manchmal recht günstig, sich noch mal zu erinnern.
> S: Meine Frau muss es mir bestimmt dreimal sagen, (...) mir gemerkt hab.
> R: Mein Mann ist dann immer ein großer Verfechter davon, das hier auch einzutragen, weil er das als Gedächtnisstütze für sich auch nutzt.
> S: Gewisse Dinge, ja.
> I: Der Kalender?
> R: Und ich hab ja an der Arbeit noch meinen Planer, wo ich vieles eintrage, aber weniger, also schon Arzttermine oder so was auch, wo ich mit meinen Kindern hin muss oder auch selbst. Aber so private Sachen, äh, schreib ich mir nicht so viel da rein. Das steht dann eben hier. Und aber meistens krieg ich es auch gedächtnismäßig ganz gut auf die Reihe (lacht). Meistens auch nicht immer. So und dann gibt's

eben Dinge, die sprechen wir so von einem Tag auf den nächsten ab, was würd' ich mal sagen vorwiegend der Fall ist, ge?
S: Mh.
R: Mh, das machen wir eigentlich sehr oft abends schon beim Abendbrot so mit, weil wir da generell auch mit den Kindern so das Gespräch anknüpft, wenn sie's denn wünschen. wie's halt so in der Schule war und manchmal wollen sie das gar nicht, da drüber reden, einfach nur in Ruhe gelassen werden über solche Sachen (lacht). Ja und dann halt manches kurzfristig abzustimmen und das ist dann natürlich nur über Handy in der Woche möglich. Oder man spricht halt, wenn es am Wochenende ist, direkt miteinander.
S: Ja.
R: Noa, also, wir versuchen auf jeden Fall auch viel, wenn es halt unsere Kinder betrifft, die auch vorher mit einzubeziehen in diese Gespräche.
(…)"
Paarinterview mit Ramona & Stefan

Dabei ist für die längerfristige Planung neben Gesprächen auch der Familienkalender in der Küche von Bedeutung. Hier werden Termine eingetragen und der Kalender wird als Anlaufpunkt beider Partner im Alltag im Auge behalten. Für die Planung „von Tag zu Tag" hat das Gespräch am Abend auch und insbesondere bei der Abendmahlzeit einen zentralen Stellenwert. Kurzfristige Abstimmungen zwischen den Partnern finden über das Mobiltelefon statt. Dies verdeutlicht die Bedeutung von mobilen Medien insbesondere bei der Koordinierung im Rahmen eines kurzen Zeithorizonts und bestätigt die hierzu vorliegenden Befunde (Ling 2000; Ling / Yttri 2002), Es wird deutlich, dass die Möglichkeiten, die mobile Kommunikation Paaren eröffnet, in dem gesamten kommunikativen Repertoire der Paarbeziehungen einbezogen ist und auch in Relation zu anderen (mediatisierten) kommunikativen Formen zu betrachten ist. Ramona und Stefan betonen bei diesem Dreiklang ihrer Abstimmung, dass es ihnen jeweils wichtig ist, ihre beiden Kinder mit in die Planungen einzubeziehen. Damit wird aus den empirischen Befunden ein Hinweis auf die enge Verknüpfung partnerschaftlicher und familialer Lebensführung deutlich (vgl. Jürgens 1999, 2001). Gleichwohl soll nicht außer Acht gelassen werden, dass das Paar in der besonderen Funktion (die auch wieder mit Anforderungen verbunden ist) als Elternpaar doch das zentrale ausführende und strukturierende Element der Familie ist. Es handelt sich hier nicht um komplett andere kommunikativen Strukturen, doch aber um entscheidende Erweiterungen.

Paare nutzen Medien zur Planung und Koordinierung von persönlichen Treffen miteinander. Ein typisches Beispiel ist die Abstimmung des Nachhausekommens zwischen Partnern. Die Ehepaare Heinze und Meyer stimmen nahezu an jedem Arbeitstag per Festnetztelefon beziehungsweise per Handy ab, wann sie ihre Arbeitsstellen verlassen und wann sie zu Hause eintreffen. Tobias und

Andrea planen das Abendessen per Mail und SMS und koordinieren noch nötige Einkäufe für das gemeinsame Abendbrot. Diese Paare haben den Gebrauch von Medien teilweise schon selbstverständlich in diese etablierten Handlungsstrukturen eingebunden. Deutlich wurde, dass die gemeinsame Wohnung, als fester Aufenthaltsort für beide Partner, die kommunikative Koordination von persönlichen Treffen enorm erleichtert und auch aus kommunikativer Perspektive ein wichtiger Meilenstein bei der Herstellung gemeinsamer Lebensführung ist. Wie nun aber ein „frischer" Prozess der Aushandlung erfolgt, wird bei einem jungen Paar deutlicher, das zum einen erst seit einem Jahr eine intime Beziehung führt und wo die Form des Zusammenlebens komplexere Abstimmungen erfordert. Für Annika und Niklas dagegen, die in wenigen Kilometern auseinander liegenden eigenen Wohnungen leben, ist die Organisation gemeinsamer Treffen ein zentraler Aspekt in ihrer Beziehung. Die Treffen müssen an jedem Tag aufs Neue abgestimmt und gestaltet werden, wobei diese Abstimmung als Bestandteil des Entstehungsprozesses einer gemeinsamen Lebensführung gesehen werden kann. Die folgenden Auszüge aus den Gesprächen mit Annika und Niklas offenbaren ihre Reflexion zu diesem Aspekt sowie die Veränderung ihrer Lebensgestaltung und der Kommunikation durch die Paarbeziehung und deren Strukturen:

„ (…)
N: Mh. Ich überleg jetzt, also ich denke, bei mir sind es jetzt nicht die großen Veränderungen, weil mein Leben einfach durch die Berufstätigkeit gewissen (2), schon einem gewissen Regime unterworfen ist. Aber, ja, ich mein, ich war vorher, vorher Single auch, da ist die Freizeit viel, da ist mehr, ja nicht Spontaneität, aber man ist halt egoistischer, weil man wirklich nur für sich selber äh planen muss und das ist natürlich jetzt anders. Jetzt ist eben, dass man wenn man irgendeine Idee hat oder ein Freund fragt nach irgendwelchen Aktivitäten oder Kapazitäten zeitlicher Art, dann früher musst ich nur mich, also, in mich gehen und sagen „yo geht klar und jetzt muss ich das halt noch abstimmen, das heißt ja „muss ja doch ja, man macht es einfach. Also von daher hat sich schon einiges geändert. Es klingt jetzt vielleicht kühler als es gemeint ist, aber der Organisationsaufwand hat sich halt etwas erhöht.
A: Ja, das auf alle Fälle.
(…)"
                      Paarinterview mit Annika & Niklas

„ (…)
N: Na gut. Zunächst, wenn da jemand so auf einmal da ist, dann, dann macht sich natürlich ein neuer Kommunikationsstrang auf. Also ein neuer Adressat? Also ein neuer Empfänger für die ganzen Kommunikationsmittel, das ist natürlich ein signi-

fikanter Punkt. Ansonsten (1) ja so viele Kleinigkeiten, dass bei so vielen Aktivitäten jemand dabei ist, das ist so ein gravierender Punkt. (...)"

Einzelinterview mit Niklas

Implizit wird dabei immer wieder sowohl die Wohnsituation thematisiert wie auch die Funktion von Kommunikationsmedien. Annika erachtet diese als wichtiges Hilfsmittel die Kontakte zu arrangieren:

„(...)
A: Also, sonst wäre das, gerade vom Organisatorischen, ist das halt, wäre es sehr schwer, weil wir halt nicht zusammen wohnen. Und ich mein, es ist halt nicht klar, dass ich abends immer bei ihm bin. Und wir auch andere Aktivitäten haben, also du hast (...) und ich geh auch zweimal die Woche zum Sport. Da würde halt die Abstimmung immer halt fehlen und die dann halt Zeit kostet. Könnte natürlich auch (...), die Organisation über ICQ kostet halt auch ihre Zeit. (...) (1) Also man könnte sich natürlich beschränken aufs Nötigste, aber ein ganz so liebloser Umgang mit Information untereinander, macht man dann eigentlich auch nicht (...)"

Paarinterview mit Annika & Niklas

Die Rolle, die Kommunikationsmedien in der Aushandlung des kommunikativen Repertoires in der Beziehung von Annika und Niklas haben, verweist umfassender auch auf den Aushandlungsprozess um Formen des Zusammenlebens und der gesamten Alltagsgestaltung von Paaren. Es wird deutlich, dass Medien Prozesse der Integration von Lebensführung mit beeinflussen. Es wäre die These zu prüfen, ob sich durch die erweiterten Möglichkeiten von Kommunikationsmedien die Entscheidungsprozesse um die Herstellung räumlicher Nähe verändern. Durch die Möglichkeit der flexiblen Koordinierung persönlicher Kontakte, die Paare durch die Nutzung von Kommunikationsmedien in ihren kommunikativen Repertoires etablieren, stellt sich für sie die Frage des Zusammenziehens in eine gemeinsame Wohnung möglicherweise anders oder zu einem anderen Zeitpunkt in der Beziehung. Diese These muss hier offen bleiben. Deutlich wird aber wohl, dass die Aushandlung kommunikativer Repertoires und der Gebrauch von Medien zu den Herausforderungen der Aushandlungen der Paarbeziehung hin zu einer gemeinsamen Lebensführung gehören.

Was auf den ersten Blick merkwürdig scheint, nämlich, dass Paare Medienkommunikation zur Gestaltung der Medienkommunikation nutzen, wird in Anbetracht der komplexen Funktionen und des vielfältigen Gebrauchs mediatisierter Formen der Kommunikation ganz offensichtlich: Paare etablieren Formen des Austausches, um für einen intensiveren und möglicherweise längeren Kontakt über ein Medium ihrer Wahl zu kommunizieren. Die bereits beschriebenen Praktiken des Anklingelns, Anskypens oder Simsen sind typischerweise asynchrone Formen, die der Vorbereitung eines synchronen Kontakts vorausgehen. Besonders bei Paaren, die sich in einer räumlichen Trennung voneinander befinden oder längerfristig so leben, sind solche Formen fester Bestandteil ihres kommunikativen Repertoires. Für Eva und Max etwa, die seit drei Jahren in einer Fernbeziehung leben, läuft der Inhalt des Kontakts sowohl per Skype, per Telefonat (Handy sowie Festnetz) wie auch per SMS darauf hinaus, wann ein längeres Telefonat möglich wird. Dabei ist dieses Gespräch, von dessen Bedeutung für das „Miteinanderabgleichen" beide einerseits überzeugt sind, andererseits Thema der Auseinandersetzung. Die Schwierigkeit besteht bei dem Paar darin, dass beide eine sehr unterschiedliche zeitliche Struktur ihrer Alltagsverläufe haben. Zudem offenbaren sich auch unterschiedliche Bedürfnisse zu kommunizieren:

„(...)
M: Aber in der Regel ist es so, wenn, wenn Eva Zeit hat, klingelt sie mich an oder zumindest ist das die, der Kompromiss oder der Konsens, den wir gefunden haben, klingel mich an und ich meld mich sobald es geht, weil bei mir das mit dem Studium halt immer drunter und drüber ging und da hab ich mich halt mehrere Tage nicht gemeldet, weil ich arbeiten war und das weiß ich nicht, das hat einfach nicht gepasst oder ich hab mir nicht die Zeit dafür genommen [und das war aber auch-]
E: [Aber dann schon zwischendrin ne SMS also noch [geschrieben. Das ist dann immer der Lückenfüller]
M: [Genau, das das hat sich genau, genau.]
E: An den Stellen tritt es dann eigentlich wieder ein, wenn wir keine Zeit zum Telefonieren, dann wird schnell ne Nachricht geschrieben, meld mich in zwei Tagen, oder so was (lacht)
M: Aber das ist jetzt erst so. [Wir hatten auch-]
E: [Nein ab dem] Semester glaub ich erst so.
M: Genau, vorher hatten [wir uns richtig] oft in den Haaren deswegen.
E: [Ging das richtig gut ab.]
M: Das war schon als wir hier in *Heimatort* gewohnt haben, wer wenn anruft *, also so ganz merkwürdig also ich ruf dich, weiß ich nicht, sieben Mal in Woche an und du meldest dich nie Geschichten und die haben sich bis nach *Studienort* gehalten
E: (lacht)
M: Also ne muss ich auch sagen, ich meld mich eigentlich nur puh, wenn ich irgendwas zu sagen hab und wenn nicht, dann nicht. Das hat sich mit dem Vertrag mehr oder weniger und dem ganzen Kämpfen dahin entwickelt, dass ich versuche zu schreiben (Lacht auf), wenn ich keine Zeit habe oder mich dann melde. (...)
E: Ja und oft ist eigentlich auch, dass wenn was abzusprechen ist terminlich oder (1) also, es ist gar nicht mehr so, dass ich jetzt so oft anrufe, weil ich nur blah blah

machen will, sondern um irgendwas abzugleichen, irgendwas zu fragen, irgendwas Wichtiges so.
M: Ja, aber da ist meist abends dann.
E: Ja, das ist immer spät in der Regel also tagsüber haben wir eigentlich kaum Kontakt, weil jeder seinem Zeugs nachgeht und eigentlich finden wir dann, wenn dann abends zueinander.
(...)"
Paarinterview mit Max & Eva

Auch der Tag, an dem das Paar das Kommunikationstagebuch geführt hat, verdeutlicht die Herausforderung im Alltag, eine Lösung zu finden. Am diesem Nachmittag gab es zwischen beiden mehrere kurze Telefonate sowie Kontakte per Skype, da Max aber bis in den Abend arbeitet und im Anschluss noch einen nicht verschiebbaren Treff mit einem Freund vereinbart hat, gelang es dem Paar an diesem Tag nicht, ein längeres und tiefgründigeres Gespräch zu führen. Eva beschreibt diesen Verlauf der Kommunikation mit Max:

„ (...)
und dann 18:15 Uhr bin ich nach Hause gekommen, hab halt den Computer angemacht und das was ich da mein, das ist so typischer Tagesablauf, da komm ich nach Hause, Computer an, dann geht der Skype bei mir automatisch an und Max war zu der Zeit schon auf Arbeit bei sich und hatte dadurch auch den Skype an und dann haben wir uns halt gleich geschrieben, Hallo gesagt. (...) Das war nur ganz kurz, eigentlich, 5 Minuten vielleicht. Ein, zweimal hin und her, dann hab ich noch meine Facharbeit weiter schreiben müssen, er hatte viel zu tun und dadurch war das nur kurz. Ich hab gar nicht aufgeschrieben wir lang das war. Dann 18 Uhr 40, eine halbe Stunde später, auch so, genau, da hatte er Pause gemacht, und ist einkaufen gegangen und hat mich halt vom Handy aus angerufen. Auf Festnetz. Und das war auch nur, nur Geplänkel, sozusagen, ich glaub, wir haben übers Protokoll geredet, und uns gegenseitig gefragt, ob denn der andere schon was geschrieben hat, aber keiner wollte dem anderen was erzählen. Das war ganz lustig, dann musste er kurz unterbrechen, weil er bezahlen musste. Und 19 Uhr 05 hat er dann noch mal zurückgerufen, da war er dann wieder auf Arbeit. (...) Haben wir noch das Gespräch beendet, das war eigentlich auch nur ganz kurz gewesen. Er war auf Arbeit, ich war am Schreibtisch weiter schreiben. Ja und dann haben wir auch nicht mehr über Skype gesprochen, weil jeder zu tun hatte. Und 21 Uhr 20 hab ich's noch mal versucht, ihm zu schreiben, weil ich dann auch aufhören wollte mit meiner Arbeit und Computer ausmachen wollte, praktisch Tschüs sagen oder so, aber es hatte nicht geklappt, er hatte nicht zurück geschrieben, hatte glaub ich zu viel zu tun gehabt in dem Moment, ja, dann hab ich so mein Zeug gemacht und halb zwölf lag ich schon im Bett und da hat er dann noch mal vom Handy aufs Festnetz hier bei mir angerufen. Und eigentlich nur um mir zu sagen, dass er heut nicht mehr mit mir reden kann, weil er jetzt bei 'nem Freund ist. (leises Lachen) Und da war ich eigentlich ein bisschen traurig, weil ich eigentlich dachte, dass wir den Tag noch so ein biss-

chen auswerten. Aber das war dann auch der letzte Kontakt. (…) Das ist ein typischer Ablauf. (…) per Skype irgendwie und zwischendrin ein, zwei kurze Telefonate und alle paar Tage auch mal ein längeres. Aber meistens hat einer von uns beiden nicht genug Zeit, um länger zu reden. Und wenn, dann sind die Gespräche kurz. (…)"

Einzelinterview mit Eva

Es wird deutlich, dass auch die Gestaltung mediatisierter Kontakte eine Herausforderung ist, der sich zum Beispiel Paare in Fernbeziehung fortwährend stellen müssen. Das kommunikative Repertoire des Ehepaares Anna & Christian offenbart eine eingespielte und umfangreiche Variationen des Kontaktes in einer Fernbeziehung (z.B. abendliches Telefonat, Kontakt über den Tag per Messenger, Anklingel- und Weiterklingelstrategie, SMS-Anfrage-Strategie „Bist du noch wach"). Dabei ist zu bedenken, dass die Aushandlungsprozesse zwischen Anna und Christian, die in ihrer Ehe bereits verschiedene Lebenssituationen und Konstellationen erlebt und bewältigt haben, von einem hohen Niveau der Strategien der Aushandlung gekennzeichnet sind. Es wird deutlich, dass ein Durchleben verschiedener anforderungsreicher Situationen auch eine entsprechende Kompetenz des Paares mit sich bringt, schult oder möglicherweise auch voraussetzt. Diese Kompetenz wird durch die hohe Komplexität und Balance der kommunikativen Repertoires und darin integrierten Mediennutzungsweisen deutlich. Das Paar reflektiert etwa sehr bewusst, dass unterschiedliche Situationen des Alltags, die auch mit unterschiedlichen Verhältnissen von zwischenmenschlicher Nähe und Distanz einhergehen, einen je eigenen kommunikativen Umgang miteinander erfordern:

„ (…)
C: Ja genau, es ist ja nicht immer nur Sonnenschein [ne es gibt auch schon (…) wo dann-]
A: [Genau, das ist auch bei UNS, selbst] wenn wir uns wenig sehen, ne also. Manche gehen davon aus oh die sehen sich ja nie, die müssen ja glücklich sein und nie zanken. Geht ja auch nicht ohne, geht ja schon damit los, bin die Woche alleine, mach alles selbst, das so genannte ‚alles selber machen', ne, und dann kommt er und ne und stört mir die Kreise hier, ne geht ja auch nicht.
C: Oder sagt wohl möglich zu etwas, wofür sie sehr lang gebraucht hat, dass es nicht gut war-
A: - Mmmhhhhhhh.
C: Ne, Erwartungshaltung enttäuschen, also, äh, es ist nicht alles Gold was glänzt logischerweise, also es gibt auch bei uns diese Phasen, ne
(…)"

Paarinterview mit Anna & Christian

Wiederum äußert das Paar die Erwartung, dass sie bald wieder dauerhaft gemeinsam in einem Haushalt leben, als Umstellung und ist sich der Erfordernis der erneuten Aushandlung, die mit dem Ende der Fernbeziehung einhergeht, bewusst:

„(...)
C: Ne, ich seh ne andere Gefahr, ich seh die Gefahr, dass diese stringente ne Montags zur Arbeit gehen und freitags mittags fallen lassen, dass das im Home Office, das wird heiß.
A: Genau ja.
C: Dass ich da im Grunde genommen meine Zeit hier auch mit Arbeit verbringe, das heißt die strikte Trennung krieg ich unter Umständen nicht mehr hin, was dazu führen könnte, dass ich zu Hause bin [aber noch WENIGER Zeit habe, also da muss ich eher drauf aufpassen.]
A: [Streit - ja da hab ich auch gesagt wenn] wenn Home Office, dann aber in der Woche und nicht am Wochenende, also am Wochenende gehst du nicht mehr in das Zimmer rein, ne, weil die Vorbereitungszeit von Ende November bis Februar das war super stressig.
C: Diese ganze, dies ganze Vorbereitung für die eigene Firma hat natürlich am Wochenende stattgefunden, weil ich ja noch bei der Firma beschäftigt war, bei meinem alten Arbeitgeber. Von daher war das ne recht heftige Zeit. [Also da muss ich auch nen] Cut machen, den Absprung schaffen um da mein Wochenende sauberer zu planen.
A: [Mh für uns drei aber auch.] Mh ja [oder dass er mir reinpfuscht.]
C: [weil die Gefahr seh ich]
A: Also, mir heißt den Mittwoch, also, das kann ich überhaupt nicht haben, wenn er am Mittwoch Home Office macht und ich hab aber meine Pläne, ne. (...)
C: Genau, ich bring [ihre Routine durcheinander, wenn ich hier bin.]
A: [Ja, ja genau, genau.]
C: Also am Anfang wird das rumpeln, das [wissen wir jetzt schon, aber].
A: [Mh ja, ja (lachen) aber] wir sind drauf vorbereitet und -
C: Genau wir wissen das schon.
A: Ja.
(...)"

Paarinterview mit Anna & Christian

Dabei haben sie bereits jetzt Formen entwickelt, mit der "neuen" Nähe umzugehen und nutzen selbst bei direkter physischer Nähe das ISDN-Telefon im Haushalt, um die Kommunikation miteinander zu arrangieren und in diesem Fall für die Berufstätigkeit Christians notwendige Distanz aufrecht zu erhalten:

„(...)
A: Also, wenn er dann im Büro sitzt und Home Office macht und ich bin am Mittwoch zu Hause, sind meine Kreise dann schon gestört. Ne, dann kann ich den Haushalt zum Beispiel nicht mehr machen, ne, oder Spülmaschine ausräumen, weil es dann Krach macht oder Staubsaugen. Und dass wir weniger miteinander reden werden, das ist schon mal. Es ist auch schon mal vorgekommen, dass ich hier sitze und ihn anrufe (...) Also, wir haben selbst zu Hause schon mal miteinander telefoniert.
I: Wie kommt das?
A: Weil, ne, gehst du nach oben ‚du STÖRST' (lacht) (...) Aber, ne, ich störe dann oben oder wenn ich nach oben geh und ihm was sage hängt er trotzdem noch da drin und hat mir doch nicht zugehört. Aber so ist er gezwungen, mir zuzuhören.
C: Ne, das ist so ein Bonbon, wenn sie zur Tür rein kommt ‚darf ich stören' ‚tust du bereits' ja so äh - wenn sie mich anruft, kann ich entscheiden, ob sie mich stört oder nicht. [Ganz simpel, ganz einfach.]
A: [Aber so muss ich jetzt muss er mir aber zuhören] wenn ich angerufen habe. muss er mir zuhören.
C: Na, wenn ich abnehme, dann will ich zuhören, ne.
(...)"

Paarinterview mit Anna & Christian

Medien sind in Paarbeziehungen, so wurde deutlich, Werkzeuge der Planung, und der Koordinierung zwischen Partnern. Sie sind des Weiteren auch Gegenstand der Aushandlung und Gestaltungsmittel medialer Kontaktaufnahmen. Die Befunde verdeutlichen zudem die Dynamik des Geschehens, die auch einen fortwährenden impliziten Wandel sowie eine mögliche Erweiterung partnerschaftlicher kommunikativer Repertoires beinhaltet.

8.2 Dynamisierung kommunikativer Repertoires

Durch die Nutzung und Etablierung kommunikativer Repertoires, deren Bestandteile vielfältige Medien sind, ergeben sich Potentiale, die Planung, Gestaltung und Koordinierung alltäglicher Raum- und Zeitstrukturen zu beschleunigen. Hierbei besteht eine weitere Verbindung zu Anforderungen der Mobilität und Flexibilität. Dies muss allerdings nicht automatisch auch auf der Ebene des Prozesses der Schaffung einer gemeinsamen Lebensführung einen Effekt der Dynamisierung ergeben. Die im Alltagshandeln integrierte Nutzung von Medien wurde bei allen Paaren, die an der Studie teilnahmen, offensichtlich. Medien als Bestandteil dynamischer partnerschaftlicher kommunikativer Repertoires ermöglichen eine Erweiterung des Handlungsspielraums der Partner und damit auch eine Erweiterung hinsichtlich der Aushandlung der gemeinsamen Lebensführung. Wie Paare diese Möglichkeiten nutzen, ist im Kontext der metakommunikativen Aushandlungsprozesse zu betrachten. Das Paar Christian und Anna steht als Beispiel für die Nutzung von Potentialen durch Medien, wobei sich zeigte, dass hier eine fortwährende Entwicklung stattfindet: Insbesondere die Veränderung der Lebenssituation erfordert neue Aushandlung, ein neues Austarieren oder auch Ausbalancieren der Situation. Die bei dem Paar beobachtete Antizipation dieser Prozesse verdeutlicht die hohe Kompetenz beider Partner und die Fähigkeit, diese Dynamik zu gestalten.

Durch den Prozess einer Mediatisierung kann es zu einer Beschleunigung der Kommunikation zwischen Partnern, zu einer Veränderung des Tempos des kommunikativen Repertoires kommen. Dabei ist die Unterscheidung zwischen der häufig habitualisierten Gestaltung von Alltag differenziert von der subjektiven Reflexion der im Kontext mit Medien erlebten Momente im Alltag zu sehen. Einige der Partner reflektieren ein Spannungsfeld zwischen Leistungen medialer Kommunikation auf der einen Seite aber auch der Anforderungen an Erreichbarkeit und Erwartungen an eine entsprechend flexible Gestaltung und Koordination von Abläufen auf der anderen Seite (zum Beispiel Tanja & Robert, Christian & Anna). Dies ist auch im Kontext der Erwerbsarbeit zu sehen, wie in folgenden Auszügen aus dem Gespräch mit Anna und Christian klar wird. Sie beschreiben hier die Veränderung der Kommunikation in ihrer Beziehung. Hierbei bringt insbesondere Christian auch seine Erfahrungen im Bereich der beruflichen Kommunikation an:

„ (...)
A: Telefon, also Telefon war früher sehr viel, ein bisschen Schriebse (Lacht)
C: Ne das hat sich ein bisschen verändert, also, es hat sich leicht in Richtung Internet [verlagert ne. Früher war-]
A: [Internet ja ja, früher war] Zettel und Handy, dann war nur noch Handy, dann also Telefon, mein ich und jetzt mittlerweile [ist es Telefon und und Online]
C: [Ja, wir haben früher sehr viel, der Vorteil] einer SMS ist ja, ich tipp das ein und schick das weg und ich weiß nicht genau, wann er das liest, aber er liest es, ich weiß, dass er's liest für mich ist das fire and forget, es ist weg, ich habe informiert, Schluss
A: Genau.
C: Ähm (1) heute, heute benutze ich dazu entweder E-Mail oder [den Messenger, dann weiß ich ne ich hab die hab die Möglichkeit und ich weiß er hat's gelesen sofort in der Regel oder-].
A: [Genau, genau (1) Messenger kommt ja gleich (...) ja Messanger] blinkt dann entweder unten, als unten orange ‚aha er hat wieder was Neues geschrieben' oder ‚es kommt gleich was', dass ich eben [gezwungen bin (1) genau (1) ja (1) ja]

C: Manchmal ist auch ne Frage drin - genau und es wird sofort geantwortet, es ist schneller geworden, genau diese, diese Textnachrichten sind schneller geworden aus meiner Sicht.
(...)"

Paarinterview mit Anna & Christian

„(...)
C: Also, ich ne, ne ich glaube nicht, also ich denke (1) es hat alles irgendwo mit Komfort zu tun, es geht immer um Komfort. Es gibt immer wieder interessante Diskussionen, wo jemand sagt, ‚ich brauch das nicht'. Also meine Antwort ist ‚ja du brauchst auch kein Handy'. Ich wette mit dir, du brauchst keine halbe Stunde, um von hier jetzt zu einem Festnetztelefon zu kommen. Aber du gehst die halbe Stunde nicht, sondern, du willst jetzt telefonieren. Das geht um Komfort.
A: Genau.
C: Das hier hat auch ungemein viel mit Komfort zu tun. Mein Leben ah die Abläufe von meinem Leben werden an dieser Stelle nicht verändert. Mein Leben wird schneller, ja, das wird immer schneller es wird immer schneller-
A: Und praktischer (lacht auf)
C: Der Hammer ist aber und da, da müssen wir drauf achten, wenn das nicht mehr da ist, wenn der Komfort wegfällt, dann stürzen wir ab - dort an dieser Stelle. Die Verfügbarkeit der Dienste, wenn sie da sind, wird es immer komfortabler, immer komfortabler, aber [wenn man's wegnehme] der Mensch ist ein Gewohnheitstier. Wir gewöhnen uns dran und wenn ich's wegnehme, das fällt mir auf (...), wenn in der Firma mein Laptop wegraucht und ich zwei Stunden [lang offline bin]. Dann sitz ich da und sag, was mach ich da eigentlich, da kann ich gar nicht mehr arbeiten, nichts geht mehr, ich hab keinen Internetzugang, ich hab keine E-Mails mehr. Natürlich kann ich telefonieren, aber es geht um Dinge, die in der Vergangenheit stattgefunden haben auf diesen Medien. Ich kann nicht mehr zugreifen, ich kann nicht mehr mit denen reden, ja, er sieht nicht mehr das. Das heißt, es wird dann wieder langsamer, ich muss dann anfangen die Basis mit meinem Gesprächspartner erstmal zu schaffen. Ich werde auf ein Stück Papier schreiben, worum das, weil ich's am Telefon nicht kann, werd ihm das per Fax schicken. Also, zurück in die Steinzeit an der Stelle, Schritt für Schritt und den Komfort verlieren. Deshalb sage ich es, es die Arbeitsabläufe werden schneller, langsam schleichend schneller und wir werden uns wundern, wenn es wegfällt. Wenn das Netz einmal nicht da ist -
A: [Man ist verwöhnt.] (10) [aufgeschmissen ja aufgeschmissen.]
(...)"

Paarinterview mit Anna & Christian

Diese Auszüge weisen auf mögliche Wechselwirkungen zwischen den beruflichen Medienensembles sowie der in beruflichen Beziehungen etablierten kommunikativen Repertoires zu den partnerschaftlichen Repertoires hin. Im Zuge dessen sind auch Verschiebungen in einem Prozess der Aushandlung von Raum- und Zeitstrukturen möglich, denn diese sind durchaus auch mit der Aneignung von Medien und deren Rolle in partnerschaftlichen kommunikativen Repertoires verbunden. Hinsichtlich der Zeiträume, die der beruflichen Tätigkeit und dem Alltag in der Paarbeziehung zugeordnet sind, wurden Momente einer Durchdringung, die durch Formen der Medienkommunikation möglich werden, erfasst. Für das Ehepaar Yvonne und Jan etwa ist die Struktur eines Wochenendes nicht wie die eines anderen: Jan hat in seiner beruflichen Tätigkeit explizit auch die Verpflichtung, einen Bereitschaftsdienst am Wochenende zu absolvieren. Diese drückt sich förmlich über ein so genanntes „Bereitschaftshandy" aus, das er dann bei sich tragen muss. Die Ambivalenzen, die sich für die Gestaltung der privaten Zeit mit seiner Frau und seinen Kindern ergeben, offenbart folgender Auszug aus dem Paarinterview:

> „(...)
> J: Ja, man muss da unterscheiden äh also, hab ich jetzt noch nicht lange, aber äh, ich hab auch manche Wochenende Bereitschaft.
> Y: Genau.
> J: Das heißt Samstag Bereitschaft, da darf ich, also, da hab ich ein Bereitschaftshandy, wenn da oben die Firma brennt, da rufen die mich an und dann darf ich dahin fahren oder mich hier einwählen und das Problem korrigieren.
> Y: Das war jetzt dieses Wochenende-
> J: Das war jetzt dieses, letztes Wochenende. Das heißt allerdings nicht, dass ich jetzt stupide hier zu Hause sitzen muss und warten, dass jemand anruft, weil da könnte ich mich auch dort hinsetzen. Ich kann mich schon bewegen, wir können auch ich sag mal im Umkreis von 50 Metern weg äh Kilometern wegfahren oder irgendwas unternehmen und so weiter. Aber man hat ja im Kopf dann doch immer dieses Handy und wenn's dann doch klingelt, man will ja schnell da sein und schnell reagieren, bevor dann irgendwas Schlimmeres passiert. Also, ist man dann irgendwie doch wahrscheinlich dann hier in der Nähe oder bei Oma und Opa und so weiter, wo die dann einspringen können, wenn mal wirklich, wenn ich dann mal weg bin.
> (...)"
> Paarinterview mit Jan & Yvonne

Jans Überlegungen beinhalten dabei zum einen den Einfluss, den seine Tätigkeit und seine beruflichen Pflichten auf die Gestaltung des Familienwochenendes nehmen und gleichzeitig den Gedanken der Alternative, dass er nämlich den Bereitschaftsdienst mit Anwesenheit am Arbeitsplatz absolvieren müsste. Das Bereitschaftshandy beinhaltet daher für ihn sowohl eine Erleichterung bei gleichzeitiger Einschränkung. Während Jan eher nebensächlich die Problematik zum Ausdruck bringt, sprich Robert durchaus vordergründig von einer Reizüberflutung durch die Präsenz und Erfordernis mit Medien zu kommunizieren. Er ist selbstständig tätig und muss tagtäglich über verschiedene Medien Kontakt zu seinen Kooperationspartnern halten. Im Gespräch mit ihm sowie im Paarinterview mit ihm und seiner Frau Tanja dann aber auch die Vorteile und damit wiederum ein ambivalentes Verhältnis mit Medien deutlich:

„(...)
R: Ja es ist immer, ich merk das auch. [...] Zum Beispiel wenn man im Büro sitzt, dann klingelt halt das Telefon. Du hast eine absolute Reizüberflutung: Ja, du hast en Telefon, du hast Skype, dann hast du E-Mail, und dann klingelt einer an der Tür und das und dann (...) Und dann willste eigentlich arbeiten, dann hast du sechs Sachen, die manchmal gleichzeitig kommen. Und da kriege ich den Rappel, da wird ich, das mag ich nicht wie heute (2) Ich habe da auch nen Tagesplan und möchte den auch erfüllen (2) und bin frustriert, wenn ich das nicht schaffe, weil dann alles was von mir will oder das Telefon klingelt oder das nervt mich dann halt. Ich kann mich dann auch nicht konzentrieren.
(...)"
                    Paarinterview mit Robert & Tanja

„(...)
R: Ja, das ist ja alles, ne Überflutung, ne Reizüberflutung. Aber wie schon gesagt, man entwickelt sich ja mit, ne, also es wird immer mehr, aber. (...) auf jeden Fall, weil du die Überflutung hast, du kriegst so viel mit, was dich gar nicht interessiert und die Selektion, also wir haben keinen Fernsehanschluss, weil eigentlich 99 Komma neun Prozent nur Rotz kommt. Und wenn wir dann was fernsehen, dann möchte ich das ausgewählt machen, nur das gucken, was mich oder was uns anspricht. (...) durch die ganze(1), die ganze (...) Vernetzung auch, Partnermobilität und das ist ein ganz aktuelles Thema in meiner Arbeit. Internationale Projekte, das nimmt immer mehr zu. Von daher sind solche Kommunikationsmedien ganz wichtig. (...)
T: Und ich würde mit dem Computer noch sagen, dass ich finde, wir sind gerade mit dem Internet krass abhängig.
R: Ja, das ist wirklich.
T: Wenn, wenn das Internet mal nicht funktioniert, da merkt man erstmal, was man alles per Internet macht. Also sei es, dass man abends sich aussucht, was man machen will. Klar hast du das ***-Magazin irgendwo rum liegen, aber eigentlich guckst du im Internet nach. Oder halt Telefonbuch machst du übers Internet, guckst kaum ins normale Telefonbuch. So viel Kommunikation eben per E-Mail mit allen möglichen Leuten.
R: Also, ich könnte nicht arbeiten, wenn mein Computer nicht ginge, keine Chance.
T: Aber eben finde ich jetzt nicht nur die Arbeit, also, es greift auch in den Freizeitbereich mit über.
R. Ja, aber vor allem Arbeit, du könntest ja auch nicht arbeiten, wenn du deinen Rechner nicht hättest.

T: Ne, man kann schon dann auch Alternativen finden, aber es ist erstmal mühsam, also ich merke, dass wir sehr, sehr viel über den Computer organisieren und über Internet.
(...)"

Paarinterview mit Robert & Tanja

„(...)
R: Mh, na Musik, CD, Radio ist einfach zur Informationsversorgung wichtig (2) ähm dann auch zum Entspannen ist das gut, Musik zu hören, auch Internet ist zur Informationsversorgung wichtig, weil wir haben ja keinen Fernseher, also, jetzt keinen Kabelanschluss. Von daher ist es sehr gut, es ist natürlich schon auch ein bisschen bedrückend, wenn man denkt, man macht alles nur noch über Computer, das ist so ein Abhängigkeitsgefühl, das ist so ein bisschen unangenehm.
(...)"

Einzelinterview mit Robert

Robert schildert das Erleben von Reizüberflutung und ein Gefühl der Abhängigkeit. Gleichzeitig resümiert er funktionale Aspekte von Kommunikationsmedien, etwa dass er aufwendige Reisezeit, die die Alternative für die Nutzung von Kommunikationsmedien wäre, nicht gut findet und dass ihm insbesondere Kommunikationsmedien die Vernetzung mit internationalen Koorperationspartnern ermöglichen. Dies verdeutlicht die Ambivalenzen, die Menschen mit dem Gebrauch von Kommunikationsmedien erleben. Die Auszüge und hierbei explizit auch die Äußerungen von Tanja zeigen zudem den fließenden Übergang zwischen diesen Einstellungen zu Medien im privaten wie beruflichen Bereich. Gleichzeitig werden auch funktionale Aspekte des Mediengebrauchs offenbart, etwa wenn Robert die Software Skype für dienstliche Zwecke (insbesondere Telefonate) entdeckt hat und es dann auf die private Kommunikation mit seiner Frau erweitert. Diese Kommunikation via Skype bewerten beide nun durchaus positiv und weisen ihr einen verbindenden Charakter für sich als Paar zu.

Es folgt ein weiterer Auszug zu Aspekten des Übergreifens von Zeit und Raumstrukturen zwischen privater und beruflicher Sphäre mittels Medien. Dieser verdeutlicht dabei auch die Möglichkeit, die Paare haben, diesem Übergreifen von Kommunikationsanforderungen zu entgehen. Es wird zum einen deutlich, inwieweit sich die Beschleunigung beruflicher Kontakte sowie die Flexibilisierung von Kommunikation auf die Gestaltung von Raum und Zeit in Paarbeziehungen aus wirken kann. Zum anderen verweisen die Schlüsse, die Christian und Anna aus den Erlebnissen in einem Urlaub gezogen haben, dass ein aktiver Ausstieg aus Zeitmustern (vgl. Neverla 2007) von Paaren bewusst geschaffen werden kann und dass auch dieses Verhalten Bestandteil eines kommunikativen Repertoires von Paaren in einer mediatisierten Welt ist:

„(...)
C: Das ist genau, das ist ganz WICHTIG genau, dass wir gezielt aus dem Netz [aussteigen und sagen 'ich will das nicht haben' (1) ja genau.]
A: [Im Urlaub wirklich kein online, keine Telefonate], keine SMSen, weil da Urlaub, da wollen wir abschalten von der ganzen Welt, keine Nachrichten. Also sicher Nachrichten mal zwanzig Uhr-
C: Ich erinnere mich mal an den Fuerte Urlaub als bei *Firma* die halbe Firma weggeraucht ist. Da hab ich im Urlaub da gesessen mit dem Handy und hab [Telefonkonferenzen geführt. Sehr weit weg], das heißt die Tatsache, dass das möglich war, habe ich genutzt, dann habe ich mich an den Kopf gefasst und hab gesagt vor [zehn Jahren hättest du kein Handy mitgehabt.]
A: [Der hat, der hat telefoniert] (10) [Er hat nicht abgeschaltet.] Aber er hatte seinen Urlaub gehabt auf dem Papier, aber er hat nicht abgeschaltet, er hat nicht abgeschaltet. Sicher war [super schwierig und super wichtig.]
C: Ich hätte eigentlich die Entscheidung treffen müssen, ich kann ja abbrechen und zurückfliegen, ich hätte einmal mit denen telefonieren sollen und hätte sagen sollen, wollt ihr, dass ich zurück komme ja nein, weil viele Sachen konnte nur ich beantworten. Ich hätte den Urlaub abbrechen müssen. Stattdessen bin ich im Urlaub geblieben, hab die Medien genutzt, um das Problem zu lösen und hab meinen Urlaub verballert.
A: Ja genau.
(...)"
Paarinterview mit Anna & Christian

8.3 Medien als Taktgeber für partnerschaftliche kommunikative Repertoires?

Wie gehen Paare nun mit dem Einfluss der Medien auf ihre zeitlichen und räumlichen Alltagsstrukturen um und wie erfolgt diesbezüglich eine Aushandlung des partnerschaftlichen kommunikativen Repertoires? Es zeigt sich durchaus, dass Paare die zeitlichen Strukturen, die Medien und Medienkommunikation implizieren, sehr differenziert annehmen und dass der Takt der Medien nur teilweise zum Takt des kommunikativen Repertoires wird. Zudem werden diese Vorgaben immer auch Gegenstand der Aushandlung zwischen zwei Partnern sein, die möglicherweise auch sehr unterschiedlich mit zeitlichen und räumlichen Strukturen von Medien sowohl im Sinne standardisierter Kommunikate als auch von Kommunikationsmedien und interaktiven Formen umgehen. Bezüglich des Gebrauchs von Kommunikationsmedien miteinander zeigte sich wie der folgende Auszug aus dem Paarinterview mit Annika und Niklas unterstreicht, dass weniger Medien, die sich durch eine unmittelbare Verfügbarkeit auszeichnen, das kommunikative Repertoire von Paaren dominieren. Vielmehr sind es die auch hinsichtlich der zeitlichen Alltagsabläufe zwischen den Partnern etablierten Kommunikationsformen, die bevorzugt genutzt werden. Daher kommt es auch zu einem „Verlagern" oder „Aufheben" von Kontaktaufnahmen im Alltag bis, im Fall von Annika und Niklas, Formen der Onlinekommunikation möglich sind. So beschreibt das Paar, ihre typische Art der Kommunikation, wenn sie tagsüber unterwegs sind:

> „(...)
> N: Na ja, so mal ne SMS-
> A: aber vielmehr eigentlich (1) Oder mal anrufen, wenn es irgendwas zu regeln gibt. Aber meistens ist das nicht der Fall, das kann man dann alles auf die Zeit vorm Rechner verlagern und dann.
> N: Ja.
> A: So läuft es jedenfalls bei mir, da spar ich mir die SMS
> N: Ja.
> A: Und warte bis ich wieder hier bin.
> (...)"
> Paarinterview mit Niklas & Annika

Damit sprechen sie insbesondere die in ihren Repertoires zentrale Form der Kommunikation per ICQ an, die beide am Arbeitsplatz miteinander nutzen. Im folgenden Auszug nehmen sie erneut darauf Bezug und verdeutlichen dabei, wie diese Kommunikationsform implizit auch zeitliche Vorgaben durch die Kontaktaufnahme eines Partners schafft. Der Auszug aus dem Interview mit diesem Paar verweist ferner auf einen anderen Aspekt bezüglich der Verbindung zwischen Medien und zeitlichen Alltagsstrukturen:

> „(...)
> N: Also, im einfachsten Fall, wenn, wenn über ICQ ne Nachricht kommt, na dann, dann reagiert man da natürlich drauf.
> I: Okay, also im Sinne einer Antwort?
> N: Genau. Das ist nicht, nicht immer so, man muss es ja nicht machen, aber der der Reiz ist natürlich da, dass man, wenn irgend ne Frage kommt egal was, dass man dann da drauf antwortet.
> A: Wenn's blinkt.
> N: Genau.
> A: Ja, das ist zum Beispiel einfach ähm, wenn du mal ein bisschen früher von der Arbeit kommst, ist das meistens dann um sechs rum – und das wird vielleicht nicht der Grund sein, weil um sechs die Simpsons kommen. Das ist nicht immer so. Aber, wenn man dann mit dem Gedanken spielt, man könnte ja jetzt halb sieben gehen, also es ist manchmal wie eine Art Entscheidungshilfe so in Richtung von einer Uhrzeit. Also es ist ja nicht, dass wir um 20 Uhr 15 vorm Fernseher sitzen müssen,

aber (1) ein bisschen bestimmt das schon mit, dass man halt vorher vielleicht (1) fertig sein möchte mit seiner Arbeit, bevor man jetzt einen speziellen Film anguckt. (...)"

     Paarinterview mit Niklas & Annika

An manchen Abenden der Woche, so wird deutlich, ist es Niklas' Lieblingsserie, die dafür sorgt, dass das Paar um sechs Uhr in seiner Wohnung eintrifft, um dort pünktlich den Fernseher einzuschalten und sich die aktuelle Folge anzuschauen. Sie bezeichnen die Serie daher auch als mögliche „Entscheidungshilfe" für ihre Abendplanung. Beide betonen weiter, dass das Fernsehprogramm immer nur zweitrangig etwa im Vergleich mit Unternehmungen mit Freunden wäre, beschreiben wohl aber, dass sie wochentags häufig einen Abend gemeinsam vor dem Fernseher verbringen. Das Ehepaar Carola und Roland Heinze beschreibt explizit seine Abneigung gegen zeitlich vorgegebenes Fernsehen. Sie selbst schauen durchaus täglich, aber sie betonen, dass sie kaum „live" schauen und damit Zeit sparen. Hierbei ist interessant, dass das Paar trotzdem nahezu täglich am späteren Abend seine Aufzeichnungen von relativ kurzfristig zuvor laufenden Sendungen anschaut, sie mit dieser Aufzeichnungsstrategie aber aktiv diesen täglichen Konsum steuern und ihren eigenen Nutzungsrhythmus umsetzen:

„(...)
R: Na ja, was heißt Gewohnheit. Also, da hassen wir diese Fernsehabende, diese sinnlosen, weil, wenn nehm ich's mir halt auf, was ich gucken will. Wir haben auch zwei Videorekorder, das gucken wir dann halt in der Woche. Oder wenn wir dann reingehen. also wir gucken nichts mehr live, erstmal wegen dies Werbeunterbrechungen, das geht uns alles auf den Geist. (1) Und diese ganzen Schnullifilme und meist gucken wir irgendwie Dokumentationen oder auch schon mal seichte Unterhaltung, das stimmt.
(...)"

     Paarinterview mit Roland & Carola Heinze

„(...)
R: Mir fällt jetzt noch ein Beispiel ein. (...)Bundesvision Song Contest (...) das geht ja bis halb eins. Und das nehmen wir auf zum Beispiel. Wenn wir das live gucken, muss man das von um neun bis um eins sogar gucken. Weil die nur dumm rumlabbern, das ist wirklich so. und die Musik an sich ist weiß ich nicht, insgesamt ne Stunde. Und wir gucken das dann eben am nächsten Tag. Ich nehm das auf. Und dann kann man den ganzen Kram spulen, man sieht die Auftritte von den Gruppen und dann die Auswertung. Und wir müssen natürlich immer aufpassen am nächsten Tag, dass wir nicht erfahren, wer jetzt meinetwegen gewonnen hat.
(...)"

     Paarinterview mit Roland & Carola Heinze

Während das Ehepaar Heinze diese Nutzungsweise von Fernsehprogrammen über Jahre gemeinsam als Bestandteil ihres kommunikativen Repertoires etabliert und ausgehandelt hat, wird bei der Betrachtung der Aushandlung eines jungen Paares deutlich, dass diese Prozesse durchaus aktiv zu klären sind. Sebastian und Anja leben erst seit kurzem in einer gemeinsamen Wohnung und das Zusammenziehen hat bei beiden sehr unterschiedliche Nutzungsweisen sowohl des Fernsehens als auch des Musikhörens offenbart. Die folgenden Auszüge verdeutlichen die laufenden und durchaus mit Konfliktpotential einhergehenden Aushandlungsprozesse zur Fernsehnutzung. Dabei wird ein humorvoller Umgang mit unterschiedlichen Handlungsweisen deutlich. Dieser Gebrauch von Humor stellt eine Weise des Umgangs mit Differenzen dar und erleichtert möglicherweise den Austausch hierzu:

„(...)
A: Also, ich guck schon Fernsehen. Eigentlich, eigentlich sind wir da grundverschieden irgendwie.
S: Mh.
A: Weil ich guck meistens, wenn ich, wenn ich von der Uni heim komm, guck ich immer also, das geb ich zu, guck ich immer also sechzehn Uhr diese Reportage auf Pro7, wo sich immer drei Bewerber um einen Job so.
I: Okay?
A: Das guck ich glaub ich IMMER an. Da ist er schon immer so genervt so 'musst du das schon wieder gucken, wenn er [da grad mal daheim ist]
S: [Da bin ich doch gar nicht da.] (Lacht)
A: Wenn du mal daheim bist, am Montag
S: -stimmt.
A: -wo du früher Schluss hattest, ‚Ah jetzt guckst du das schon wieder', also das guck ich. Abends weniger, weil nach dem Training hab ich dann keine Lust mehr, höchstens, wenn mal ein schöner Film kommt oder wir, also wir haben uns jetzt im (2) Schlafzimmer nen Fernseher zugelegt, weil ich gelegentlich vorm Fernseher einschlafe (2) meistens.
S: Gelegentlich? (lacht)
A: Immer. Und er dann immer Probleme hatte, mich vom Sofa ins Schlafzimmer zu kriegen. Und da gucken wir also in der Stube gucken wir dann relativ selten in letzter Zeit und im Schlafzimmer dann weniger, nur wenn ich mal nen Film gucken will, dann guckt er ihn manchmal notgedrungen mit an. Im Nachhinein stellt er dann manchmal fest, dass er gar nicht so schlecht war, wie der letztlich auf ZDF mit den Kindern.
S: Der lief aber hier.
A: Ja. Und aber sonst? Also ich guck Nachmittag manchmal, um nach der Uni einfach ne Stunde abzuschalten und (1) sonst eigentlich auch weniger. Also wenn ich mal was guck, dann regt er sich regelmäßig auf, weil ich viel guck, was er so nicht mag.

S: Ja, diese tollen, diese wie sagt man dazu? Sozialvoyerismus (Lachen) solche Sachen ähm.
I: Dokusoaps?
S: Ne, so was nicht, das sind dann mehr, was ist denn das, diese Sachen, wo sie die Häuser renovieren und so.
A: Ja genau das.
S: Das ist ja auch nicht schlecht aber (1) ich find das halt nicht sehr spannend.
A: Und ich guck demnächst auch wieder Germany's next Topmodel, da hast du auch gesagt ‚wie gut, dass wir zwei Fernseher haben'.
S: Richtig, da tu ich mich allerdings wirklich absondern (lacht).
(…)"

Paarinterview mit Anja & Sebastian

Der Auszug weist dabei schon auf einen möglichen Lösungsansatz hin, nämlich die Nutzung von zwei Fernsehgeräten durch die Partner und die Aushandlung des Ausweichens eines Partners in einen anderen Raum. Die Befunde verdeutlichen damit auch, dass die kommunikativen Repertoires in Paarbeziehungen auch Momente der Nutzung und möglicherweise Verteilung der Nutzung des Wohnraumes beinhalten. Darüber hinaus zeigen sich aber auch Auswirkungen jenseits des Haushaltes: Etwa hört Herr Heinze, als Ergebnis der Verhandlung mit seiner Frau, harte Musik nicht in der Wohnung, sondern in seinem Auto. Diese räumlichen Muster implizieren dabei häufig auch zeitliche Strukturen, etwa indem man die Musik der individuellen Wahl nur zu Zeiten, die man im Auto verbringt, hören kann.

8.4 Die Flexibilisierung und Intensivierung von Beziehungsrepräsentationen

Es wurde im vorangegangen Abschnitt erarbeitet, wie Medien das Alltagshandeln von Paaren mitbestimmen. Die folgenden Betrachtungen setzten hier an und werden zeigen, dass durch die zunehmende Medienkommunikation zwischen Partnern und durch eine Mediatisierung kommunikativer Repertoires eine Verbindung der ursprünglich getrennten Tagesabläufe in ihrer zeitlichen wie räumlichen Struktur möglich wird. Damit einher wird die theoretische Idee einer zunehmenden Antizipation des Alltagsablaufs der Partner entwickelt. Dieser Befund kann im Kontext der These der Mediatisierungstheorie, dass Medien das Eindringen von Menschen in neue Räume ermöglichen, interpretiert werden.

Das Gespräch zwischen Partnern stellt nach wie vor ein zentrales, identitätsstiftendes Element der Paarbeziehung dar. Die Paare der Studie finden dafür Bezeichnungen wie „allabendliches Gespräch" oder „das klassische Gespräch

‚wie war's heute'", womit sich die Regelmäßigkeit dieser Gespräche sowie deren Einbindung in alltägliche Abläufe und Themen (Erlebnisse des Tages) offenbart. Die Befunde zeigen aber auch eine Veränderung der Struktur des alltäglichen Austauschs, insbesondere durch den veralltäglichten Gebrauch verschiedener Kommunikationsmedien. Dies gilt dabei sowohl für Paare, die voneinander entfernt sind als auch für Paare, die sich täglich treffen. Die Integration von Kommunikationsmedien, die flexiblen und unmittelbaren Kontakt ermöglichen, stellt damit auch eine Verbindung der ursprünglich getrennten Tagesabläufe in ihrer zeitlichen wie räumlichen Struktur dar. Dies wird zum einen durch mobile Kommunikation möglich, zum anderen aber auch durch die an den wichtigen Stationen des Tages unmittelbar verfügbaren Medien, insbesondere der Internetkommunikation. Gerade durch eine umfangreiche Computernutzung im Arbeitsprozess etwa nutzen mehrere der befragten Paare Instant-Messenger auch für die Kommunikation miteinander. Eine Teilnehmerin reflektiert dies im Einzelinterview mit Bezug auf das an einem Tag geführte Kommunikationstagebuch, in dem sie mehrere Messenger-Kontakte zu ihrem Mann notiert hatte:

„ (…)
„Und das merk ich sowieso, dass das was ist, das ich ganz oft, wenn ich irgendwas abgeschlossen hab, also zum Beispiel eben, wenn ich hier ankomme, oder wenn Herr Müller da war und wieder geht oder so, dass ich dann im Skype gucke, also dass dann, dann wieder der Gedanke an ihn [den Partner, C.L.] da ist und dass ich dann wieder im Skype gucke, ist er noch da und halt so.
(…)"
Einzelinterview mit Tanja

„ (…)
Dann war fünfzehn Uhr dreißig, hab ich mal wieder nachge - ach so, das war genau das, was ich gesagt hatte, da ist einer meiner Patienten weg gegangen und das ist dann so für mich wieder Anlass, okay jetzt guck ich, ob Robert noch da ist und wie überhaupt die Skype-Situation so ist, ähm ohne, dass ich ihm da ne Nachricht schreiben wollte, also einfach so diese Vergewisserung, ich könnte rein theoretisch, wenn ich wollte, wenn mir danach wäre.
(…)"
Einzelinterview mit Tanja

„ (…)
Na eigentlich sehe ich jetzt nicht so direkt Nachteile abgesehen davon, dass es vielleicht ein bisschen Zeit kosten jetzt so ne Skypenachricht zu schreiben und vielleicht ja uns doch ein bisschen gerad aus dem Arbeitsablauf raus reißt, wenn man halt nicht derjenige ist, der sowieso gerade ne Pause machen will und was anderes

machen will, sondern derjenige, der unterbrochen wird. Würd ich als Nachteil sehen, aber ansonsten find ich (1) also gerade mit dem Skype, das ist für mich schon eine sehr angenehme Sache. Ja das hab ich ja schon ein paar mal gesagt eben dieser Vergewisserungsaspekt und dieses ALSO ES GEHT MIR DA NICHT UM KONTROLLE also nicht, dass ich jetzt sage, ich muss jetzt immer unbedingt wissen, ob er vielleicht gerade mit ner anderen zusammen ist, also Eifersucht oder so was spielt da überhaupt nicht ne Rolle, sondern einfach so dieses Gefühl nicht allein zu sein, glaub ich.
(...)"
Einzelinterview mit Tanja

Das folgende Beispiel aus dem Interview mit dem zusammenlebenden jungen Paar Sebastian & Anja, dass hier auch mobile Medien bedeutsam sind und dass deren Eigenschaften, dem Bedürfnis von Partnern, unmittelbar Kontakt auch während der individuell geprägten Alltagsverläufe herzustellen, entgegenkommen:

"(...)
S: Okay, ja Handy ist natürlich – wie bei fast jedem nehm' ich an - unentbehrlich. Also, man fühlt sich regelrecht nackt, wenn man es mal vergessen hat, was mir auch eigentlich ein bisschen auf die Nerven fällt. Also, man ist, man ist erreichbar, man muss erreichbar sein. Äh aber es ist inzwischen, es ist praktisch wie eine Sucht. Es ist nicht so, dass ich das Handy jetzt maßlos telefonieren würde oder SMS schreiben würde aber es ist es ist einfach inzwischen so, man will einfach immer erreichbar sein. Und will eigentlich, wenn irgendwas ist, informiert sein uns so weiter und das ist, das gehört dazu.
A: Ja, es ist auch, wenn nichts ist. Also du erwartest schon immer früh, wenn ich in *Studienort* gut angekommen bin und bis halb neun nicht geschrieben hab BIST DU GUT ANGEKOMMEN. Also das ist schon, also früher war's mehr, wo wir nicht zusammen gewohnt haben, haben wir bestimmt so zehn zwanzig SMS am Tag geschrieben, also es war recht viel, also das hat deutlich abgenommen, seit wir zusammen wohnen. Aber man merkt es schon, also während er auf Arbeit ist, schreiben wir bestimmt dreimal hin und her, also das ist schon.
S: Ja, einfach um mal so ein bisschen Kontakt zu halten, so ein bisschen zu hören, wie es dem anderen so geht und was er so macht.
(...)"
Paarinterview Anja & Sebastian

Auch die mit dem Kommunikationstagebuch dokumentierten Handlungen verdeutlichen die große Bedeutung mobiler Kommunikation und insbesondere des ritualisierten Austausches per SMS im kommunikativen Repertoire von Sebastian und Anja. Im Einzelinterview erzählt Anja von den verschiedenen Kontakten per Handy an diesem Tag:

"(…)
Und als er dann gegangen ist, hat er Guten-Morgen gesagt, weil ich da grad so fast am Aufstehen war und- (2) ja dann hat er mir Guten-Morgen gesagt, ist dann gegangen und als ich dann losgefahren bin, kam dann ne SMS von ihm. Da hat er mir dann noch mal nen guten Morgen gewünscht und ob ich gut aus dem Bett gekommen bin und, und als ich dann in *Studienort* war, da hab ich ihm dann zurück geschrieben, DASS ich gut aus dem Bett gekommen bin und dass ich gut angekommen bin. Ja. Dann hatten wir erst mal ne ganze Weile keinen Kontakt mehr. Und dann genau, hab ich in der Pause zwei Freunden erzählt, dass wir über Ostern unseren Urlaub gebucht haben, da hatten wir dann kurz drüber gesprochen und auch in dem Zusammenhang auch ein bisschen über Sebastian, ob er frei nimmt oder nicht frei nimmt. Ja (2) Mh genau, ach ja, auf die SMS hab ich später geantwortet, seh' ich gerade, okay (lacht), also auch nach der Pause dann und dann war bis Nachmittag irgendwie nicht wirklich Kontakt. Und dreiviertel zwei hab ich dann aufs Handy geguckt. Und weil ich noch nichts hatte (lacht), hab ich ihm dann noch mal geschrieben, ob er viel Stress hat. Und dann hat er mir auch relativ gleich zurück geschrieben und hat dann geschrieben, dass er Halsschmerzen hat. Da hab ich dann so [gedacht, C.L.] 'mh, hast du ihn doch angesteckt'.
(…)"
Einzelinterview mit Anja

Was sich hier exemplarisch zeigt, konnte im Auswertungsprozess als theoretisches Konzept zusammengefasst werden, welches eine fortwährende Antizipation des Alltagsablaufs der Partner beschreibt. Dies wird als Hinweis auf eine Intensivierung der mentalen Repräsentation von Paarbeziehungen interpretiert. Damit zeigt sich eine Verknüpfung zwischen Prozessen der Identitätsbildung in Beziehungen und einer Mediatisierung kommunikativen Handelns. Der Prozesse einer mentalen Herstellung von Beziehung (Duck / Pittman 1994) wird durch das alltägliche Medienhandeln der Partner transformiert. Ein Paar beschreibt jeweils in den Einzelinterviews die Kommunikation per Messenger am Arbeitsplatz. Das Thema war im Paarinterview auch besprochen worden, war zu diesem Zeitpunkt aber weniger auf ihre individuellen Tagesabläufe bezogen. Christian stellte nun im Einzelgespräch einen Zusammenhang mit seinem Start in den Arbeitstag her:

"(…)
Also, Bürotag, wenn ich morgens ins Büro rein geh' den Rechner hochgefahren habe, dann sieht sie, dass ich online bin, ne, oder dann bin ich online und irgendwann sehe ich dann, wann sie im Laden angekommen ist, so gegen zehn. Wenn sie den Rechner anmacht sehe ich ja auch, dass sie dann online ist.
(…)"
Einzelinterview mit Christian

Anna schildert typische Situationen und Anlässe für den Messenger-Kontakt mit ihrem Mann:

> "(...)
> Wenn ich nichts zu tun habe. Manchmal schreibt er nur "was ist los?" na oder "viel los?" Frage oder dann schreib ich zurück "Stress?", dann hab ich natürlich jetzt keine Zeit oder Möglichkeit oder ich schreib dann auch irgendwas was wie zügig zurück, wenn ich Zeit habe natürlich. "Ach, hier ist auch nichts los." Oder wenn er schreibt: ‚na, was zu tun?', dann schreib ich auch, ‚bei dir wohl auch nichts zu holen' oder irgend so was Witziges eben ne, dass man wirklich so, dass man lächelt, wenn man die Nachricht liest, dann lächelt man, ne, und dann schreibt man noch irgendwas zurück. Das passiert schon so vier, fünf, sechs, sieben, ja schon durchaus. (...)"
>
> Einzelinterview mit Anna

Diese Auszüge verdeutlichen eine rituelle Dimension der mentalen Repräsentation sowie der damit potentiell einhergehenden kommunikativen Handlung. Als rituelles Element kann dies hinsichtlich einer sprachlichen Dimension betrachtet werden, die auf einer Mirkoebene von Codes bedeutungsvoll wiederholend ausgeführt wird (Bergesen 2003) sowie im Sinne eines Interaktionsrituals auf einer Mesoebene (Goffman 1971), wobei auch die Einbettung mediatisierter Kontakte in den Tagesablauf beschrieben wird. Rituelles Handeln ist hierbei von gewohnheitsmäßigem Handeln dadurch abzugrenzen, dass die medialen Kontakte eine subjektive Bedeutung für die Partner haben und auch eine emotionale Komponente beinhalten. Diese rituellen Handlungen zwischen Partnern, so unbedeutend sie von außen betrachtet sein mögen, bekräftigen im Kleinen doch immer wieder das Paarsein. Dies wird beispielhaft im Paarinterview mit Yvonne und Jan deutlich, die hier schildern, dass sie sich ab und zu E-Mails schreiben:

> „(...)
> J: Untereinander ab und zu schon.
> Y: Ja. Also nicht täglich
> J: Ne.
> A: Und es gibt auch sicher mal zwei Wochen, wo das nicht passiert, aber es gibt eben, es kommt dann auch mal vor, dass man-
> J: Ja.
> Y: -per Mail kommuniziert.
> J: Und wenn du mir an die Arbeit schreibst, wo ich ja dann direkt davor sitze, dass ist dann schon auch mal erfrischend, wenn man dann [so] quasi Überraschungsmail]
> Y: [Genau.] * Genau.
> (...)"
>
> Paarinterview mit Jan & Yvonne

Interpretiert man diese Befunde mit Bezug zur Arbeit von Rich Ling (2005, 2008), können Aspekte einer Verstärkung sozialer Kohäsionsprozesse durch diese Formen ritualisierter (mobiler) Kommunikation vermutet werden. Dabei ist aber zu bedenken, dass hier kein automatischer Zusammenhang besteht. Entscheidend ist, wie Menschen, und natürlich auch Partner in engen Beziehungen kommunikativ handeln und die Potentiale der Medien nutzen. Es gilt hier, eine Perspektive einzunehmen, die die Dualität der Effekte von Kommunikation und Medien berücksichtigt (Höflich 2006b, Höflich / Linke forthcoming). Durch diese Ergebnisse wird die These einer gesteigerten Bedeutung der nomischen Funktion der Paarbeziehung (Lenz 2006) gestärkt, die letztlich Hintergrund der Motive einer fortwährenden Repräsentation und intensivierten Kommunikation zwischen Partnern ist. Ebenso bestätigt sich, dass heute in Beziehungen eine aktive Herstellung eines gemeinsamen Alltags vollzogen wird (Jürgens 1999, 2001). Dabei ist auch eine Grenzüberschreitung festzustellen: Die Befunde verdeutlichen, dass innerhalb dieser beruflichen Abläufe die Sphäre enger Beziehungen und privater Kommunikation mit eingebunden wird. Dies ist ein Argument für die These einer Entgrenzung von Lebensbereichen und Sphären, in diesem Fall Berufs- und Privatsphäre im Zuge eines Metaprozesses der Mediatisierung (Krotz 2001, 2007). Dadurch entstehen neue Situationen für Partner, für die sie neue Handlungsstrategien etablieren müssen.

Ausgehend von einer theoretischen Idee der Antizipation der alltäglichen Handlungen des Partners bei physischer Trennung soll, basierend auf dem empirischen Material der Arbeit, im Folgenden versucht werden, eine Anordnung von Prozessen der Kommunikation in Paarbeziehungen zu entwerfen. Die zunächst schematisch angeordneten Prozesse wurden jeweils mit Bezug zu den Befunden der Studie generiert und bauen aufeinander auf, wobei weniger eine Anordnung beabsichtigt ist. Vielmehr zeigte sich, dass die Prozesse der Kommunikation in Paarbeziehungen ineinander übergehen sowie einander ergänzen und somit in ihrer Summe die Basis kommunikativer Repertoires von Paaren darstellen.

Die mentalen Prozesse der Partner sollen der Ausgangspunkt der Betrachtung sein. Mentale Prozesse stellen gemeinsam mit kommunikativem Handeln die Basis sozialer Beziehungen dar (Krotz 2004, 2007). Damit sind sowohl kognitive wie emotionale Vorgänge angesprochen. Exemplarisch soll hier auf eine Episode verwiesen werden, die Tanja und Robert sowohl im Tagebuch dokumentieren als auch in ihren Einzelinterviews beschreiben: Robert hatte beiden für den Tag jeweils Stücke eines Rettichs eingepackt und beide notierten im Tagebuch beim Essen des Gemüses im Laufe des Tages, an den anderen gedacht zu haben. Am Abend berichteten sich beide Partner zudem von diesen Gedanken und sie lachten gemeinsam über diese Begebenheit. Weiterhin soll eine Aussage von Annika angeführt werden, die bei der Beschreibung der Dokumentation mit dem Tagebuch implizit die nahezu kontinuierliche mentale Repräsentation des Partners und der Beziehung in ihrem Alltagsablauf reflektiert:

„(...)
Das war jetzt das bisschen Schwierige, weil man denkt ja eigentlich relativ oft an den anderen oder über den anderen (2) oder denkt ja jetzt nicht speziell ' oh bin ich vielleicht verliebt', sondern mehr 'musst du heute noch machen, musst du ihm sagen' also mehr organisatorische Sachen. (1) ähm hab ich jetzt nicht alles mit aufgeschrieben beziehungsweise das ist halt relativ im Hinterkopf, irgendwie immer so vorhanden also.
(...)"
Einzelinterview mit Annika

Einen weiteren Typus auf der Anordnung kommunikativer Prozesse in Paarbeziehungen stellen mentale Prozesse dar, die durch Medien motiviert oder unterstützt werden. Hierzu gehören stoffliche Medien wie Briefe, Fotografien oder Karten sowie digitale Dokumente wie Fotos oder Collagen, die mittels Software für Bildschirmschoner oder Desktophintergründe angezeigt werden und auf verschiedenen digitalen Endgeräten gespeichert sind (Computer, Handy, Wechselbilderrahmen, USB-Stick, Festplatte usw.). Exemplarisch sei hierzu auf eine im Tagebuch von Carola Heinze dokumentierte Episode verwiesen, in der sie einen gedanklichen Kontakt an ihren Mann beschreibt, nachdem ihr Blick auf ein gemeinsames Urlaubsfoto gefallen ist. Weiterhin folgen auf der Anordnung Prozesse der mediatisierten Kommunikation. Dabei verdeutlichen die in der Studie erarbeiteten Befunde, dass die vorangegangen beschriebenen kognitiven Prozesse häufig Ausgangspunkte für eine Kontaktierung des Partners über Kommunikationsmedien sind. Hierbei ist eine Unterscheidung zwischen asynchronen Prozessen möglich, die insbesondere eine Antizipation zum Zeitpunkt des Erzeugens der Botschaft beinhalten (z.B. einen Zettel mit Grußbotschaft in die Brotbüchse des Partners legen). Weiterhin beinhaltet auch ein synchron verlaufender mediatisierter Kontakt zwischen Partnern kognitive Elemente der Antizipation, etwa vor dem eigentlichen Kontaktieren. Natürlich sind gedankliche Prozesse – ob beziehungsbezogen oder nicht – fortwährendes Element jedweder Kommunikation. Die Beispiele für diese Prozesse im Material sind umfangreich und vielfältig. Typischer Fall ist das Telefonat zwischen Partnern, was bei nahezu allen Paaren des Samples stattfindet. Die direkte Kommunikation von Angesicht zu Angesicht zwischen Partnern folgt auf der Anordnung, wobei diese Form den Ursprung und Ausgangspunkt sämtlicher Kommunikationsprozesse darstellt. Aus dem Material der Studie wird deutlich, dass hierbei auch eine Differenzierung sinnvoll ist, je nachdem, ob Paare allein miteinander kommunizieren oder ob andere Personen (Familie, Freunde, Kollegen) anwesend sind. So ändert sich etwas die Kommunikation zwischen Max & Eva, wenn sie mit Freunden zusammen sind. Dies gilt weiterhin auch für Formen mediatisierter Kommunikation, wenn in einer der Kommunikationssituationen dritte Personen anwesend sind: Roland und Carola Heinze sprechen anders miteinander, wenn Kunden im Raum sind.

Diese empirische Herleitung kann nur einen Ordnungsversuch darstellen und verdeutlichen, dass die Grundprinzipien der Kommunikation in Paarbeziehungen zunächst jenseits technologischer und mediatisierter Formen zu suchen sind. Das soll und darf nicht davon ablenken, dass durch die Mediatisierung der Kommunikation auch Prozesse einer Dynamisierung, Beschleunigung und Erweiterung der Kommunikation in Paarbeziehungen untersucht werden müssen. Die Studie liefert hierzu zahlreiche Beispiele, wie etwa die dargestellten Nutzungsweisen von Messenger, Mobiltelefon und Social Media durch Paare zeigen. Für das Verständnis von Mediatisierungsprozessen auf einer Mikroebene, ist dabei insbesondere von Bedeutung, dass die Aussagen von Paaren, darauf verwiesen, wie die genannten Medien in das kommunikative Repertoire aufgenommen und in Verhältnis zu bereits etablierten Gebrauchsweisen gesetzt werden.

9 Medienhandeln und die dynamische Konstruktion von Beziehungsidentität

Die Auswertung des Materials ergab, dass Medien Thema und Inhalt des partnerschaftlichen Gesprächs sind, dass sie gleichzeitig zur Gestaltung der Gesprächssituationen genutzt werden sowie dass Medien durch ihre Charakteristika den Rahmen für partnerschaftliche Gespräche darstellen. Wie bereits geschildert, sind Medien Gegenstand der Aushandlung zwischen Partnern, wobei – dies wird im Folgenden dargelegt – sie auch Gegenstand der Aushandlung von Gemeinsamkeiten und Unterschieden zwischen den Partnern und damit auch von Identität sind. Es wird gezeigt, dass Medien Paare in ihrem Alltag begleiten, was sich auch in einer Gestaltung von komplexen Situationen äußert, die sowohl Medien als auch das Gespräch der Partner beinhaltet. Des Weiteren wird erarbeitet, dass Medien spezifische zeitliche und räumliche Strukturen erzeugen können, die auch den Alltag der Paare und deren gemeinsame Lebensführung sowie spezifische Alltagshandlungen und Rituale kennzeichnen.

9.1 Die Mediatisierung des partnerschaftlichen Gesprächs

Das Gespräch zwischen den Partnern, so verdeutlichen die Befunde dieser Arbeit, hat eine subjektive Bedeutung für die Paare. Die Gespräche haben häufig einen rituellen Charakter, sind manchmal auch mit bestimmten Tageszeiten oder mit Mahlzeiten verbunden. Exemplarisch sollen Niklas und Annika zu Wort kommen, deren Beziehung die jüngste im Sample ist und die im Paarinterview wie folgt diese Form des Austauschs miteinander beschreiben:

> „ (...)
> A: Das klassische Gespräch ‚wie war's auf Arbeit', so nach neunzehn Uhr wahrscheinlich, oder so ungefähr. Na und da bereden wir eigentlich so ein bisschen den Tag. Und dann was man halt noch vorhat. Oder halt so spezielle Sachen, wie Probleme oder na, was weiß ich, Weihnachtseinkäufe (lachend) keine Ahnung.
> N: Ja, das was abends besprochen wird, ist ein Ergebnis vom Tag aktuell. Erlebnisse mit Mitarbeitern oder dem Chef oder von Kommilitonen. Oder eben zugetragene

Geschichten, die man so gehört hat. (2) Was weiß ich wie, dass der Jens jetzt wieder arbeitet.
(...)"

Paarinterview mit Annika & Niklas

Das Gespräch zwischen Partnern findet, so zeigen die Befunde, nicht in isolierten Situationen statt, vielmehr geht es in die typischen Alltagsmuster der Paare über, zu denen auch die Nutzung von Medien gehört. Hierbei ist ein komplexes Wechselspiel von Interaktion zwischen Partnern und der Nebenbei- sowie Parallelnutzung von Medien zu verzeichnen. Gleichzeitig sind auch anwesende dritte Personen (Kinder, Freunde usw.) mit zu bedenken. Yvonne und Jan schildern zum Beispiel, dass für sie das gemeinsame Fernsehen, weniger ein ausschließliches Fernsehen ist. Vielmehr ist dies eine Situation der Entspannung, in denen das Paar, welches durch zwei kleine Kinder im Alltag stark eingespannt ist, die Zeit nutzt, sich auszutauschen. Die folgenden Auszüge, die jeweils aus den Einzelgesprächen mit beiden Partnern stammen, reflektieren den Tag des Kommunikationstagebuches und schildern das Gespräch während des Fernsehens im Wohnzimmer der gemeinsamen Wohnung:

„(...)
Y: Okay, Wir haben es ja so gemacht, dass wir den Tag begonnen haben, also mitten in der Nacht sozusagen, weil es eben so war, dass der Jan Spätschicht hatte und gegen halb zwölf Uhr nach Hause kam. Und ich auch, nachdem ich schon geschlafen hatte, wieder wach war, sozusagen und damit fing es eigentlich an, dass wir eine halbe, dreiviertel Stunde Fernsehen geschaut haben und sich eigentlich daraus ein Gespräch entwickelt hat, wie es an der Arbeit war oder was halt so anlag, was einem so eingefallen ist.
(...)"

Einzelinterview mit Yvonne

„(...)
Und da ich Nachtschicht hatte beziehungsweise Spätschicht, waren wir also um die Zeit null Uhr frühs noch auf und haben null bis ein Uhr noch Fernsehen geguckt und im Prinzip ein Gespräch geführt. Meistens geht es dann darum, noch mal auszuwerten, was so am Tag passiert ist oder beziehungsweise in der Zeit als wir uns nicht gesehen haben. (1) Ja, wir waren zu Hause, saßen im Prinzip entspannt auf der Couch, ich habe mal hier entspannte Zweisamkeit geschrieben (lacht).
(...)"

Einzelinterview mit Jan

Während bei Jan und Yvonne die im Alltag verknüpfte Nutzung des Fernsehens mit dem partnerschaftlichen Gespräch relativ bewusst reflektiert wird, zeigen die Befunde auch, dass häufig diese Verbindungen von Handlungen direkter und mediatisierter Kommunikation sowie die Rezeption von standardisierten Kommunikaten und die Nutzung interaktiver Technologien nicht so dezidiert wiedergegeben wird. Diese Handlungen sind womöglich derart in die alltäglichen Vorgänge integriert, dass sie von einigen Paaren nicht (mehr) bewusst erlebt werden. Diese Strukturen konnten insbesondere mit Hilfe der Kombination von Tagebuch und Interview erfasst werden. Exemplarisch zeigen die Auszüge der Einzelgespräche mit Rolf und Elisabeth Meyer einerseits wie implizit Medien an einem Abend des Paares eine Rolle spielen und andererseits, dass das partnerschaftliche Gespräch, ob in Form expliziten Austauschs, Small Talks oder dem Familiengespräch mit der Tochter am Telefon, hier ebenfalls fortwährend geschieht:

„(…)
So, dann haben wir gemeinsam Fernsehen geguckt, gemeinsam uns unterhalten, was die Große macht, die hat jetzt Arbeit, einen neuen Job, kein neuen Job, aber neue Arbeit eben innerhalb ihres Jobs und hatte noch nicht angerufen bis Mittwoch und habe ich gesagt, dass sie mal anrufen soll, ne. So, die Große, na, die Große hatte sogar selber angerufen, dann haben wir die Kleine noch, auf jeden Fall hat sie längere Zeit mit der Großen kommuniziert, ich hab nur kurz mit ihr (…) Telefon wird laut gestellt und jeder gibt seinen Senf dazu. So läuft das heut' zutage. (Lachen) Nee, das klappt, das klappt ganz gut. Und wenn's dann um das einfache „Knetschen" sag ich immer geht, „Knetschen" heißt, wenn über alles und nichts geredet wird, dann sag ich, kannst wieder leise stellen. Die nächste halbe Stunde wird dann weiter telefoniert und dann wird gegebenenfalls noch mal ausgetauscht, was dann letztlich an Wichtigem noch war. Das ist dann nicht mehr allzu viel. So. Dann guck ich Fernsehen, sie telefoniert, also das spielt sich im Regelfall hier ab, ja immer. (…) Ich hab dann, gestern war Mittwoch, noch ein bisschen, das sind eigentlich die einzigen Serien, die ich gucke, hier so ne Sciencefiction-Serien, die kommen immer mittwochs. Die guck ich mir an, also zumindest wenn ich mittwochs da bin und sie hat dann noch ein bisschen gelesen. Und als ich dann irgendwann um 12 auf der Couch wieder munter wurde, bin ich auch ins Bett gegangen.
(…)"
Einzelinterview mit Rolf Meyer

„(…)
So, 10 nach 7 war ich dann wieder zu Hause, da haben wir wieder was so kurz war besprochen und erzählt, Tagesthema sind dann trotzdem, außer dem was am Tag war, ‚haben sich die Kinder gemeldet', ‚was gibt's bei den Kindern', über die Eltern gesprochen. Ja, Abendbrot gegessen. Ja wir haben hier, Wohnzimmer, Küche uns aufgehalten. Ach ja, Sandra hat dann noch angerufen gehabt. Wie war denn das? (…) Irgendwas war da, aufgrund des Gespräches mit dem Kind, Kind ist gut, also eine erwachsene Tochter. Das ich die dann angerufen habe. Und dann bin ich

bügeln gegangen. (...) Nachrichten haben wir noch geguckt, das halt zusammen und nach den Nachrichten, viertel neun bin ich dann bügeln. Gestern, genau hab' mein neues Bügeleisen ausprobiert und das war noch Diskussionsthema, halt, wie das so ist (lacht). Und nach den Bügeln, da hab ich keine Uhrzeit hingeschrieben, wann war denn das, ich glaub gegen neun war das, da bin ich dann ins Bad und dann hab ich nur noch gute Nacht gesagt. Irgend so'n kurzen Small Talk. Ja, da hab ich meinem Mann gesagt, der hat irgend so'n, was geguckt, was ich wieder nicht gucke, filmmäßig, irgendwas Action glaube, ‚ach' hab ich gesagt ‚ach, ich geh lieber ins Bett'. Genau Actionfilm muss er geguckt haben. Ja und das war so der gestrige Tag.
(...)"

Einzelinterview mit Elisabeth Meyer

Im Alltag der Meyers entstehen damit ganz einzigartige Medienkommunikationssituationen, in denen nicht nur verschiedene Formen der Interaktion und der Medienkommunikation zwischen ihnen sondern gleichzeitig auch mit den Töchtern, die sich an einem anderen Ort befinden. Die Auszüge verdeutlichen dabei, wie selbstverständliche diese Formen in die feierabendlichen Abläufe integriert sind.

Das Ehepaar Heinze gestaltet seine gemeinsamen Abende und hierbei auch die Gespräche miteinander sehr bewusst und entscheidet sich aktiv für die Rolle der Medien an diesen Abenden. Während am frühen Abend das laufende Programm des Fernsehens geschaut wird und am späten Abend die Aufzeichnung, gehört der Hauptteil dem gemeinsamen Sitzen auf dem Balkon, wobei sie miteinander sprechen, Spiele spielen und Musik hören:

„ (...)
C: Und dann sieht unser Alltag aus, dass wir abends bei Wind und Wetter hier draußen sitzen auf dem Balkon äh und mh ja spielen, also Kniffel, Schach und das dann halt bis nachts um zwölf. Also wir brauchen halt auch beide jetzt nicht so viel Schlaf und das ist halt schön, weil wir dann draußen sitzen und haben halt viel gemeinsam und halt ist auch die Kommunikation da. Und hören Musik natürlich, sie sehen unser CD-Player ist da, und die Box wird dann rausgestellt. (...) Ja und wir brauchen auch wirklich auch diese Zeit für uns und die ist uns auch ganz wichtig. Wahrscheinlich ist auch das, was uns so, so eng aneinander schweißt. (...)
R: Und das Gute ist, man sitzt sich gegenüber, sieht sich ins Gesicht. Man hört gute Musik, wir hören mindestens drei, vier CDs am Abend.
I: Die hören sie auch da draußen?
R: Ja.
C: Ja.
R: Zwar so, dass jetzt nicht unbedingt alle mithören, aber das ist ganz wichtig. Wir sind sehr Musikfans. Und da schafft man halt auch die vielen CDs die man so hat,

trinkt ein Schlückchen Weinchen dazu, spielt, genial. Und besser. Und wie gesagt, vorher und nachher gucken dann wir halt Fernsehen. (...)"

Paarinterview mit Roland & Carola Heinze

Diese Gestaltung der gemeinsamen Abende mit Spielen, Gesprächen und Musik geht mit einen expliziten Definition als Paar einher („wir sind sehr Musikfans", „wir brauchen diese Zeit für uns"). Dieser Ablauf hat dabei durchaus auch rituellen Charakter und Bestandteil dieses Paarrituals sind auch Medien und zwar die mit in den Ablauf explizit einbezogenen Medien (die Musik, die Fotokamera, mit der Roland manchmal den Sonnenuntergang fotografiert), die unbewusst einbezogenen mediatisierten Elemente (als Gesprächsthemen zu Fernsehsendungen, zu Neuigkeiten über Prominente, gesellschaftliche Entwicklungen) und die explizit ausgeschlossenen medialen Formen (das laufende Fernsehprogramm).

Das partnerschaftliche Gespräch in seiner identitätsstiftenden Form ist, so zeigen die Befunde, auch im Kontext der Erzeugung, Sammlung und Rezeption von Fotografien zu sehen. Diese Dokumente stehen für das Festhalten vergangener Momente und damit für vergangene und gemeinsame Erlebnisse des Paares sowie auch für den Lebensweg des Einzelnen. Fotografien dienen den Menschen als Mittel und als Anlass die Vergangenheit und in Relation zu ihr die Gegenwart und Zukunft zu konstruieren und zu reflektieren. Fotos sind für Paare von Bedeutung und über diese hinaus auch für den Familienkreis oder den Freundeskreis. Das Ehepaar Meyer sammelt seit dreißig Jahren Fotos der Familie und insbesondere Herr Meyer hat sich in diesem Kontakt mit digitaler Technik vertraut gemacht. Die Bilder werden gern zu Familienfeiern gezeigt und vor allem im Familienkreis besprochen. In diesen Gesprächen entsteht ein Familiengedächtnis (vgl. Keppler 1994). Darüber hinaus begreift das Ehepaar, wie im Paarinterview deutlich geworden ist, das Dokumentieren der Familiengeschichte durch Fotos als eine gemeinsame Aufgabe, die Bestandteil ihrer Gespräche ihres Alltagshandelns und ihrer Paaridentität ist. Medien spielen hierbei, in Form der digitalen Dokumente, der Endgeräte der Präsentation des Fotos, der Speichermedien der Archivierung usw. eine Rolle. Auch Yvonne und Jan messen Fotografien eine wichtige Rolle in ihrem Alltag zu, wobei insbesondere ihre kleinen Kinder Motiv und Anlass sind, Bilder zu machen, zu archivieren und diese auf einer eigenen Fotowebseite der Familie zu präsentieren:

„ (...)
Und wir haben dann auch ne Internetseite, damit die Verwandtschaft sich im Prinzip unsere Kinder ständig angucken an und sich daran erfreuen und das ist auch gut angekommen muss ich sagen.

Y: Ja, ist gut angekommen.
J: Es guckt doch immer mal wieder jemand und sagt 'ach ihr habt ja wieder aktuelle Bilder drin' und so.
Y: Also, das ist so nach Monaten und ist jetzt auch nach den Kindern getrennt, dass sozusagen für jeden Monat immer aktuelle Bilder sind. (…) Und es wir eigentlich auch genutzt. [Meine Mutter nimmts] mal an der Arbeit oder meine Tante, ne.
J: [Es wir genutzt.] (4) Ja und es ist - ich weiß nicht, also wir haben hier auch das eine oder andere Album, aber so richtig fertig gestellt haben wir das nicht.
Y: Nein.
J: Da hat dann vielleicht die Zeit gefehlt, oder-
Y: Ja, also ich hab schon, also ich kleb auch Bilder ein, aber-
J: Das hat nicht mehr den hohen Stellenwert, wie früher. (…)"
Paarinterview Jan & Yvonne

Dieser Umgang mit Bildern kann als Prozess der Identitätskonstruktion und Präsentation als Elternpaar aufgefasst werden. Zudem beinhaltet diese Art des Medienhandelns ein Moment des „Schenkens", denn die digitalen Aufnahmen der Familie werden als emotional bedeutungsvoll betrachtet und somit ist auch ihr Austausch beziehungsweise das Teilen dieser Fotos bedeutungsvoll (vgl. Döring / Dietmar / Hein / Hellwig 2006; Taylor / Harper 2002). Zu beachten ist auch die Äußerung von Yvonne und Jan, dass für sie das Sammeln digitaler Fotos einen größeren Stellenwert hat als die von stofflichen Fotoalben. Bei den Meyers dagegen werden beiden Formen, digitale Fotos sowie Drucke, Abzüge und Alben gleichwertig und parallel gesammelt.

Zwei der Paare im Sample spielen gemeinsam Computerspiele. Es handelt sich – und dieser Befund verweist auf das verstärkte Aufwachsen der jungen Generationen mit digitalen Medien – um die beiden jüngsten Paare Max und Eva sowie Sebastian und Anja. Bemerkenswert ist hierbei, dass bei allen vier Partnern das Spielen von Computerspielen keine herausragende Rolle im individuellen Medienensemble hat, dass vielmehr explizit das Computerspielen als Paar bedeutsam ist, selbst wenn es nur zu besonderen Gelegenheit stattfinden kann. Während sich Anja und Sebastian gemeinsam eine gebrauchte Konsole für ihre Wohnung gekauft haben, können Eva und Max nur selten miteinander spielen:

„ (…)
Max hat 'ne ganz alte Nintendokonsole, noch von früher, und die hat er in *Studienort*, also, die ham' ja einen Fernseher (…) und da kann man auch die Nintendokonsole anschließen und wenn ich in *Studienort* bin, dann ist es eigentlich Tradition, dass wir, wenn wir da sind, rund um die Uhr Nintendo spielen. So 'n ganz altes Spiel, Killerinstikt heißt es. Er meint auch, dass es ansonsten keiner mit

ihm spielt, außer ich. Es ist auch 'n bisschen brutal, aber irgendwie ist es auch lustig, weil wir uns beide messen können. Wir spielen dann gegeneinander und das ist, da können wir stundenlang vor sitzen. Das machen wir eigentlich immer, wenn wir da sind. (…) Ich spiel das, seit, seit ich ihn kenne. Also, da hat er es halt noch bei seinen Eltern gehabt, da haben wir es noch häufiger natürlich gespielt. Da hab ich's auch gespielt, wenn er irgendwas anderes zu tun hatte, hab ich bei ihm gesessen und das gemacht. Ja, immer wenn wir uns sehen und wenn das da ist, dann spielen wir das. Das gehört dazu (lacht).
(…)"

Einzelinterview mit Eva

Die Begeisterung die Eva hier äußert und die explizite Einordnung, dass bei einem Besuch in Max' WG das Spielen dazu gehört, verdeutlicht auch ein ritualisiertes Handlungsmuster des Spielens mit Max. Auch bei Anja und Sebastian wird eine gewisse Freude an der gemeinsam erworbenen Konsole und dem Spiel mit dieser deutlich:

„(…)
A: Wir haben uns vor kurzem noch ne Nintendo 64 gebraucht gekauft. Weil wir unbedingt, da waren wir uns einig, wir wollten etwas haben, wo wir Super Mario spielen können.
S: Mh.
A: Und die neue Wi ist uns einfach zu teuer, dafür, dass wir einfach nur mal ne halbe Stunde pro Woche spielen und da noch im Bett, bei der Wi muss man ja so aktiv sein.
S: DAS wär ja nicht schlecht.
A: Ja aber (1) [ist halt auch ist ne Kostenfrage.]
S: [Aber es ist halt teuer.]
A:- und da haben wir dann gesagt (1) [wir kaufen uns ne alte.]
S: [Es ist auch ein] bisschen Nostalgie.
A: Ja.
S: -weil wir das früher immer. Vorher hatten wir also noch eine ältere Konsole. Das war dann so MEIN, mein Steckenpferd, was ich früher immer in so einem Laden immer gespielt habe, was ich gern mal wieder haben wollte. Und jetzt ja haben wir diese Nintendo 64.
A: Ich glaub das ging los damit, dass ich mir einen Gameboy gekauft habe.
S: Richtig (Lachen).
A: Ich hab mir irgendwann in *Ort* mal noch einen Gameboy gekauft. Und da haben wir auf dem Gameboy Super Mario gespielt und da haben wir gesagt, wir können uns eigentlich auch ne Super Nintendo kaufen. Und als wir das jetzt alles (....) Nintendo 64.

S: Ja und da wird halt mal ne halbe Stunde Autorennen gegeneinander gespielt.
A: Ja.
S: Mehr aber auch nicht.
(...)"
Paarinterview mit Anja & Sebastian

Trotz der beiderseitigen Begeisterung des Paares für das gemeinsame Konsolespielen offenbaren sich in dem Auszug durchaus auch unterschiedliche Sichtweisen und Präferenzen, etwa hinsichtlich der aktiven Bewegung beim Spielen. Es wird wiederum deutlich, dass diese Unterschiede durchaus Bestandteil eines partnerschaftlichen Medienhandelns und Bestandteil eines kommunikativen Repertoires sind. Die Befunde zur Nutzung von Computerspielen durch junge Paare soll hier einmal ausdrücklich in Zusammenhang mit dem Prozess der Mediatisierung und der mit ihm einhergehenden Effekte auch hinsichtlich einer Segmentierung von Generationen gebracht werden. Friedrich Krotz hat 2001 bereits Computerspiele „als Einstieg der Generation der Kinder in die digitale Kommunikation" (Krotz 2001: 245) bezeichnet und die vorliegenden Befunden können als biografischen „Anschluss" dessen interpretiert werden: Computerspiele sind heute auch für die Kommunikation in Paarbeziehung sowie eine Konstruktion von individueller und partnerschaftlicher Identität bedeutungsvoll. Wenn Sebastian hinsichtlich eines älteren Modells einer Konsole von „Nostalgie" spricht, unterstreicht dies einmal mehr, die Normalität die die Medientechnologien für diese jungen Partner haben. Betrachtet man die oben aufgeführten Auszüge mit Bezug zu der Idee des vorreflexiven Gesprächs als Basis der Konstitution von Beziehungsidentität (Berger / Kellner 1965) kann auch die These formuliert werden, dass das fortwährende Integrieren mediatisierter Formen des Handelns, wie gemeinsamen Computerspielen, als Bestandteil des kommunikativen Repertoires von Paaren einen Anteil der Konstruktion von Paaridentität und darüber hinaus auch an der Konstruktion von Wirklichkeit in einer mediatisierten Welt hat.

Für Paare, die langfristig mit einer räumlichen Trennung leben, so zeigte sich in der Analyse deutlich, bieten mediale Formen, wenn die Partner sie aktiv und kreativ nutzen, die Möglichkeit in einen fortwährenden kommunikativen Austausch zu treten. Diese ermöglicht den Partnern als Paar in dem Sinne zusammenzuleben, dass man sich über den Alltag austauscht und ihn dadurch teilt. Folgender Auszug aus dem Paarinterview mit Christian und Anna sowie aus dem Einzelgespräch mit Anna verdeutlichen sogar, dass das mediatisierte Gespräch, hier das abendliche Telefonat an Wochentagen, Funktionen des persönlichen Gesprächs von Angesicht zu Angesicht am Wochenende übernimmt, das also hier der Schwerpunkt des Austausches zwischen den Partnern liegt:

„(...)
A: Es ist auch heute immer noch eigentlich auch beim Telefonieren in der Woche.
C: Ja klar, die wichtigen Dinge werden schon besprochen und das was einen so am Tag bewegt, hat wird irgendwie versucht dem anderen, den ein Stück teilhaben zu lassen.
A: Genau, das man einfach mal weiß, was man gemacht hat [oder was hat der andere gemacht, ALSO nicht] um Kontrolle zu haben, was macht er eigentlich dort, ist wirklich nur, um mit ihm zu fühlen und ne und [mit ihm das zu erleben], er denkt immer noch an mich und nicht [nur in meine Richtung]
C: [(...) achten ‚Is nicht so wichtig, reg dich nicht auf'](10) [Genau, genau] (6) [oder einfach dieses ‚Is doch nicht] so schlimm' zu hören, das reicht schon.
A: Genau, genau also beruhigend-
C: Auch wenn sie's nicht richtig einschätzen kann, ich hols mit trotzdem ab ja.
A: Oder ich ruf manchmal an und sag einfach 'Sag mir doch irgendwas, dass es mir wieder gut geht'
C: Genau.
A: Ne, is so, weil früher war er ja zu Hause und dann hat er in Arm genommen und dann hat er gesagt 'is doch alles nicht so schlimm, dann machen wir das so und so' ne und-
C: Na, das geht jetzt nicht mehr, das müssen wir alles jetzt anders machen.
A: Ja und am Wochenende, es wird ja dann alles, ne, das was er jetzt am Telefon zwar gesagt hat, das wird ja dann am Wochenende trotzdem noch ‚boa hast du guten Umsatz gemacht' oder ‚ach ärger dich doch nicht' oder ‚ist vielleicht dumm gelaufen, aber das kriegen wie schon hin' oder ‚das wird schon wieder'.
C: Aber dann nur noch ganz kurz.
A: Ja, ja, also wir vertiefen uns dann nicht mehr.
C: Ne ne, nur noch ganz kurz noch mal im Grunde genommen, dann am Wochenende noch mal kurz reflektiert, wie das war oder so (1) aber nicht mehr lange drüber gesprochen, also wirklich das Wochenende möglichst frei halten davon.
(...)"

Paarinterview mit Anna & Christian

„(...)
Also, wenn wir das Telefon nicht hätten, dann hätten wir am Wochenende, wenn er nach Hause kommt, so 'nen Berg zu erzählen. Da verplappert ma ein ganzen Abend lang. Und da hat man ja nicht viel voneinander im Sinne von zusammensitzen und kuscheln. Einfach mal für sich Zeit haben, da hätten wir uns hinsetzen müssen und reden und reden und reden und dafür ist der Abend zu schade, einfach nur, um die ganze Woche abzuarbeiten. Deswegen ist es schon gut, dass man jeden Abend miteinander ein bisschen telefoniert und so den Tagesablauf, den Kummer oder die Freude eben mitteilt mit einem. Ja, ist doch schon besser, dass man Telefon hat, also die Möglichkeit miteinander zu schreiben. Das ist schon positiv.
(...)"

Einzelinterview mit Anna

Der Fall von Anna und Christian zeigt, wenn sich die bereits dargestellte Kommunikation per Telefon und Messenger (siehe auch Kapitel 8.4) vergegenwärtigt wird, dass von einer Intensivierung des alltäglichen Austauschs durch Medienkommunikation gesprochen werden kann. Die nomosbildenden Elemente im Alltag dieses Paares sind nicht auf eine spezifische Form oder Art der Kommunikation zu begrenzen. Vielmehr wird deutlich sind es die kommunikativen Repertoires, so wie sie Paare fortwährend aushandeln, gestalten und ausüben, die nomosbildenden Charakter innehaben. Diese kommunikativen Repertoires beinhalten dabei vielfältige Momente der Mediatisierung kommunikativen Handelns, die Paare kreativ nutzen können, wie eine von Max und Eva beschriebene Alltagssituation zeigt. Das Beispiel beinhaltet erneut das mediatisierte Gespräch zwischen Partnern sowie die parallele jedoch getrennte Nutzung des Internets, um sich über einen aktuellen Musiksong beziehungsweise ein Musikvideo auszutauschen:

> „(...)
> M: Musik, weiß ich gar nicht. Lieblingslied voll wichtig aber auch Kommunikation darüber ist schwer, also ein Lied verschicken würde auch gehen.
> E: Haben wir auch schon gemacht.
> M: Puh aber auch hey am Telefon, ‚ich hör gerad' so und so, ‚ah kenn ich nicht'. (Lachen) Dann wird lauter gemacht und dann hört man so ein Rauschen, ‚mh kenn ich immer noch nicht' und dann, genau dann kommt You-Tube. Dann geht auf You-Tube und guckt sich das Video dazu an.
> (...)"
> Paarinterview mit Max & Eva

Die Mediatisierung der kommunikativen Repertoires von Paaren lässt sich aber nicht nur im Sinne einer Gleichzeitigkeit verschiedener medialer Formen beobachten. Auch die Verknüpfung von kommunikativen Formen des Alltags wird offensichtlich. Der folgende Auszug verdeutlicht dies für das Ehepaar Ramona und Stefan und lässt nachvollziehen, wie sich Themen über das partnerschaftliche Gespräch, das Lesen von Büchern und das Suchen im Internet durch den Alltag des Paares zieht. Während im ersten Auszug die Gespräche und der Bezug zu Büchern hergestellt wird – beide Partner berichteten, sehr häufig Sachliteratur zu lesen – offenbart der zweite Auszug, dass es Stefan ist, der Information zu Themen des Interesses auch im Internet recherchiert. Es wird zudem deutlich, dass auch die Art der Verknüpfung medialer Formen Gegenstand der Aushandlung sind und dass in diesem Fall das Paar hinsichtlich des Internets unterschiedliche Positionen hat. Nicht desto trotz bringt Stefan das Medium Internet indirekt mit in das kommunikative Repertoire des Paares ein - etwa wenn er für beide Informationen sucht, Urlaubsziele recherchiert und bucht oder E-Mail-

Kontakte pflegt. Über die miteinander verknüpften Themen des kommunikativen Repertoires von Paaren ist zu sagen, dass auch neue mediatisierte Formen in die Beziehung herein getragen werden, wobei die hierbei möglicherweise entstehenden Diskurse und Differenzen wichtiger Bestandteil der Aushandlung des gemeinsamen Repertoires sind:

„(…)
S: Ach so, wegen den anderen Themen und Reden, ich bin ja nicht dazu gekommen (Lachen). Wir unterhalten uns noch über die Dinge, wenn sie jetzt irgendwas liest in ihren Fachbüchern erzählt sie mir das. Und wenn ich irgendwas weiß, über irgendwelche Dinge aus der Geschichte und was irgendwo wie ist, dann erzähl ich ihr das, also solche Gespräche führen wir auch in gewisser Weise. (…) Wenn jemand gerade in irgend nem Buch irgendwas bestimmtest findet, was weiß ich, über die Christen und Moslems, dass das eigentlich früher ganz gut ging und jetzt wird es ja geschürt, dass es nicht geht. Solche Dinge, über so was unterhalten wir uns auch.
R: Auch. (…) manchmal abends, wenn die Kinder schlafen oder [oder wenn wir im Bett nebeneinander liegen.]
S: [Na wenn man irgendwelche Dinge,] die man dann findet, die interessant sind oder die man wissen sollte. Also, was man denkt, was der andere wissen sollte, sagen wir mal so.
R: Ab und zu gehen wir auch mal zusammen Essen ohne die Kinder. Da nehmen wir das Handy mit und fahren nach *Ort*. Ist ja nicht weit. Und da machen sie es sich auch mal alleine gemütlich so zwei Stunden. Und da reden wir auch über solche Sachen.
(…)"
Paarinterview Ramona & Stefan

„(…)
R: Ich brauch diese technischen Spielereien nicht, außer das, was mir wirklich irgendwo von Nutzen ist. Und deswegen ich beschäftige mich auch nicht mehr damit als ich es irgendwo muss. Ich meine, ich könnte auch sagen, ich chatte hier ewig im Internet und guck da und sonst was. Aber mir gibt das Lesen mehr.
I: Jetzt mal rein [interessehalber-]
S: [Da kannst du aber auch lesen] im Internet.
R: Ist ja für mich aber nicht das Gleiche. Weil es sind rundherum so viele Informationen, mit denen man bombardiert wird.
S: Nein.
R: Ist aber so.
S: Also, wenn du jetzt ein spezielles Thema hast, dann kannst du es im Internet nachlesen.
R: Das kann man ja auch mal rein informativ, ich weiß schon, was du meinst, aber trotzdem wird man ja immer wieder von diesen anderen Dingen abgelenkt.

S: Ja, sicher kommt dann immer mal ne Werbung. Dafür ist es ja kostenlos am Ende die Seite.
R: Ja, aber so seh ich das dann eben wieder nicht. Genau das ist es ja. Und ich vertief mich lieber richtig rein in das Thema.
S: (seufzt) Na ja.
(...)"

Paarinterview Ramona & Stefan

Am Ende des ersten Auszuges aus dem Paarinterview mit Stefan und Ramona erzählen beide, dass sie ihre Gespräche auch bei gemeinsamen Abendessen führen, zu denen sie, nicht zuletzt weil ihre Kinder älter werden und sie nicht immer um sich brauchen, auch in Restaurants auswärts fahren. Im gleichen Atemzug wird wiederum das Handy erwähnt, welches sie zu diesen Gelegenheiten immer mitnehmen und welches einen Kontakt zum Nachwuchs jederzeit ermöglichen könnte. Mobile Medien tragen in dem Sinne zur Ermöglichung des partnerschaftlichen Gesprächs bei, so dass diese Kommunikationsmedien und die Art wie sie in die kommunikativen Repertoires von Paaren einfließen, die Möglichkeiten der Aushandlung von Distanz und Nähe erweitern können. Das Beispiel zeigt dabei, dass sich dies nicht nur auf die Aushandlung der Distanz und Nähe zwischen den beiden Partnern bezieht, sondern auch auf die Aushandlung der Distanz und Nähe als Paar gegenüber anderen Beziehungen, in diesem Fall der zu den größer werdenden Kindern. Kommunikationsmedien ermöglichen Partnern innerhalb der Strukturen eines Familienbeziehungsnetzes somit auch einen Raum für das partnerschaftliche Gespräch unter sich zu führen.

9.2 Gemeinsamkeiten und Unterschiede

Es wurde gezeigt, dass Kommunikation und Medien in Paarbeziehungen Gegenstand der Aushandlung von Nutzungspraktiken, Regeln, Einstellungen und Bewertungen sind. Dabei sind zwischen Partnern sowohl Übereinstimmungen, also gemeinsame, geteilte Nutzungspraktiken möglich als auch Divergenzen, das heißt widersprüchliche, unterschiedliche Nutzungspraktiken, Einstellungen oder Bewertungen. Die Befunde zeigen, dass Übereinstimmungen sowie Divergenzen von einem oder beiden Partnern akzeptiert und als Bestandteil einer Aushandlung von beziehungsbezogenen Regeln betrachtet werden können, die auch eine Definition von Kompetenzen und Rollenaspekten in der Beziehung und damit auch Raum für Unterschiede beinhaltet. Es werden hierbei idiosynkratischen Handlungsweisen der Partner in einem spezifischen Bereich angesprochen, die auf individuellen Kompetenzen oder Vorlieben basieren und somit als idiosynkratische Seite der Rollen in Paarbeziehungen verstanden werden können. Mit Divergenzen oder einer einseitigen Weiterentwicklung von Nutzungspraktiken, Regeln, Einstellungen und Bewertungen von Medien und von Medienkommunikation ergeben sich zudem Reibungspunkte, die als Beziehungsthema Bestandteil (längerfristiger) dynamischer Aushandlungsprozesse sein können. Es wurden etwa divergierende Ansätze der Partner bezüglich der Häufigkeit und Qualität mediatisierter Kontakte, bezüglich der Vorlieben von Kommunikaten, bezüglich der kommunikativen Formen, wie der spezifische Ausdruck von Humor oder auch bezüglich der Einstellungen zu (Medien-)Technik gefunden. Der folgende Dialog eines Paares, der den Umgang mit dem Computer und seinen Anwendungen sowie die Kenntnisse zu Mobilfunkverträgen thematisiert, verdeutlicht dieses Moment der Rollenverhandlung. Die direkte Zuweisung von Eigenschaften sowie das lachende Bezugnehmen auf die unterschiedlichen Herangehensweisen wird als Anzeichen einer Akzeptanz dieser Differenzen interpretiert. Zu Beginn des Auszugs wird der Computer zunächst als Gegenstand gegenseitiger Unterstützung aufgeführt:

„(…)
N: Oder Rechner, mal draufschauen, was neu installieren und mal durchgucken.
(…)
A: Da denke ich bist du schon -
N: Also, sagen wir mal, was den Rechner angeht, denke ich, da bin ich schon tiefer drin, weil ich wirklich den ganzen Tag – Also, ich komm frühs an den Rechner und dann steh ich abends auf und geh nach Hause.
A: Also, ich bin der Nutzer. Ich kann es nutzen, ich verstehe es halbwegs. Aber alles, was sich hinter dem Bildschirm vollzieht, entzieht sich meiner Kenntnis. (1) Und ansonsten, bei Handys fängt das schon an (1) Vertragsverlängerung von ihm und ich weiß nicht was ich für ein Handy hatte – aber uralt - ja so Kleinigkeiten, was man damit machen kann, das ist für mich schön und gut, aber ich steig da nicht durch.
N: Ja, das ist sicher auch eine Interessensfrage, also, ich les dann halt die Bedienungsanleitung durch [lachend] und andere Leute machen das halt nicht.
A: Ich probiere es aus und es (1) funktioniert trotzdem.
N: Ja.
(…)"

Paarinterview Niklas und Annika

Unterschiedliche Positionen der Partner bedeuteten dabei nicht automatisch, dass dies mit Konflikten einhergeht. Meist schildern die Paare beziehungsweise die Partner wie es in Aushandlungen zu Kompromissen kommt. Auch hier ist die paarspezifische Dynamik der Prozesse zu bedenken. Das dynamisch-funktionale Handeln in kommunikativen Repertoires beinhaltet damit erfolgreiche Regulierungsprozesse. Diese Seiten von Rollenzuschreibungen, also die

Zuweisung von idiosynkratisch zugeschriebene Kompetenzen, Vorlieben oder Eigenarten, kann dabei sogar zu einem Aspekt der Paaridentität werden. Auch wird insbesondere im oben aufgeführten Auszug deutlich, dass eine Ungleichheit zwischen den Partnern hinsichtlich des Umgangs mit Medien, hier konkret das Interesse und Know-How bezüglich Computertechnik, zur Hilfestellung zwischen Partnern in Paarbeziehungen führen, wobei die divergierenden Fähigkeiten auch als Voraussetzung für solche Prozesse sozialer Unterstützung gesehen werden können. Der Mediatisierungsprozess lässt sich auf dieser Ebene als Erweiterung partnerschaftlicher Handlungsfelder begreifen. Medienhandeln stellt einen Lebensbereich dar, indem Paare diese Aushandlung von Rollenaspekten und auch von Paaridentität vollziehen. Diese Idee weißt damit auch auf eine Erweiterung des Konzepts der mentalen Herstellung von Beziehung (Duck / Pittman 1994) hin und offenbart, dass basierend auf einer bestehenden Beziehungsidentität nicht mehr nur Gemeinsamkeiten Bestandteil einer Herstellung von Paarrepräsentation sind, sondern auch Unterschiede zwischen den Partnern zum Bestandteil von Paaridentität werden können. Da diese divergenten Handlungen, Vorlieben oder Positionen als Rollen in der Beziehung etabliert werden können, sind sie auch im Kontext der Aushandlung von Identität und Individualität in einer Paarbeziehung von Bedeutung (Beck / Beck-Gernsheim 2005; Giddens 1993; Lenz 2006).

Hinsichtlich des Gebrauchs von Medien im partnerschaftlichen kommunikativen Repertoire findet sich bei fast allen Paaren mehr oder weniger deutlich eine Art von Rollenzuweisungen. Dabei muss aber mit bedacht werden, dass diese Differenzen immer Bereichen gegenüber stehen, in denen Paare ihre Gemeinsamkeiten und gleiches Handeln, gleiche Einstellungen und gemeinsame Eigenheiten reflektieren. Beispielhaft sollen zwei Paare aufgeführt werden: Bei Roland und Carola etwa übernimmt Roland das Aufzeichnen der Fernsehsendungen und ist zuständig für die Auswahl der Musik, die das Paar an seinen Abenden gemeinsam hört. Carola ist demgegenüber stehend diejenige in der Beziehung, die alles rund um das Internet erledigt, wie zum Beispiel das Online-Banking. Bei Robert und Tanja bestehen Rollen in Bezug auf Medienkommunikation in dem Sinne, dass Robert derjenige ist, der aktiv fotografiert, wobei seine Frau Tanja hieran durchaus teil hat und die Fotos zum Beispiel von gemeinsamen Reisen als Abzüge sammelt. Im humorvoll geführten Diskurs über den Umgang mit dem Fotomaterial zeigen sich die unterschiedlichen Rollenzuweisungen:

„(...)
T: Also, ich fotografiere ganz, ganz wenig und so, wenn wir in Urlaub fahren, dann nimmt der Robert ne Kamera mit. Und da ist dann immer so die Diskussion, er will lieber Dias machen, weil es sagt, er will's den Freunden zeigen, und ich sag, mach

lieber Fotos, weil die haste dann, da kannste auch mal was verschicken, und die kannste auch scannen und über den Beamer zeigen, das ist eigentlich immer so die Diskussion.
R: Aber da ich Besitzer beider Kameras bin, und ich mir jetzt auch bald ne Spiegelreflex, ne digitale kaufe, hat da Tanja nicht so viel, würde, wünscht sie sich Einfluss darauf zu haben, hat sie aber nicht (Lachen)
(...)"

                              Paarinterview mit Robert & Tanja

Tanja wiederum wird von Robert als „Schreiberin" bezeichnet, denn sie ist bei der Kommunikation zwischen beiden die Aktivere, was geschriebene Botschaften angeht:

„(...)
R: Ja, jo. Aber wie schon gesagt, also ich bin auch froh, wenn ich dann einfach mal nichts schreiben muss, irgendwie da ist dann, weil du den ganzen Tag schreibst entweder E-Mails oder Briefe oder was weiß ich und dann, ach Tanja, die ist nun mal so ne Schreiberin. Ich bin da eher.
(...)"

                              Paarinterview mit Robert & Tanja

Die Ergebnisse zeigen weiterhin, dass Paare, wenn im Gespräch Unterschiede hinsichtlich des Gebrauchs von Medien offen gelegt werden, verbindende und wiederum Gemeinsamkeiten Aspekte diesbezüglich zu betonen, wie der folgende Auszug aus dem Gespräch mit Yvonne und Jan verdeutlicht:

„(...)
Y: Ansonsten, klar, versuchen wir auch mal, dass wir mal Musik für uns hören.
J: Ja, wobei, da muss man sagen, dass ich mich da überhaupt nicht so, so auskenne, also ich-
Y: Aber du hast auch manchmal-
J: -ich kenne zum Beispiel Grönemeyer, den ich ganz gut finde (lacht auf).
Y: Genau.
J: Und äh, ansonsten äh
Y: Überlässt du das eigentlich mehr mir.
J: Ja.
Y: Ne, also, du hörst es dann gerne, aber es ist dir egal, wer das jetzt ist.
J: Ja, und ich kann auch nicht sagen, wenn mich jemand fragt, was hörst du denn gerne, das fällt mir unheimlich schwer das einzuschätzen. Weil das ist so ein weites Spektrum auch.
Y: Mh, ja, das stimmt.
J: So wie Portishead und so weiter und [dann Grönemeyer-]

> Y: [Das sind halt] auch Musik, die uns verbindet also [Portishead das ist so] so ne. Das ist auch so ne CD, wenn man das Lied hört, dann erinnert man sich wieder an-
> J: [Ja, auf jeden Fall.] (4) - an unser gemeinsames Auto damals.
> Y: Genau.
> J: Das stimmt ja [und auf der anderen Seite-]
> Y: [Das ist Musik, die einen] verbindet.
> (...)"
>
> Paarinterview mit Jan & Yvonne

Während Jan zunächst fest hält, dass was Musik im Alltag des Paares betrifft seine Frau aktiver sei und auch mehr Wissen habe, lenkt diese wiederum ein („aber du hast auch manchmal...") und stellt wiederum Konsistenz zwischen ihren beiden Verhaltensweisen her. Dem folgt die Zustimmung durch Jan („ja, das stimmt") und schließlich die Betonung des Verbindenden hinsichtlich der kommunikativen Form Musiknutzung im partnerschaftlichen Repertoire. Im Einzelgespräch äußert Jan dann wiederum, dass er Musik eigentlich nur hört „immer wenn ich Auto fahre, auf jeden Fall. Ansonsten, meine Frau legt gerne mal 'ne CD ein oder so, da bin ich eher nicht so." und ordnet dabei seine individuelle Reflektion seines Verhaltens und gegenüber dem seiner Frau ein. Max und Eva erzählen im Paargespräch davon, dass sie ihre persönlichen Eigenheiten und Charakteristika in ihrem Gebrauch von Medien gespiegelt sehen:

> „ (...)
> E: Na, wie wir gerade schon angesprochen haben auf jeden Fall hab ich die Rolle der, des Planers, die hab ich mir auch selber angezogen und da hat auch Max so -
> M: Ja, aber die ist auch wichtig für dich.
> E: Ja. [ja das ist das ist auch charakterlich bei mir.]
> M: [Also, ich glaub, das würde sonst nicht funktionieren.]
> E: Ich brauch einfach Struktur. Und bin immer bemüht auch Strukturen in unsere Beziehung beziehungsweise in unsere Abläufe zu bringen, wenn wir beieinander sind also (1) ha deswegen war das auch so mit dem Telefonieren zu Beginn.
> I: (...) wie spiegelt sich das in der Kommunikation wieder?
> M: Total also [musste ich mir auch viel antrainieren]
> E: [Da hab ich aber in letzter Zeit auch nachgelassen]
> M: Ja, also, es hat sich bedingt einfach, ich musste lernen damit umzugehen -
> E: Mh und ich musste auch ein Stück loslassen so. (...)
> M: Ja, Mediennutzung weiß ich gar nicht, aber ich würd sagen, dass ich mich mehr mich damit auseinander setzen muss zwangsläufig durchs Studium und dass, wenn wir hier sind, versuch ich das weiterzugeben, was oft so nicht funktioniert. Klar, kann man Skype, das ist ganz einfach, aber wenns um Programme oder Arbeitsmethoden geht, dann ist halt Schwachsinn, ähm, pff. Handyverträge bin ich auch nicht up-to-date. Wenn ich was brauche, informiere ich. Ansonsten geht mit das alles (1)

ist mir total egal (1) und so rein menschlich gesehen, ja welche Rolle übernehm ich, also ich bin definitiv das Chaos hier (Lachen).
(...)"

Paarinterview mit Max & Eva

Während beide Partner sich über die Verteilung der Rollen „das Chaos" für Max und „des Planer" für Eva einig sind, werden gleichzeitig wiederum die Strukturen der Aushandlung zwischen den Beiden und sozusagen den „beiden Prinzipien" ihrer Kommunikation deutlich. Indem nämlich Max äußert, dass er sich viel antrainieren musste, und Eva zugesteht, in letzter Zeit nachgelassen zu haben, wird der Kompromiss zwischen beiden Partnern deutlich. Dieser Kompromiss, aus den sich gegenüberstehenden und miteinander verhandelnden Eigenheiten der Partner, der sich auch in der Medienkommunikation widerspiegelt, geht in die gemeinsame Konstruktion einer Paaridentität ein und ist gleichzeitig auch Gegenstand der individuellen Identitätskonstruktion. Medien spielen in diesen Konstruktionsprozessen teilweise auch eine ganz zentrale Bedeutung, wie der folgende Auszug zeigt, indem Yvonne und Jan den Gebrauch des Internets in ihrem Alltag beschreiben:

„ (...)
Y: Internet täglich, ja. Also, wir haben (1) du hast es durch die Arbeit täglich und ansonsten, da du Informatiker bist, ist der Rechner ja für ihn sowieso-
J: Ja, das ist Hobby zum Beruf gemacht also-
Y: -und das ist bei uns auch ganz normal, dass der Rechner läuft, also unsere Tochter, äh die- (...) sie sieht dann auch schon, also das geht dann doch früh los. Man sagt ja immer, die Kinder spielen so früh Computer, aber man merkt dann selber, wie schnell das lost geht, sie sieht dann auch was Buntes.
J: Ja.
Y: Und dann möchte sie das sehen. Das ist jetzt nicht, das sind fünf Minuten, aber-
J: Man muss auch sagen, das ist auch, wenn man das in gewissen Bahnen in gewissen [Grenzen hält] ist das auch nicht gefährlich. Das ist einfach ein Medium, was unsere Eltern noch gar nicht kannten, die sehen das also sonst wie gefährlich. aber dabei-
Y: [Weil wir sind ja dabei.] (3) Für uns gehört ja dazu.
J: Für uns gehört es ja dazu, wir sind da ganz firm drinne. Also auch beide, also auch sie kommt da auch alles klar, das was ja nicht so sehr - selbstverständlich ist meistens.
(...)".

Paarinterview mit Jan & Yvonne

Die Einschätzungen zum Gebrauch und der Bedeutung des Internets lassen eine gemeinsame partnerschaftliche Sicht auf dieses Medium erkennen. Dabei gibt es implizit sowohl den Raum für Unterschiede zwischen den Partner (Jans Expertenstatus durch seinen Beruf) und gleichzeitig werden Gemeinsamkeiten betont (beide haben Kompetenz). Hierbei wird zudem deutlich, dass partnerschaftliche kommunikative Repertoires über das Paar hinaus bedeutsam werden und Basis sowohl eines Selbstverständnis von Medienkompetenz als Bestandteil einer Paaridentität sowie Familienidentität sind. Es erfolgt indirekt auch eine Abgrenzung zu anderen Paaren („das was ja nicht so sehr - selbstverständlich ist meistens"). Diese Befunde können im Kontext der durch die Prozesse der Mediatisierung und Individualisierung beschriebenen Entwicklungen interpretiert werden, und zeigen, dass Medien und Medienhandeln in unserer Gesellschaft eine zunehmende Bedeutung auch für die Entwicklung von Identitäten – hier wurde dies insbesondere für Beziehungsidentitäten verdeutlicht – und für die Stiftung von Sinn inne haben (vgl. Krotz 2001: 245ff.).

9.3 Rituelles Handeln als Bestandteil kommunikativer Repertoires von Paaren

Wie bereits in Kapitel 3.3 aus theoretischer Sicht und implizit in allen vorangegangenen Ergebniskapiteln dargelegt wurde, ist eine ritualtheoretische Sicht bei der Analyse der Kommunikation in Paarbeziehungen hilfreich. Die Befunde zeigen, dass sich bei allen Paaren rituelle Momente beim Medienhandeln finden lassen. Diese äußern sich zum Beispiel durch bedeutungsvolle Anlässe der Kommunikation (Guten-Morgen-SMS bei Anja & Sebastian), durch fortwährend ausgeführte sprachliche Formen („ich liebe dich" auf allen schriftlichen Botschaften bei Yvonne & Jan) oder in der Transformation eines „leeren Rituals" oder „Anti-Rituals" (Wiederbelebung des Telefonats durch selteneres telefonieren bei Max und Eva) äußert. Medienhandeln ist ein impliziter Bestandteil der rituellen Ordnung in Paarbeziehungen und ist für Prozesse der (gemeinsamen) Definition und Konstruktion von Vergangenheit, der Erinnerung von (gemeinsam) Erlebtem (z.B. Fotos bei Familienfeiern von Familie Meyer) und deren Kommunikation als rituelles Element des Wiedererzählens bedeutsam. Diese Prozesse haben dabei nichts mit Nostalgie zu tun, sie begleiten Paare von der Entstehung ihrer Beziehung an. Rituelles Handeln ist in diesem Sinne auch fortwährendes Element der Aushandlung kommunikativer Repertoires. So ist es durchaus bemerkenswert, wenn Niklas, dessen Beziehung zu Annika die jüngste im Sample ist, auf die Frage, seit wann sie denn ein Paar wären, antworten „Ich brauchte ja nur mal aufs Foto gucken.". An den gemeinsamen Ausflug, den beide als „entscheidenden Moment" für den Beginn ihrer Beziehung sehen, erinnern sie sich natürlich, aber der genaue Marker dessen, stellt für sie das mit der Digitalkamera aufgenommne Foto von ihnen als Paar dar. In den Metadaten der Fotodatei ist zudem das genaue Entstehungsdatum gespeichert.

Das Aufbewahren von Briefen, Karten, beschriebenen Zetteln und Fotografien (vgl. auch Dietmar 2005; Döring / Dietmar 2003) ist nur eine Art mediale Beziehungssymbole zu pflegen. Unabhängig von einer stofflichen Existenz ist es letztlich die Art und Weise, wie Paare diese Symbole in ihrem kommunikativen Repertoire einbinden und sie in ihrem rituellen Beziehungshandeln bestätigen, die ihre Wirkung ausmacht. Mediatisierte Beziehungssymbole lassen sich bei allen Paaren finden. Die folgende Auflistung ist exemplarisch und soll die Vielgestaltigkeit dieser Symbole verdeutlichen:

- „Pärchen-CD": Niklas & Annika
- Familienfotosammlung: Elisabeth & Rolf Meyer
- Einander gesandte Briefe: Tanja & Robert
- Webseite mit Familienfotos: Yvonne & Jan
- Gemeinsam gekaufte Nintendo-Konsole: Sebastian & Anja
- Postkarten von weiten Reisen: Tobias & Andrea
- Karten an Pinnwand: Rolf & Carola
- James-Bond-DVD-Sammlung: Anna & Christian
- Sachbücher: Ramona & Stefan
- Altes Computerspiel: Max & Eva

Auf der Ebene der sprachlichen Formen, die Paare miteinander entwickeln und ritualisiert ausüben, kann ebenfalls eine Mediatisierung nachvollzogen werden. So zeigte sich, dass Paare sprachliche Elemente aus Filmen oder Serien entlehnen, und kreativ in die dem Paar eigene Mundart einbinden. Christian und Anna erzählen:

> „(...)
> A: Also wenn wir Filme geguckt haben und da haben wir bei drüber gelacht, [das haben wir uns] dann auch gemerkt und dann, ne-
> C: [Die Passage kommt dann wieder,] die Passage kommt dann wieder.
> A: Irgendwann, ja.
> (...)"
> Paarinterview mit Anna & Christian

Ähnliches beschreiben Annika und Niklas, die speziell auf ihre Lieblingsfernsehserien, wie „Die Simpsons" oder „Coupling", verweisen, deren Pointen sie im Alltag miteinander zitieren. Annika sagt über sich und Niklas gar: „also wir sind so ein bisschen Phrasenschweine". Die Bedeutung dieser sprachlichen Ebene und der Einbindung medialer Formen bei der Schaffung einer Paarsprache ist auch darin zu sehen, dass diese Form des Handelns, die für die Paare selbst nicht vordergründig als medienbezogenes Handeln reflektiert wird. Eine Paarsprache entsteht aber auch hinsichtlich der spezifischen Nutzungsmöglichkeiten eines Mediums (z.B. Emoticons digitale schriftliche Kommunikation) wird aber zwischen den Partner einmalig symbolisch belegt. Gleichzeitig gibt es sprachliche Elemente, die völlig unabgängig von einen Medium sind und innerhalb des kommunikativen Repertoires als eigene Form etabliert werden. Folgende Aussagen von Niklas verdeutlichen exemplarisch beide Aspekte, die Nutzung von Emoticons beim Online-Messenger – oder wie er es nennt „das Garnieren von Nachrichten mit Smileys" – und die von ihm und Annika etablierte „Persiflierung von Kosenamen" als eigene kommunikative Form:

„ (…)
N: Ja gut, ich denke, dieses Garnieren der Nachrichten mit diesen Smileys, mit diesen Smileys, das, das drückt dann immer so etwas Gefühlsregung aus. Zum Beispiel gibt es ja nicht nur Smileys, die sich freuen oder die sich küssen, sondern dann gibt es auch welche, die traurig aussehen oder die weinen und so weiter. Und wenn man dann sagt, kommst du so spät, dann kommt dann halt so ein Smiley. So wird das dann eben ausgedrückt, dass man da nicht so begeistert davon ist.
(…)"

Paarinterview mit Annika & Niklas

„ (…)
N: Ja, im ICQ eben die, die Smileys, die Verwendung. Oder dass man, wenn man den andern quasi anspricht, dass man dann (lachend) Kose-Kosenamen verwendet. Was ich ja schon mal gesagt hatte, was eigentlich daraus entstanden ist, dass wir das eigentlich nicht so toll finden. Aber wenn man das Ganze ein bisschen durch den Kakao zieht und dann immer kreativ ist in der Schöpfung neuer Kosenamen, dass das dann irgendwie total drin ist, dass man die automatisch verwendet, obwohl man das eigentlich gar nicht so doll findet. Aber (2) dann geht's halt, was sag ich dann immer ‚Hallo Schnorps' oder irgend so was. Das ist total dämlich, das würde ich sonst niemals sagen, außer jetzt hier, aber. Diese Benutzung von Kosenamen ist relativ, so Standard.
I: Das ist dann nur unter vier Augen oder vier Ohren?
N: Ja, ja. Oder halt vor Leuten, die man gut kennt und die dann auch wissen, dass das nur Blödsinn ist. (…) Man will sich ja nicht lächerlich machen.
(…)"

Einzelinterview mit Niklas

Die Äußerungen von Niklas zeigen zudem, dass der Gebrauch einer gemeinsam kreierten Paarsprache ein intimes Moment sein kann, eben weil es nur für die beiden Partner bestimmt ist. Paare etablieren hier Formen, die sie nur als Paar ausüben und damit auch eine Abgrenzung nach außen vollziehen. Dieser Moment des ritualisierten partnerschaftlichen Handelns, der entscheidend auch mit der Konstruktion von Paaridentität zusammenhängt, wird auch in folgendem Auszug aus dem Interview mit Yvonne und Jan deutlich. Die Partner vollziehen gemeinsam nach, welche Bedeutung Humor im Alltag miteinander hat. Es wird dabei deutlich, dass eine besondere Vertrautheit, die mit dem Gebrauch dieser kommunikativen Formen einhergeht, ein entscheidendes Element ist:

„ (...)
Y: Na doch, eigentlich kann man sagen, dass der Humor uns ja auch verbindet und dass da immer mal ein blöder Spruch kommt und [das auch] ja jeden Tag. Und das ist eigentlich schon [was jeden] Tag kommt, also dass entweder ein blöder Spruch von ihm kommt, wo ich dann entweder drüber lache oder auch drauf anspringe und er sagt 'das war nur ein Spaß' oder solche Sachen. Aber eigentlich so der Humor uns verbindet, so dass wir da (2) auch 'nen eigenen Humor, den vielleicht ein anderer gar nicht verstehen würde. [Wo das andere] als beleidigend verstehen würden, aber wir uns da verstehen.
J: [(...)] (2) [Das stimmt.] (10) [Das auf jeden Fall.] (3) Da reichen ja auch Blicke teilweise, ne.
Y: Genau, ja.
J: Ich weiß nicht, das ist schwierig zu erzählen, aber wenn ich meine Frau angucke und es ist irgendwo ne Situation und ich mach mit meinen Augen gerade in die Richtung, wo die Situation ist, da weiß sie das unbewusst, dass sie da jetzt hinguckt und da [ist eigentlich alles klar.]
Y: [Und dann lacht man drüber] oder genau-
J: Ja oder wenn's jetzt eben jetzt grad nicht zum lachen ist oder wenn man nicht lachen sollte, weil's eben prekär ist oder wie auch immer, dann weiß ich nicht, das ist dann so ne stille Kommunikation, [da braucht man (gemeinsame) Wellen] wahrscheinlich, die dann hier ihr übriges tun, ne das ist.].
Y: [Ja, ja genau, genau] und das kommt eigentlich auch jeden Tag vor also, würd ich sagen ja.
J: Ich auch.
(...)"

Paarinterview Jan & Yvonne

Humor kann als eigenständige kommunikative Form betrachtet werden, die Bestandteil des partnerschaftlichen Repertoires ist und verschiedenartig sowie mit unterschiedlichen Instrumenten, den Medien, variiert werden kann. Humor, so zeigen die Befunde, funktioniert häufig auch in Verbindung mit rituellem Handeln und kann im Alltag von Paaren, beim Proben des Repertoires, auch problematische Passagen auflösen. Der folgende Auszug beschreibt dies exemplarisch. Das rituelle Telefonieren über den Arbeitstag hinweg hat bei Carola und Roland Heinze eine große Bedeutung. Nun gibt es im Arbeitsalltag auch Situationen, in denen einer von beiden nicht sprechen kann. Sie schildern, wie sie, auch wenn das eigentlich so erwünschte Gespräch nicht stattfinden kann, mit Humor mit der Situation umgehen:

„(...)
C: Ganz wichtig. Ich freu mich. Ich weiß, es ist ungefähr halb zehn, man spricht sich. Wenn er aber, nicht anruft oder ich nicht anrufe, dann weiß halt der andere, es geht jetzt in dem Moment nicht. Ne dann hat man keine Zeit oder ist in einer Beratung, es geht halt auch wirklich nicht. Dann weiß das der andere.
I: Kommt es auch mal vor, dass dann nicht abgenommen wird?
C: Ja, ich muss dann halt wegdrücken. Also leise machen, verstummen. Ne, das ich das Klingeln nicht höre, wenn ich im Beratungsgespräch bin.
R: Wir wissen auch sofort, äh der andere hat keine Zeit. Dann sagen wir immer gleich, das merkt man ja immer so beim Abnehmen, 'kannst du jetzt' und da sagt sie 'ne'. Und dann weiß man aha Kundschaft ist.
C: Und wenn es gar nicht geht, wie gesagt, dann muss ich wegdrücken. Aber das kriegt er dann halt auch mit.
I: Und wie ist das okay?
C: Natürlich. [Na klar, man ist] im Stress, man akzeptiert ja die Arbeit des anderen.
R: [Man weiß ja wie's ist.] (4) Wenn sie jetzt anruft und sagt mir, also das ist auch noch so ein Spaß, der mir gerade einfällt, also sie sagt grad 'kannst du' und ich sag 'ne', also ich hab meinet wegen zwei, drei Kunden daneben stehen, und sie sagt mir 'sag mir jetzt, dass du mich liebst' (Lachen). Also sie weiß jetzt, ich hab und dann sag ich natürlich 'ja ist gut, ich ruf dich dann wieder an'. Und solche Späße machen wir dann. Das mach ich natürlich dann bei ihr auch, 'sag mir, dass du mich liebst', wenn wir wissen, sie kann's nicht machen. Das ist dann so was, ge.
C: Ja.
R: Ja und dann können wir uns drüber totlachen, manchmal.
(...)"

Paarinterview mit Roland und Carola Heinze

Es wurde deutlich, dass die kommunikativen Repertoires, die Paare in ihrem Alltagshandeln einsetzen, rituelle Handlungen auf verschiedenen Ebenen beinhalten und dass diese Handlungsstrukturen Momente einer Mediatisierung aufweisen. Medien sind Bestandteil sowohl der im partnerschaftlichen Austausch etablierten sprachlichen Formen, der ritualisiert ausgeführten Interaktionen sowie der Handlungsweisen, die die Paaridentität (und teilweise darüber hinaus die der Familie) bekräftigen. Diese Formen mediatisierten rituellen Handelns, sind durch ihre zeitlich wiederkehrende Ausführung und ihre Bedeutung auf verschiedenen Ebenen sozialen Handelns verkettet (Bergesen 2003; Willems 2003). Die Befunde zur Kommunikation in Paarbeziehungen weisen damit auf eine Mediatisierung der rituellen Ordnung kommunikativen Handelns hin.

10 Schluss: Die Mediatisierung der Paarbeziehung

Zielstellung dieser Arbeit war die Rolle der Medien im Alltag von Paaren zu beschreiben und zu erklären. Es sollten Bezüge und Zusammenhänge zu Phänomenen in engen sozialen Beziehungen sowie über diese hinaus beleuchtet werden. Diesen Ausgangsanspruch vor Augen wird nun zunächst die noch offene erste Frage des Buches exemplarisch beantwortet. Daran anschließend erfolgt zusammenfassend eine Übersicht der Ergebnisse der Untersuchung zu Medien im Alltag von Paaren. Es werden damit auch die wichtigsten Erkenntnisse der Arbeit betont und in Bezug zueinander gesetzt. Die Studie wird abschließend diskutiert und in einem Ausblick werden neue Fragen gestellt und Perspektiven für weitere kommunikations- und medienwissenschaftliche Analysen vorgeschlagen.

Der Medienalltag in Paarbeziehungen

Zu Beginn der Arbeit wurde die Frage gestellt, wie ein gemeinsamer Abend eines Paares in einer mediatisierten Welt verläuft. An dieser Stelle wird ein letzter Auszug aus dem in der Studie gesammelten Datenmaterialien aufgeführt werden, um mit der Aussage eines Paares eine exemplarische Antwort zu finden. Der erste Ausschnitt stammt aus dem Einzelgespräch mit Niklas und Annika und zeigt, dass die Planung des Abends zusammen mit seiner Partnerin Annika bereits mitten am Tag beginnt:

> „(…)
> Dann gab's Mittag von dreizehn Uhr neun bis dreizehn Uhr fünfundzwanzig noch Kontakt über ICQ. Ja kurz den Status durchgeben, äh, dann geht's meistens um die Planung, also Abendplanung, wann Schluss ist, wie dann der Abend verläuft. Das wird dann am Anfang immer recht grob angedacht und dann halt von mal zu mal meistens präzisiert (...). (2) Dann gab es sechzehn Uhr fünf noch mal 'nen Kontakt über ICQ, wo wir dann die Zeit festgeklopft haben und wie dass dann genau läuft, nämlich, also zum Beispiel, dass sie mich dann im Büro abholt und wir den Abend dann bei mir verbringen. Ja und dann um achtzehn Uhr neun war sie dann da und hat mich eben von der Arbeit abgeholt. (1) Genau, dann haben wir, also bevor wir mein Büro verlassen haben, haben wir noch mal im Netz geguckt wegen einer

Software für einen Beleg und ja Fahrplan für die Nachhausefahrt. Und dann sind wir losgefahren, so zehn vor sieben war das, mit dem Bus. Ja und dann gegen neunzehn Uhr waren wir dann zu Hause, und dann war halt bei mir in meiner Wohnung. Und dann halt Abendprogramm, Kuchen backen, Abendessen, noch ein bisschen Fernsehen schauen.
(...)"

        Einzelinterview mit Niklas

Annika führt mit Bezug zum gleichen Abend näher aus, wie das „bisschen Fernsehen schauen" verlief:

„(...)
Wir haben relativ viel hin und hergeschaltet, weil nichts Sinnvolles kam. Mal so nen kurzen Bericht oder so im MDR gesehen. Und ungefähr bis viertel zwölf. Seit neuestem schlafen wir auch gelegentlich gern auf dem Sofa einfach ein (Lachen) und wachen dann um zehn wieder auf und gucken noch eine halbe Stunde. Also, es ist eher weniger intensives Fernsehgucken, es ist einfach noch mal so zum Abschalten.
(...)"

        Einzelinterview mit Annika

Das Paar beginnt sich an diesem Tag am Mittag im Rahmen der Kontakte über die Online-Messaging-Software ICQ abzustimmen, wie sie den gemeinsamen Abend gestalten und wann und wo sie sich treffen. Bei dieser Abstimmung, die eingebunden ist in ihre Messenger-Kommunikation über den Tag hinweg, sind ihre jeweiligen Arbeitszeiten und Aufenthaltsorte relevant. Das so genannte „kurz Status durchgeben" beschreibt, dass sich die Partner austauschen, wie es ihnen geht und was sie so machen. Die Form der mediatisierten interpersonalen Kommunikation wird – und dies gibt Auskunft über eine Struktur der Kommunikation des Paares – nicht nur für den dokumentierten Tag so geschildert. Vielmehr verdeutlicht Niklas' Wortwahl „dann geht's meistens um die Planung", dass es sich um Handlungsmuster handelt. Schließlich treffen die Partner direkt aufeinander. Wie im ICQ verabredet, holt Annika ihren Partner von der Arbeit ab, wo beide noch gemeinsam Informationen im Internet suchen („haben wir noch mal im Netz geguckt"). Diese Informationssuche weist auf einen Moment der partnerschaftlichen Unterstützung hin, es geht um eine Software, die Annika für einen Studienbeleg braucht. Da Niklas sich in diesem Fachbereich gut auskennt, sucht das Paar gemeinsam. Der Grund, wieso sie dies allerdings noch in Niklas' Büro tun, ist mit ihrer weiteren Planung des Abends verbunden: Sie gehen zu Niklas, der zu Hause keinen Internetzugang hat. In Annikas Wohnung stände ihnen ein solcher zur Verfügung und es wäre möglich, dass sie, wenn sie den Abend dort verbracht hätten, dann auch dort anstatt im Büro das

Internet genutzt hätten. Die zweite Information, nach der beide suchen – und die sie ganz unmittelbar benötigen – ist die Abfahrtszeit des Busses, mit dem beide zu Niklas Wohnung kommen. So banal diese Handlung erscheint, verweist sie doch auf einen Zusammenhang, der in dieser Arbeit an vielen Stellen deutlich geworden ist: Die Verknüpfung von Mobilität und Medien. Paare planen und Koordinieren die gemeinsamen sowie individuellen zeitlichen und räumlichen Strukturen ihrer Alltagsabläufe und hierbei sind Medien mit eingebunden. In Niklas Wohnung klingt der Abend beim gemeinsamen Fernsehen aus. Hier zeigt sich, das Fernsehen, wie es auch in Hermann Bausingers Beispiel zu Beginn der Arbeit deutlich wurde, vieles bedeuten kann. Im Fall von Annika und Niklas auch das Schlafen auf der Couch.

Der Auszug gibt dabei abschließend und resümierend einen Einblick in das kommunikative Repertoire des Paares und exemplarisch in die Komplexität des mediatisierten Alltags in Paarbeziehungen, der Gegenstand der vorliegenden Studie war.

Die Mediatisierung der Paarbeziehung

Ausgehend vom theoretischen Ansatz eines Metaprozesses der Mediatisierung konnten auch auf der Ebene der engen Beziehung zwischen Partnern die drei Typen der Kommunikation erfasst werden (Krotz 2007: 90ff.). Dabei wurden sowohl Aspekte der Entgrenzung von Kommunikation als auch der Integration von Formen des Kommunizierens deutlich. Formen der mediatisierten Kommunikation werden von den Paaren genutzt um Kontakte zu ermöglichen. Sie dienen damit unter anderem auch als Möglichkeit der Erweiterung sowohl der partnerschaftlicher Interaktion als auch der individuellen Handlungsfelder der Partner. Damit einher geht die Erfordernis, dass Paare Nähe und Distanz zu einander im Alltag aktiv verhandeln. Die Nutzung standardisierter Kommunikate spielt des Weiteren ein bedeutende Rolle im Alltag von Paaren: Die Partner nutzen Medien wie Fernsehen, Radio oder Spielfilme auf DVD häufig gemeinsam. Zudem sprechen sie über Medien, über Medieninhalte und verhandeln deren Gebrauch und ihre Einstellungen zu ihnen im partnerschaftlichen Gespräch. Über die gemeinsame Nutzung und Anschlusskommunikation hinaus integrieren Partner Momente medialer Kommunikate im alltäglichen Gespräch. Hierdurch werden Medien auch zu Bestandteilen der Paarsprache und der Konstruktion von Paaridentität oder beeinflussen auch die zeitliche und räumliche Strukturierung von Alltagsverläufen, etwa durch Sendezeiten oder eigens definierte Medienzeiten. Die Studie zeigte, dass Netzmedien und virtuelle Welten als interaktive Medien eine Rolle für Paare spielen. Dabei sind besonders die

Ergebnisse zur individuellen sowie gemeinsamen Nutzung von Computerspielen durch junge Paare hervorzuheben. Deren Nutzung wurde in Zusammenhang mit dem Prozess der Mediatisierung und der mit ihm einhergehenden Effekte auch hinsichtlich einer Segmentierung von Generationen beschrieben. Wenn man Computerspiele „als Einstieg der Generation der Kinder in die digitale Kommunikation" (Krotz 2001: 245) auffasst, dann können die vorliegenden Befunde als biografischer „Anschluss" dessen interpretiert werden: Computerspiele sind heute auch für die Kommunikation in Paarbeziehung sowie für die Konstruktion von individueller und partnerschaftlicher Identität bedeutungsvoll. Dabei wurde deutlich, welche Normalität diese Formen der Medienkommunikation für jungen Partner haben. Computerspielen ist dabei mit Bezug zu der Idee des vorreflexiven Gesprächs als Basis der Konstitution von Beziehungsidentität (Berger / Kellner 1965) bedeutsam und es kann basierend auf den vorliegenden Ergebnissen die These formuliert werden, dass das fortwährende Integrieren mediatisierter Formen des Handelns, wie gemeinsames Computerspielen, als Bestandteil des kommunikativen Repertoires von Paaren einen Anteil an der Konstruktion von Paaridentität und darüber hinaus auch an der Konstruktion von Wirklichkeit in einer mediatisierten Welt hat.

Die Mediatisierung der kommunikativen Repertoires von Paaren lässt sich nicht nur im Sinne einer Gleichzeitigkeit verschiedener medialer Formen beobachten. Auch die Verknüpfung von kommunikativen Formen des Alltags wird offensichtlich. Die Ergebnisse der Untersuchung verdeutlichen, dass die Kommunikation von Paaren nicht nur mittels, mit und über Medien vollzogen wird, sondern dass bei der Kommunikation eine Integration von einzelnen Formen der (Medien-)Kommunikation im Beziehungsalltag erfolgt. In diesem Sinne kann auch auf der Ebene der Paarbeziehung von einer Entgrenzung der Kommunikation gesprochen werden, die im Kontext komplexer Beziehungsprozesse verstanden werden muss.

Die Dynamik und Entwicklung eines paarspezifischen kommunikativen Repertoires

Das kommunikative Handeln in Paarbeziehungen wird nicht in Bezug auf spezifische Medien oder Formen entwickelt. Im Rahmen der Arbeit wurde – insbesondere in Anlehnung an Angela Kepplers (1994) Entwurf der kommunikativen Repertoires von Familien – das Konzept eines beziehungsspezifischen kommunikativen Repertoires erarbeitet. Dieses Konzept ermöglicht es, alle sich in einer Beziehung etablierenden kommunikativen Formen inklusive des Medienhandelns der Beziehungspartner und des von ihnen genutzten Medienensembles zu fassen sowie diese in Relation zu einander zu betrachten. Kommunikative Repertoires werden als Prozesse konzeptualisiert, denn sie wandeln sich fortwährend und können damit auch im Kontext alltäglicher Beziehungsdynamiken sowie längerfristiger Entwicklungen in Beziehungen gesehen werden. Zudem kennzeichnen die räumlichen und zeitlichen Alltagsstrukturen der beiden Partner das kommunikative Repertoire eines Paares und geben dadurch seinen Rhythmus vor. Bestandteil des kommunikativen Repertoires sind auch rituell ausgeführte Handlungen, die wiederum auf den verschiedenen Ebenen einer rituellen Ordnung Momente von Mediatisierung erfahren. Kommunikative Repertoires sind, so wurde gezeigt, Gegenstand der Aushandlung und gleichzeitig Ausdruck der einmaligen Identität des Paares.

Das Konzept kommunikativer Repertoires ermöglicht damit auch eine Analyse der Momente einer Mediatisierung in Paarbeziehungen. Medien werden durch die Betrachtung der verschiedenartigen Kommunikationsprozesse und der mentalen Vorgänge der Partner als integraler Bestandteil eines kommunikativen Repertoires beleuchtet. Vollzieht man, wie vorgeschlagen, das Konzept des partnerschaftlichen kommunikativen Repertoires als Bestandteil einer Metapher des Musizierens, so stellen Formen der Medienkommunikation Instrumente dar, deren Gebrauch an sich schon bedeutungsvoll ist. Auch das ständig verwendete partnerschaftliche kommunikative Repertoire hat an sich schon Bedeutung, denn es stellt eine einzigartige Verbindung zwischen zwei Menschen, ihrem Alltag, ihren Gedanken, Gefühlen, Erinnerungen und Zukunftsplänen, Gemeinsamkeiten und Unterschieden sowie ihre Vorstellung voneinander als Paar her. Die Ausführung und fortwährende Aktualisierung kommunikativer Repertoires trägt zur Konstitution von Wirklichkeit bei: Kommunikative Repertoires, die wie beschrieben beziehungsspezifisch entwickelt werden, stellen für die Menschen (auch im Sinne einer Erweiterung eines vorreflexiven wie reflexiven Gespräches) ein nomosstiftendes Moment in einer mediatisierten Welt dar. Auch sind es die kommunikativen Repertoires, so wie sie Paare fortwährend gestalten und ausüben, die nomosbildenden Charakter innehaben. Diese kommunikativen Repertoires beinhalten dabei vielfältige Momente der Mediatisierung kommunikativen Handelns, die Paare kreativ nutzen können, etwa wenn sie die Besetzung der Instrumente, deren Tonalität, Dynamik proben, variieren und weiterentwickeln.

Potentiale der Beschleunigung – Mediatisierung von Raum und Zeit

Die im Alltagshandeln integrierte Nutzung von Medien wurde bei allen Paaren, die an der Studie teilnahmen, offensichtlich. Medien als Bestandteil dynamischer partnerschaftlicher kommunikativer Repertoires ermöglichen eine Erweiterung des Handlungsspielraums der Partner und damit auch eine Erweiterung hinsichtlich der Aushandlung der gemeinsamen Lebensführung. Durch die Nutzung und Etablierung mediatisierter kommunikativer Repertoires, ergeben sich Potentiale, die Planung, Gestaltung und Koordinierung alltäglicher Raum- und Zeitstrukturen zu beschleunigen. Es wurde hier eine Verbindung zu Anforderungen der Mobilität und Flexibilität deutlich und damit auch zu weiteren gesellschaftlichen Meta-Prozessen und der Frage, wie diese auf der Ebene sozialer Beziehungen wirken. Inwieweit hat dies auf der Ebene des Prozesses der Schaffung einer gemeinsamen Lebensführung einen Effekt der Dynamisierung? Wie Paare diese Möglichkeiten nutzen, ist im Kontext der metakommunikativen Aushandlungsprozesse zu betrachten. Hier wurden im Rahmen der Untersuchung vier Typen von Abstimmungsprozessen identifiziert. Die Beschleunigung der Kommunikation zwischen Partnern im Zuge einer Mediatisierung kann als Veränderung des Tempos des kommunikativen Repertoires gelesen werden, die – um erneut die Metapher des Musizierens aufzugreifen – auch entscheidenden Einfluss auf den gesamten Stil des Repertoires haben kann. Und mit einer Tempoverschärfung können sich auch die Anforderungen an Rhythmik und Besetzung verändern – entscheidend ist hierbei die Abstimmung zwischen den Partnern. Die Ergebnisse zeigen, dass Menschen hierbei subjektiv Alltagsanforderungen gegenüber habitualisiertem Handeln differenzieren. Durchaus aber wird ein Spannungsfeld zwischen den Leistungen medialer Kommunikation auf der einen Seite und notwendigen Erfordernissen der Erreichbarkeit und Erwartungen an eine entsprechend flexible Gestaltung und Koordination von Abläufen auf der anderen Seite erlebt. Diese Reflexion ist bei den Partnern auch im Kontext ihrer Erwerbsarbeit zu sehen. Es wurde deutlich, dass Partner ihr Medienhandeln nicht immer spezifisch privat oder beruflich zuordnen. Ihre alltägliche Lebensführung ist immer auch als Lebenszusammenhang präsent und ihre Erfahrungen, Einstellungen und Praktiken in den verschiedenen Lebensbereichen beeinflussen einander. Der Prozess der Herstellung einer gemeinsamen Lebensführung von Paaren – und hier verdeutlicht sich einmal mehr die Leistung eines alltagsverlaufsbezogenen Ansatzes der alltäglichen Lebensführung – kann nachvollziehbar machen, wie komplex die Bezüge zwischen den alltäglichen kommunikativen Erfahrungen von Partnern sind. Zudem wird die paarbeziehungsspezifische Verknüpfung von räumlichen und zeitlichen Verläufen als wichtige Dimension der gemeinsamen Herstellung von Alltag verdeutlicht. Hierbei leistet der Domestizierungsansatz ein Verständnis von Medien, das Beziehungsstrukturen und die Aneignung medialer Formen als kulturelle Praktiken ermöglicht. Die Gestaltung und Verhandlung der häuslichen Umgebung sowie der räumlichen und zeitlichen Strukturen der Alltage der Paare, die damit auch Formen der

Mobilität beinhalten sind eng mit diesen Praktiken verbunden. Indem sich ein Verständnis von Domestizierung auch über die Strukturen des Haushalts hinaus anwenden lässt, wird eine Analyse der Verzahnung verschiedener Lebensbereiche möglich. Die Betrachtung des kommunikativen Repertoires in Paarbeziehung verdeutlichte die Wechselwirkungen zwischen den kommunikativen Erfahrungen der Partner in individuellen Alltagsverläufen.

Die Untersuchung bestätigt die im Rahmen des Ansatzes „Alltägliche Lebensführung" aufgestellten Thesen zunehmender Alltagsanforderungen im dem Sinne, dass sie offenbart, dass Paare eine aktive und intersubjektive Aushandlung und Gestaltung von Medienkommunikation leisten müssen, insbesondere um von den nomosstiftenden Potentialen eines kommunikativen Repertoires zu profitieren. Dies beinhaltet Abstimmungsprozesse hinsichtlich der kommunikativen Formen und Bestandteile des Repertoires und die Aushandlung von Regeln idiosynkratischer Natur für das kommunikative Repertoire des Paares. Kommunikative Praktiken sind als Bestandteil gemeinsamer alltäglicher Lebensführung zu begreifen. Das Konzept der Herstellung gemeinsamer Lebensführung in Paarbeziehungen ermöglicht die Betrachtung des Paarseins auf einer alltagspraktischen Ebene und kann neben einer Vorstellung eines nomischen Zustandes, als Ebene der Identitäts- und Sinnkonstitution – stehen. Medien können hier als Verknüpfung dieser Ebenen und Bereiche betrachtet werden sowie als Verknüpfung zwischen den Alltagssphären von Paaren durch die Verbindung der räumlichen und zeitlichen Strukturen.

Mediatisierung, Identität und Ritualität

Das Gespräch zwischen Partnern stellt nach wie vor ein zentrales, identitätsstiftendes Element der Paarbeziehung dar. Die Ergebnisse dieser Studie zeigen ebenfalls, dass dieses Gespräch in verschiedener Art und Weise mediatisiert wird: Sie weisen auf eine Veränderung der Struktur des alltäglichen Austauschs, insbesondere durch den veralltäglichten Gebrauch verschiedener Kommunikationsmedien hin. Dies gilt dabei sowohl für Paare, die voneinander entfernt sind als auch für Paare, die sich täglich treffen. Die Integration von Kommunikationsmedien, die flexiblen und unmittelbaren Kontakt ermöglichen, stellt damit auch eine Verbindung der ursprünglich getrennten Tagesabläufe in ihrer zeitlichen wie räumlichen Struktur dar. Dies wird zum einen durch mobile Kommunikation möglich, zum anderen aber auch durch die an den wichtigen Stationen des Tages unmittelbar verfügbaren Medien, insbesondere der Internetkommunikation. Es wurde deutlich, dass Partner eine fortwährende Antizipation des Alltagsablaufs des anderen vollziehen können. Dies wird als Hinweis auf eine Intensivierung der mentalen Repräsentation von Paarbeziehungen interpretiert. Damit zeigt sich eine Verknüpfung zwischen Prozessen der Identitätsbildung in Beziehungen und einer Mediatisierung kommunikativen Handelns. Ebenfalls wird das Zusammenspiel von individuellen mentalen Prozessen und von kommunikativen Handlungsstrukturen deutlich, die gemeinsam soziale Beziehungen ausmachen. Der Prozesse einer mentalen Herstellung von Beziehung (Duck / Pittman 1994) wird durch das alltägliche Medienhandeln der Partner transformiert. Wiederum wurde eine Grenzüberschreitung deutlich: Die Ergebnisse zeigen, dass innerhalb dieser beruflichen Abläufe die Sphäre enger Beziehungen und privater Kommunikation mit eingebunden wird. Dies ist ein Argument für die These einer Entgrenzung von Lebensbereichen und Sphären, in diesem Fall Berufs- und Privatsphäre im Zuge eines Metaprozesses der Mediatisierung (Krotz 2001, 2007). Dadurch entstehen neue Situationen für Partner, für die sie neue Handlungsstrategien etablieren müssen.

Hiervon ausgehend wurde basierend auf dem empirischen Material eine Anordnung von Prozessen der Kommunikation in Paarbeziehungen entworfen die zeigte, dass die Prozesse der Kommunikation in Paarbeziehungen ineinander übergehen sowie einander ergänzen und somit in ihrer Summe die Basis kommunikativer Repertoires von Paaren darstellen. Deutlich wurde, dass die Grundprinzipien der Kommunikation in Paarbeziehungen zunächst jenseits technologischer und mediatisierter Formen zu suchen sind. So wichtig eine Untersuchung der Prozesse im Zuge der Mediatisierung der Paarbeziehungen ist, etwa der Dynamisierung, Beschleunigung und Erweiterung kommunikativer Formen, so deutlich wird wiederum, dass auch die grundlegenden Prozesse der Kommunikation in Beziehungen zu verstehen sind. Die Studie liefert hierzu zahlreiche Belege, wie etwa die dargestellten Nutzungsweisen von Messenger, Mobiltelefon und Social Media durch Paare zeigen. Für das Verständnis von Mediatisierungsprozessen auf einer Mikroebene ist dabei insbesondere von Bedeutung, wie die genannten Medien in das kommunikative Repertoire aufgenommen und in Verhältnis zu bereits etablierten Gebrauchsweisen gesetzt werden. Wiederum kann eine differenzierte Analyse mediatisierter Kommunikationsprozesse auch unser Verständnis von mentalen Strukturen in Beziehungen erweitern. Die im Rahmen der Arbeit empirisch hergeleitete Anordnung von Kommunikationsprozessen, die sich an der Idee einer mentalen Herstellung von Beziehung (Duck / Pittman 1994) anlehnt, kann zunächst nur einen Ordnungsversuch darstellen, der wohl aber darauf hinweist, dass beide Herangehensweisen einander befruchten können.

Beim Umgang mit Medien im Alltag können Situationen von Ungleichheit, zwischen den Partnern existieren, etwa im Sinne von unterschiedlichen Einstellungen, Kompetenzen und Teilhabe hinsichtlich Formen von Medienkommunikation. Ein interessanter Befund hierbei war, dass solche Unterschiede zur Hilfestellung zwischen Partnern in Paarbeziehungen führen können. Dies lässt die Frage zu, ob divergierenden Teilhabe zwischen Partnern auch als Voraussetzung für Prozesse sozialer Unterstützung gesehen werden können. Der Mediatisierungsprozess lässt sich auch auf dieser Ebene als Erweiterung partnerschaftlicher Handlungsfelder begreifen. Medienhandeln stellt einen Lebensbereich dar, indem Paare diese Aushandlung von Rollenaspekten und auch von Paaridentität vollziehen. Diese Idee weist damit auch auf eine Erweiterung des Konzepts der mentalen Herstellung von Beziehung (Duck / Pittman 1994) hin und offenbart, dass basierend auf einer bestehenden Beziehungsidentität nicht mehr nur Gemeinsamkeiten Bestandteil einer Herstellung von Paarrepräsentation sind, sondern auch Unterschiede zwischen den Partnern zum Bestandteil von Paaridentität werden können. Da diese divergenten Handlungen, Vorlieben oder Positionen als Rollen in der Beziehung etabliert werden können, sind sie auch im Kontext der Aushandlung von Identität und Individualität in einer Paarbeziehung von Bedeutung (Beck / Beck-Gernsheim 2005; Giddens 1993; Lenz 2006).

Partnerschaftliche kommunikative Repertoires werden über die partnerschaftlichen Strukturen hinaus bedeutsam. Es zeigte sich etwa, dass das auf ihnen basierende Selbstverständnis von Medienkompetenz sowohl als Bestandteil einer Paaridentität als auch von Familienidentität konstituiert werden kann. Diese Befunde können im Kontext der durch die Prozesse der Mediatisierung und Individualisierung beschriebenen Entwicklungen interpretiert werden, und zeigen, dass Medien und Medienhandeln in unserer Gesellschaft eine zunehmende Bedeutung auch für die Entwicklung von Identitäten und für die Stiftung von Sinn innehaben (vgl. Krotz 2001: 245ff.). Die Ergebnisse der vorliegenden Arbeit verdeutlichen dies insbesondere für den Aspekt der Beziehungsidentität.

Eine Mediatisierung der Paarbeziehung wurde zudem auch auf einer symbolischen Ebene nachvollziehbar: Kommunikative Formen zwischen Partnern erhalten bereits zu Beginn der Beziehung auch rituellen Anteil und mediale Botschaften können als rituelle Geschenke (Taylor / Harper 2002) und als spezifische Form der Ehrerbietung (Goffman 1971) gesehen werden. Solche Formen, die auch häufig mit besonderen Ereignissen der Paarbeziehung und damit den längerfristigen Entwicklungen einhergehen, können sich auch zeitlich fortsetzten und damit für die Paarbeziehung spezifische rituelle Momente kreieren. Damit haben diese medialen Bestandteile des kommunikativen Repertoires einen besonderen Stellenwert bei der Konstruktion von Beziehungssymbolen, einer Beziehungsgeschichte und eines Beziehungskalenders und können daher als Markoriten verstanden werden. Diese Momente sind eng verknüpft mit den Dynamiken der Paarbeziehung, die so auch anhand von medialen Praktiken deutlich werden beziehungsweise sich auch durch den Gebrauch von Medien ausdrücken. Auf der Mikroebene der sprachlichen Formen, die Paare miteinander entwickeln und ritualisiert ausüben, kann ebenfalls eine Mediatisierung nachvollzogen werden. Im Sinne eines Interaktionsrituals erfolgt zum Beispiel die Einbettung mediatisierter Kontakte oder die gemeinsame Nutzung von standardisierten Kommunikaten in den Tagesablauf der Partner. Rituelles Handeln, so sei noch einmal betont, ist hierbei von gewohnheitsmäßigem Handeln dadurch abzugrenzen, dass diese Formen der Medienkommunikation eine subjektive Bedeutung für die Partner haben und auch eine emotionale Komponente beinhalten. Die Ergebnisse weisen ebenfalls auf das Scheitern von Ritualen sowie auf die Ausführung von Antiritualen im Kontext medialer Praktiken hin. Hierbei konnte nachvollzogen werden, dass Paare durch eine Transformation ritueller Elemente ihres kommunikativen Repertoires neue, stärkende Bedeutungsmomente im Alltag gestalten können.

Die kommunikativen Repertoires von Paaren beinhalten rituelle Handlungen auf verschiedenen Ebenen und diese Handlungsstrukturen weisen Momente einer Mediatisierung auf. Medien sind Bestandteil sowohl der im partnerschaftlichen Austausch etablierten sprachlichen Formen, der ritualisiert ausgeführten Interaktionen sowie der Handlungsweisen, die die Paaridentität (und teilweise darüber hinaus die der Familie) bekräftigen. Diese Formen mediatisierten rituellen Handelns, sind durch ihre zeitlich wiederkehrende Ausführung und ihre Bedeutung auf verschiedenen Ebenen sozialen Handelns verkettet (Bergesen 2003; Willems 2003). Die Befunde zur Kommunikation in Paarbeziehungen weisen damit auf eine Mediatisierung der rituellen Ordnung kommunikativen Handelns hin. Es wurde deutlich, dass die Entwicklungen im Zuge einer Mediatisierung der Kommunikation in Paarbeziehungen nicht isoliert sondern vielmehr eng verknüpft mit den Veränderungen auf anderen Ebenen sozialer Strukturen sind. Etwa reichen die beschriebenen Prozesse in Paarbeziehungen in höhere soziale Strukturen, etwa in Familien, Freundeskreis, Gemeinde oder (Arbeits-)Organisation hinein. An dieser Stelle soll erneut ein Rückbezug auf die Arbeit von Angela Keppler (1994) zu kommunikativen Repertoires von Familien stehen. Die Ergebnisse der Untersuchung zur Kommunikation in Paarbeziehungen haben vielfältig auf die Bedeutung zur Kommunikation in Familien verwiesen und dies offenbart die Verkettung und Überschneidung von kommunikativen Repertoires von Paar- und Familienbeziehungen beziehungsweise in Familienbeziehungsnetzen. Aber diese Strukturen unterscheiden sich trotzdem, etwa wenn Partner Kommunikationsmedien nutzen, um innerhalb eines Familienbeziehungsnetzes auch Raum für das partnerschaftliche Gespräch unter sich führen zu können. Hiermit wird erneut deutlich, dass eine Differenzierung zwischen partnerschaftlichen und familiären kommunikativen Repertoires notwendig ist. Letztlich zeigt sich in jedem Fall, dass über die Kommunikation in sozialen Beziehungen und deren Verkettung zu Strukturen auf hören Ebenen eine wichtige Perspektive auf Mediatisierungsprozesse möglich wird.

Diskussion und Ausblick

Die Studie ist in einem interdisziplinären Forschungsbereich zu verorten und verfolgte hinsichtlich der theoretischen Erarbeitung sowie im empirischen Vorgehen eine offene und integrative Herangehensweise. Damit einher ging die Auswahl von theoretischen Ansätzen und Forschungsbefunden, die zueinander in Beziehung gesetzt halfen, den Gegenstand zu beleuchten. Durch die Umsetzung des empirischen Konzepts konnten die gestellten Aufgaben erfüllt werden, wobei sich insbesondere die Kombination von Interview und Kommunikationstagebuch als fruchtbar erwies, die alltäglichen und veralltäglichten Strukturen der Kommunikation von Paaren zu erfassen. Jenseits spezifischer Beziehungsthemen oder Lebensbereiche konnte ein umfassendes Bild der alltäglichen Kommunikationsprozesse in Paarbeziehungen gezeichnet werden, das gleichzeitig deren individuell-psychologische Bedeutung für die Partner wie auch ihre gesellschaftliche Relevanz im Sinne einer Nomos-Bildung erklärt.

Die Studie stellt die Paarbeziehung und ihre Dynamiken ins Zentrum. Zu betonen ist dabei, dass auch empirisch beziehungsbezogenes kommunikatives Handeln betrachtet wurde und nicht nur individuelle Strukturen erfasst wurden. Damit reagierte die Arbeit auf ein Desiderat der Kommunikationswissenschaft und verweist auch auf die Bedeutung eines Forschungsgegenstandes sozialer Beziehung hin, der für ein Verständnis von Kommunikationsprozessen und Medienkommunikation unerlässlich ist.

Das Sample der Untersuchung umfasste eine für die Beantwortung der Fragestellung sinnvolle Vielfalt. Hierbei ist festzuhalten, dass es sich um in Deutschland lebende Paare mit hohem Bildungsniveau handelt. Zudem geht mit der Bereitschaft, über die Paarbeziehung Auskunft zu geben, einher, dass es sich in allen Fällen um ausgesprochen funktionale Beziehungen handelt. Diese Punkte sind im Rahmen der Analyse immer gegenwärtig gewesen. Für die angestrebte Entdeckung der Prinzipien und Strukturen in Paarbeziehungen, erwies sich das Sample als ausgesprochen geeignet.

Die Ergebnisse der Studie bieten verschiedene Anknüpfungspunkte. Das Konzept des kommunikativen Repertoires als Sammlung von Handlungsweisen, die dynamisch in einer spezifischen Paarbeziehung entwickelt werden, bietet die Möglichkeit, einen umfassenden Blick auf das alltägliche kommunikative Handeln von Menschen zu werfen. Die damit verbundene Perspektive auf Beziehungen – kommunikative Repertoires werden nicht nur in Paarbeziehungen etabliert – kann eine Ergänzung anderer Sichtweisen in kommunikationswissenschaftlichen Studien zu alltäglichem Handeln ermöglichen. Indem das Konzept kommunikativer Repertoires die Kommunikation zwischen zwei Menschen erfasst, wäre etwa eine Anwendung bei Untersuchungen von Beziehungsnetzen möglich, um die Verbindung zwischen zwei Knoten zu beleuchten. Von Interesse wäre etwa die Frage, wie sich die kommunikativen Repertoires in einer Familie, in einem Familienbeziehungsnetz, entwickeln und wie sie einander beeinflussen. Diese Idee weiterverfolgend, könnte eine Untersuchung kommunikativer Repertoires in Netzwerken möglicherweise von Interesse sein. Hierbei wäre auch der Anschluss an soziales Handeln und Alltagsstrukturen möglich, eine Sichtweise, die Konzepte von Netzwerken und Konnektivität häufig nicht beinhalten (Krotz 2006).

Die Forschung zu mobilen Medien hat die Verknüpfung zwischen kommunikativen Handeln im öffentlichen Raum, individuellen Aktivitäts- und Bewegungsmustern und übersituativ bedeutsamen Prozessen, wie Beziehungen verdeutlicht (Höflich 2005; Höflich / Kircher 2010; Schlote / Linke 2010). Die Befunde der Studie zu Paarbeziehungen weisen an verschiedenen Stellen auf diese Zusammenhänge hin und beleuchten dabei die kommunikativen Aushandlungen in den sozialen Beziehungen, die aber eben auch für das Handeln im öffentlichen Raum bedeutsam sind. Zudem zeigte sich, dass Paare im Rahmen ihrer kommunikativen Repertoires Verhaltensweisen etablieren, die etwa eine Antizipation der Abläufe des Partners und dabei auch einen Umgang mit mobilen Kommunikationssituationen beinhalten. Eine Perspektive auf kommunikative Repertoires in Beziehungen könnte daher mit einem gleichzeitigen Fokus auf Alltagsverläufe und Bewegungsmuster von Individuen für ein Verständnis des Gebrauchs mobiler Medien im öffentlichen Raum nützlich sein.

Die Entwicklung partnerschaftlicher kommunikativer Repertoires steht in Zusammenhang mit Prozessen der Konstruktion von Identitäten und von sozialer Wirklichkeit. Auf der Mikroebene der (Paar-)Beziehung ermöglicht daher das Konzept einen Einstieg für weitere empirische Analysen, die beitragen könnten, den Prozess der Mediatisierung auf dieser Ebene sowie auch das Verhältnis zwischen Individualisierung und Mediatisierung zu erfassen.

Verzeichnis der Transkriptionssymbole

[	Beginn einer Überlappung, das heißt gleichzeitiges Sprechen von zwei Personen
]	Ende einer Überlappung
-	schneller Anschluss nachfolgender Äußerungen
(1)	Pause, Dauer in Sekunden
(also)	unsichere Transkription
(…)	unverständliche Äußerung
ALSO	Betont oder laut gesprochen
(Lachen)	Umschreibung von paralinguistischen Äußerungen, gesprächsexternen Ereignissen sowie Informationen zum Kontext des Gesprächs
Ort	anonymisierte Angabe

Alle Personennamen und Ortsbezeichnungen wurden anonymisiert.

Literatur

Allan, Graham (1980): A Note on Interviewing Spouses Together. Journal of Marriage and the Family, 42, 1, 205-210.

Ang, Ien (2006): Radikaler Kontextualismus und Ethnografie in der Rezeptionsforschung. In: Hepp, Andreas / Winter, Rainer (Hrsg.): Kultur – Macht – Medien. Cultural Studies und Medienanalyse. Wiesbaden: VS Verlag, 61-79.

Ang, Ien / Hermes, Joke (1991): Gender and/in media consumption. In: Curran, James / Gurevitch, Michael (Eds.): Mass Media and Society. London / New York: Arnold, 307-328.

Auhagen, Ann Elisabeth (1991): Freundschaft im Alltag. Eine Untersuchung mit dem Doppeltagebuch. Bern: Verlag Hans Huber.

Bausinger, Hermann (1983): Alltag, Technik, Medien. In: Pross, Harry / Rath, Claus-Dieter (Hrsg.): Rituale der Medienkommunikation. Gänge durch den Medienalltag. Berlin: Verlag Guttandin & Hoppe, 24-36.

Beck, Klaus (1994): Medien und die soziale Konstruktion von Zeit. Über die Vermittlung von gesellschaftlicher Zeitordnung und sozialem Zeitbewußtsein. Opladen: Westdeutscher Verlag.

Beck, Klaus (2002): Aufmerksamkeitsökonomie im Medienensemble. In: Theunert, Helga / Wagner, Ulrike (Hrsg.): Medienkonvergenz: Angebot und Nutzung. BLM-Schriftenreihe, Bd. 70. München: Reinhard Fischer, 137-149.

Beck, Ulrich (1986): Risikogesellschaft. Auf dem Weg in eine andere Moderne. Frankfurt / Main: Suhrkamp.

Beck, Ulrich / Beck-Gernsheim, Elisabeth (2005): Das ganz normale Chaos der Liebe. Frankfurt / Main: Suhrkamp.

Behnke, Cornelia / Meuser, Michael (2002): Projekt „Doppelkarrierepaare" Arbeitsbericht Nr. 1. Zwei Karrieren, eine Familie – Vereinbarkeitsmanagement bei Doppelkarrierepaaren. Dortmund: Universität Dortmund. [Online-Dokument] http://www.hitzler-soziologie.de/pdf/dcc_arb_bericht.pdf [letzter Aufruf 27-01-2010].

Berger, Peter L. / Kellner, Hansfried (1965): Die Ehe und die Konstruktion der Wirklichkeit. Eine Abhandlung zur Mikrosoziologie des Wissens. In: Soziale Welt, 16, 220-235.

Berger, Peter L. / Luckmann, Thomas (2004): Die gesellschaftliche Konstruktion der Wirklichkeit. Eine Theorie der Wissenssoziologie. Frankfurt am Main: Fischer Taschenbuch Verlag.

Bergesen, Albert (2003): Die rituelle Ordnung. In: Belliger, Andréa / Krieger, David J. (Hrsg.): Ritualtheorien. Ein einführendes Handbuch. Wiesbaden: Westdeutscher Verlag, 49-76.
Bergmann, Werner (1981). Lebenswelt, Lebenswelt des Alltags oder Alltagswelt? Ein grundbegriffliches Problem „alltagstheoretischer" Ansätze. In: Kölner Zeitschrift für Soziologie und Sozialpsychologie, 33, 1, 50-72.
Bierhoff, Hans-Werner (2003): Dimensionen enger Beziehungen. In: Grau, Ina / Bierhoff, Hans-Werner (Hrsg.): Sozialpsychologie der Partnerschaft. Berlin: Springer. 258-284.
Böhm, Andreas (2005): Theoretisches Codieren: Textanalyse in der Grounded Theory. In: Flick, Uwe / Kardorff, Ernst von / Steinke, Ines (Hrsg.) Qualitative Forschung ein Handbuch. Reinbek: Rowohlt, 475-485.
Braithwaite, Dawn O. / Baxter, Leslie A. (1995): ‚I Do' again: The relational dialectics of renewing marriage vows. In: Journal of Social and Personal Relationships, 12, 2, 177-198.
Bruess, Carol / Hoefs, Anna (2006): The Cat Puzzle Recovered: Composing Relationships through Family Ritual. In: Wood, Julia T. / Duck, Steve (eds.): Composing Relationships. Communication in Everyday Life. Belmont: Thomson Wadsworth. 65-75.
Bruess, Carol / Pearson, Judy C. (2002): The Function of Mundane Ritualizing in Adult Friendship and Marriage. In: Communication Research Reports, 19, 4, 314-326.
Burkart, Günter (2000): Mobile Kommunikation. Zur Kulturbedeutung des "Handy". In: Soziale Welt, 5, 209-232.
Burkart, Günter / Fietze, Beate / Kohli, Martin (1989): Liebe, Ehe, Elternschaft. Eine qualitative Untersuchung über den Bedeutungswandel von Paarbeziehungen und seine demographischen Konsequenzen. Wiesbaden: Bundesinstitut für Bevölkerungsforschung.
Collins, Randall (2004): Interaction Ritual Chains. Princeton: Princeton University Press.
Chapin, Stuart F. (1974): Human Activity Patterns in the City. Things People Do in Time and Space. New York et al.: John Wiley & Sons.
Dieckmann, Walther / Paul, Ingwer (1983): "Aushandeln" als Konzept der Konversationsanalyse. Eine wort- und begriffsgeschichtliche Analyse. In: Zeitschrift für Sprachwissenschaft, 2, 160-227.
Dietmar, Christine (2005): Mobile Communication in Couple Relationships. In: Nyírí, Kristóf (Ed.): A Sense of Place. The Global and the Local in Mobile Communication. Vienna: Passagen, 201-208.
Dietmar, Christine (2008): „Wir telefonieren jeden Abend ... das ist uns ganz wichtig." Rituale bei der mediatisierten Kommunikation in Paarbeziehungen. In: Thomas, Tanja (Hrsg.): Medienkultur und soziales Handeln. Wiesbaden: VS Verlag, 105-118.
Döring, Nicola / Dietmar, Christine (2003). Mediatisierte Paarkommunikation: Ansätze zur theoretischen Modellierung und erste qualitative Befunde [35 Absätze]. Forum Qualitative Sozialforschung / Forum: Qualitative Social Research, 4(3), Art. 2, [Online Dokument] http://www.qualitative-research.net/index.php/fqs/article/view/676 /1460 [letzter Aufruf 27-01-2010].

Döring, Nicola / Dietmar, Christine / Hein, Alexandra / Hellwig, Katharina (2006): Contents, Forms and Functions of Interpersonal Pictorial Messages in Online and Mobile Communication. In: Nyírí, Kristof (Ed.): Mobile Understanding. The Epistemology of Ubiquitous Communication. Vienna: Passagen, 197-208.

Duck, Steve (1990): Relationships as unfinished business: Out of the frying pan and into the 1990s. In: Journal of Social and Personal Relationships, 7, 5-28.

Duck, Steve (2007): Human Relationships. London: Sage.

Duck, Steve / Pittman, Garth (1994): Social and Personal Relationships. In: Knapp, Mark L. / Miller, Gerald R. (Eds.): Handbook of interpersonal communication. Thousand Oaks: Sage, 676-695.

Durkheim, Emile (1983): Der Selbstmord. Frankfurt / Main: Suhrkamp.

Ehling, Manfred (1991): Formen der Tagebuchmethode zur Erhebung von Zeitbudgets. In: Wolfganz Tietze / Hans-Günther Rossbach (Hrsg.): Mediennutzung und Zeitbudgets. Ansätze, Methoden, Probleme. Wiesbaden: Deutscher Universitätsverlag, 27-48.

Elias, Norbert (1978). Zum Begriff des Alltags. In: Hammerich, Kurt / Klein, Michael (Hrsg.). Materialien zur Soziologie des Alltags. Sonderheft Kölner Zeitschrift für Soziologie und Sozialpsychologie. Opladen: Westdeutscher Verlag, 22-29.

Ellwood-Clayton, Bella (2006): Unfaithful: Reflection of Enchantment, Disenchantment … and the Mobile Phone. In: Höflich, Joachim R. / Hartmann, Maren (Eds.): Mobile Communication in Everyday Life: Ethnographic Views, Observations and Reflections. Berlin: Frank und Timme, 123-144.

Flick, Uwe (1996): Psychologie des technisierten Alltags. Soziale Konstruktion und Repräsentation technischen Wandels in verschiedenen kulturellen Kontexten. Opladen: Westdeutscher Verlag.

Flick, Uwe (2004): Triangulation. Eine Einführung. Wiesbaden: VS Verlag.

Flick, Uwe (2007): Qualitative Sozialforschung. Eine Einführung. Reinbek: Rowohlt.

Garfinkel, Harold (1973): Studien über die Routinegrundlagen von Alltagshandeln. In: Steinert, Heinz (Hrsg.): Symbolische Interaktion. Arbeiten zu einer reflexiven Soziologie. Stuttgart: Ernst Klett Verlag, 280-293.

Gebhardt, Julian (2008): Telekommunikatives Handeln im Alltag. Eine sozialphänomenologische Analyse interpersonaler Medienkommunikation. Wiesbaden: VS Verlag.

Geser Hans (2004): Towards a Sociological Theory of the Mobile Phone. In: Sociology in Switzerland: Sociology of the Mobile Phone. Online Publications, Zuerich, (Release 3.0). [Online document] http://socio.ch/mobile/t_geser1.htm [letzter Aufruf 27-01-2010].

Giddens, Anthony (1991): Modernity and Self-Identity. Self and Society in the Late Modern Age. Cambridge: Polity Press.

Giddens, Anthony (1993): Wandel der Intimität. Sexualität, Liebe und Erotik in modernen Gesellschaften. Frankfurt am Main: Fischer.

Glaser, Barney / Strauss, Anselm (1998): Grounded theory: Strategien qualitativer Forschung. Bern: Huber.

Goffman, Erving (1971): Interaktionsrituale. Über das Verhalten in direkter Kommunikation. Frankfurt / Main: Suhrkamp.

Goffman, Erving (1974): Das Individuum im öffentlichen Austausch. Mikrostudien zur öffentlichen Ordnung. Frankfurt / Main: Suhrkamp.

Grathoff, Richard (1978): Alltag und Lebenswelt als Gegenstand der phänomenologischen Sozialtheorie. In: Hammerich, Kurt / Klein, Michael (Hrsg.). Materialien zur Soziologie des Alltags. Sonderheft Kölner Zeitschrift für Soziologie und Sozialpsychologie. Opladen: Westdeutscher Verlag, 67-85.

Großmann, Nina (2007): Häusliches Medienhandeln der ‚Generation @' – Junge Paare und ihr Umgang mit Internet und Fernsehen. In: Röser, Jutta (Hrsg.): MedienAlltag. Domestizierungsprozesse alter und neuer Medien. Wiesbaden: VS Verlag, 173-185.

Haddon, Leslie (2003): Research Questions for the Evolving Landscape. Paper presented at the conference 'Front Stage – Back Stage: Mobile Communication and the Renegotiation of the Social Sphere', Grimstad, Norway, 23-24 June 2003. [Online document] http://www.essex.ac.uk/chimera/content/seminars/LH-Grimstad.pdf [last recall 27-01-2010].

Hammerich, Kurt / Klein, Michael (1978): Alltag und Soziologie. In: Hammerich, Kurt / Klein, Michael (Hrsg.): Materialien zur Soziologie des Alltags. Sonderheft Kölner Zeitschrift für Soziologie und Sozialpsychologie. Opladen: Westdeutscher Verlag, 7-21.

Hartmann, Maren (2008): Domestizierung 2.0: Grenzen und Chancen eines Medienaneignungskonzeptes. In: Winter, Carsten / Hepp, Andreas / Krotz, Friedrich (Hrsg.): Theorien der Kommunikations- und Medienwissenschaft. Grundlegende Diskussionen, Forschungsfelder und Theorieentwicklungen. Wiesbaden: VS-Verlag, 401-416.

Hasebrink, Uwe / Popp, Jutta (2006): Media repertoire as a result of selective media use. A conceptual approach to the analysis of patterns of exposure. In: Communications, 31, 369-387.

Hazan, Cindy / Shaver, Phillip (1987): Romantic love conceptualized as an attachment process. Journal of Personality and Social Psychology, 52, 511-524.

Hepp, Andreas (1999): Cultural Studies und Medienanalyse. Eine Einführung. Opladen / Wiesbaden: Westdeutscher Verlag.

Hepp, Andreas (2006): Kommunikative Mobilität als Forschungsperspektive: Anmerkungen zur Aneignung mobiler Medien- Kommunikationstechnologie. In: Aesthetik und Kommunikation, Heft Mobil Kommunizieren, 37, 135, 15-21.

Hepp, Andreas (2008): Communicative Mobility after the Mobile Phone: The Appropriation of Medie Technology in Diasporic Communities. In: Hartmann, Maren / Rössler, Patrick / Höflich, Joachim R. (Eds.): After the Mobile Phone? Social Changes and the Development of Mobile Communication. Berlin: Frank und Timme, 131-151.

Hildebrandt, Bruno (1997): Die Ehe und die Konstruktion der Wirklichkeit. Überlegungen zu einem Aufsatz aus dem Abstand von 30 Jahren. In: Wicke, Michael (Hrsg.): Konfiguration lebensweltlicher Strukturphänomene. Soziologische Varianten phänomenologisch-hermeneutischer Welterschließung. Opladen: Leske + Budrich, 104-123.

Hildebrandt, Bruno (1999): Fallrekonstruktive Familienforschung. Anleitungen für die Praxis. Opladen: Leske + Budrich.

Hinde, Robert (1993): Auf dem Weg zu einer Wissenschaft zwischenmenschlicher Beziehung. In: Auhagen, Ann Elisabeth / Salisch, Maria von (Hrsg.): Zwischenmenschliche Beziehungen, Göttinger: Hogrefe, 7-36.
Höflich, Joachim R. (1996): Technisch vermittelte interpersonale Kommunikation. Grundlagen, organisatorische Medienverwendung, Konstitution „elektronischer Gemeinschaften". Opladen: Westdeutscher Verlag.
Höflich, Joachim R. (2001): Das Handy als „persönliches Medium" Zur Aneignung des Short Message Service (SMS) durch Jugendliche. In: kommunikation@gesellschaft, 2, 1, [Online-Dokument] http://www.uni-frankfurt.de/fb03/K.G/B1_2001_Hoeflich. pdf [letzter Aufruf 27-01-2010].
Höflich, Joachim R. (2003): Part of two Frames. Mobile communication and the situational arrangement of communicative behavior. In: Nyírí, Kristóf (Ed.): Mobile Democray. Essays on Society, Self and Politics. Wien: Passagen Verlag, 107-116.
Höflich, Joachim R. (2004): A Certain Sense of Place. Mobile Communication and Local Orientation. In: Nyírí, Kristóf (Ed.): A Sense of Place. The Global and the Local in Mobile Communication. Vienna: Passagen, 159-168.
Höflich, Jochim R. (2005a): Medien und interpersonale Kommunikation. In: Jäckel, Michael (Hrsg.): Mediensoziologie. Grundfragen und Forschungsfelder. Wiesbaden: VS Verlag, 69-90.
Höflich, Joachim R. (2005b): An mehreren Orten zugleich: Mobile Kommunikation und soziale Arrangements. In: Höflich, Joachim R. / Gebhardt, Julian (Hrsg.): Mobile Kommunikation. Perspektiven und Forschungsfelder. Berlin: Peter Lang, 19-41.
Höflich, Joachim R. (2006a): Places of Life – Places of Communication: Observations of Mobile Phone Usage in Public Places. In: Höflich, Joachim R. / Hartmann, Maren (Eds.): Mobile Communication in Everyday Life: Ethnographic Views, Observations and Reflections. Berlin: Frank und Timme, 19-51.
Höflich, Joachim R. (2006b): The duality of effects – the mobile phone and relationships. In: Receiver, 15. [Online document] http://www.vodafone.com/flash/receiver/15/articles/pdf/15_06.pdf [last recall 27-01-2010].
Höflich, Joachim R. / Gebhardt, Julian (2005): Mobile Kommunikation und die Privatisierung des öffentlichen Raums: Ergebnisse einer explorativen Studie. In: Höflich, Joachim R. / Gebhardt, Julian (Hrsg.): Mobile Kommunikation. Perspektiven und Forschungsfelder. Frankfurt / Main: Peter Lang, 135-157.
Höflich, Joachim R. / Hartmann, Maren (Eds.) (2006): Mobile Communication in Everyday Life: Ethnographic Views, Observations and Reflections. Berlin: Frank und Timme.
Höflich, Joachim R. / Hartmann, Maren (2007): Grenzverschiebungen: mobile Kommunikation im Spannungsfeld von öffentlichen und privaten Orten. In: Röser, Jutta (Hrsg.): MedienAlltag: Domestizierungsprozesse alter und neue Medien. Wiesbaden: Verlag für Sozialwissenschaften, 211-221.
Höflich, Joachim R. / Kircher, Georg F. (2010): Moving and Lingering. The Mobile Phone in Public Space. In: Höflich, Joachim R. / Kircher, Georg F. / Linke, Christine / Schlote, Isabel (Eds.): Mobile Media and Everyday Life. Berlin: Peter Lang, 61-95.

Höflich, Joachim R. / Linke, Christine (forthcoming): Mobile Communication in Intimate Relationships: Relationship Development and the Multiple Dialectics of Couples' Media Usage and Communication. In: Ling, Rich / Campbell, Scott (Eds.): The Mobile Communication Research Series: Volume II, Mobile Communication: Bringing Us Together or Tearing Us Apart?. Piscataway, New Jersey: Transaction books.

Hoff, Ernst-H. (1989): Datenerhebung als Kommunikation: Intensivbefragungen mit zwei Interviewern. In: Jütemann, Gerd (Hrsg.): Qualitative Forschung in der Psychologie. Heidelberg: Roland Asanger Verlag, 161-186.

Holly, Werner (1979): Imagearbeit in Gesprächen. Zur linguistischen Beschreibung des Beziehungsaspekts. Tübingen: Niemeyer.

Hopper, Robert / Knapp, Marc L. / Scott, Lorel (1981): Couples' Personal Idioms: Exploring Intimate Talk. In: Journal of Communication, 31, 1, 23-33.

Jürgens, Kerstin (1999): Familiale Lebensführung im Kontext flexibilisierter Arbeitszeiten. Auswirkungen der 28,8-Stunden-Woche bei der VW AG auf die alltägliche Verknüpfung von Erwerbsarbeit, Paarbeziehung und Elternschaft. http://deposit.ddb.de/cgi-bin/dokserv?idn=95820599x&dok_var=d1&dok_ext =pdf&filename= [letzter Aufruf 27-01-2010].

Jürgens, Kerstin (2001): Familiale Lebensführung. In: Voß, G. Günter / Weihrich, Margit (Hrsg.): Tagaus tagein. Neue Beiträge zur Soziologie alltäglicher Lebensführung. München / Mering: Rainer Hampp Verlag, 33-60.

Kasesniemi, Eija Liisa / Rautiainen, Pirjo (2003): Das Leben in 160 Zeichen: Zur SMS-Kultur finnischer Jugendlicher. In: Höflich, Joachim R. / Gebhardt, Julian (Hrsg.): Mobile Kommunikation. Perspektiven und Forschungsfelder. Frankfurt / Main: Peter Lang, 291-311.

Katz, James / Aakhus, Mark (Eds.) Perpetual contact: Mobile communication, private talk, public performance. Cambridge: University Press.

Kaufmann, Jean-Claude (1999): Das verstehende Interview. Theorie und Praxis. Konstanz: UVK.

Kaufmann, Jean-Claude (2005): Schmutzige Wäsche. Ein ungewöhnlicher Blick auf gewöhnliche Paarbeziehungen. Konstanz: UVK.

Keppler, Angela (1994): Tischgespräche. Über Formen kommunikativer Vergemeinschaftung am Beispiel der Konversation in Familien. Frankfurt / Main: Suhrkamp.

Keppler, Angela (1997): Familie als Gespräch. Zu Identität und Interaktionsform familiärer Gemeinschaften. In: Wicke, Michael (Hrsg.): Konfiguration lebensweltlicher Strukturphänomene. Soziologische Varianten phänomenologisch-hermeneutischer Welterschließung. Opladen: Leske + Budrich, 143-156.

Keppler, Angela (2006): Konversations- und Gattungsanalyse. In: Ayaß, Ruth / Bergmann, Jörg (Hrsg.): Qualitative Methoden der Medienforschung. Reinbek: Rowohlt, 293-323.

Kirchhöfer, Dieter (2000): Alltagsbegriffe und Alltagstheorien im Wissenschaftsdiskurs. In: Voß, Günter G. / Holly, Werner/ Boehnke, Klaus (Hrsg.): Neue Medien im Alltag. Begriffsbestimmung eines interdisziplinären Forschungsfeldes. Opladen: Leske + Budrich, 13-30.

Klaus, Elisabeth (1998): Kommunikationswissenschaftliche Geschlechterforschung. Zur Bedeutung der Frauen in den Massenmedien und im Journalismus. Opladen / Wiesbaden: Westdeutscher Verlag.

Klaus, Elisabeth (2007): Das Fräulein vom Amt und die Quasselstrippe. Genderingprozesse bei der Einführung und Durchsetzung des Telefons. In: Röser, Jutta (Hrsg.): MedienAlltag. Domestizierungsprozesse alter und neuer Medien. Wiesbaden: VS Verlag, 139-152.

Knapp, Mark L. / Vangelisti, Anita L. (2005): Interpersonal Communication and Human Relationships. Boston: Allyn & Bacon.

Koppetsch, Cornelia / Burkart, Günter (1999): Die Illusion der Emanzipation. Zur Wirksamkeit latenter Geschlechternormen im Milieuvergleich. Konstanz: UVK.

Kowal, Sabine / O'Connell, Daniel C. (2005): Zur Transkription von Gesprächen. In: Flick, Uwe / Kardorff, Ernst von / Steinke, Ines (Hrsg.) Qualitative Forschung ein Handbuch. Reinbek: Rowohlt, 437-447.

Krotz, Friedrich (2001): Die Mediatisierung kommunikativen Handelns: Der Wandel von Alltag und sozialen Beziehungen, Kultur und Gesellschaft durch Medien. Wiesbaden: Westdeutscher Verlag.

Krotz, Friedrich (2004): Identität, Beziehungen und die digitalen Medien. In: Merz (Medien und Erziehung), 48, 6, 32-45.

Krotz, Friedrich (2005): Neue Theorien entwickeln. Eine Einführung in die Grounded Theory, die Heuristische Sozialforschung und die Ethnographie anhand von Beispielen aus der Kommunikationsforschung. Köln: Herbert von Halem Verlag.

Krotz, Friedrich (2006): Konnektivität und Medien: Konzepte, Bedingungen und Konsequenzen. In: Hepp, Andreas / Krotz, Friedrich / Moores, Shaun / Winter, Carsten (Hrsg.): Konnektivität, Netzwerk und Fluss. Konzepte gegenwärtiger Medien-Kommunikations- und Kulturtheorie. Wiesbaden: VS Verlag, 21-41.

Krotz, Friedrich (2007): Mediatisierung: Fallstudien zum Wandel von Kommunikation. Wiesbaden: VS Verlag.

Krotz, Friedrich (2009): Mediatization: A Concept With Which to Grasp Media and Societal Change. In: Lundby, Knut (Ed.): Mediatization. Concept, Changes, Consequences. New York: Peter Lang, 21-40.

Krotz, Friedrich / Thomas, Tanja (2007): Domestizierung, Alltag, Mediatisierung: Ein Ansatz zu einer theoriegerichteten Verständigung. In: Röser Jutta (Hrsg.): Medien-Alltag. Domestizierungsprozesse alter und neuer Medien. Wiesbaden: VS Verlag, 31-42.

Lenz, Karl (2003): Zweierbeziehung als Institution. In: Fischer, Joachim / Joas, Hans (Hrsg.): Kunst, Macht und Institution. Studien zur Philosophischen Anthropologie, soziologischen Theorie und Kultursoziologie der Moderne. Frankfurt / New York: Campus, 209-220.

Lenz, Karl (2006): Soziologie der Zweierbeziehung. Eine Einführung. Wiesbaden: VS Verlag.

Levinger, George (1980): Towards an analysis of close relationships. In: Journal of Experimental Social Psychology, 16, 510-544.

Levinger, George / Levinger, Ann Cotton (2003): Winds of time and place: How context has affected a 50-year marriage. In: Personal Relationships, 10, 285-306.

Ling, Rich (2000): Direct and mediated interaction in the maintenance of social relationships. In: Sloane, A. / van Rijn, F (Eds.): Home informatics and telematics: information, technology, and Society. Kluwer: Boston, 61-86. [Online document] http://www.richardling.com/papers/2000_direct_and_mediated_interaction.pdf [last recall 27-01-2010].

Ling, Rich (2004): The Mobile Connection. The cell phone's impact on society. San Francisco: Morgan Kaufmann.

Ling, Rich (2005): Flexible coordination in the Nomos: Stress, emotional maintenance and coordination via the mobile telephone in intact families. [Online document] http://www.richardling.com/papers/2005_life_in_the_nomos.pdf [last recall 27-01-2010].

Ling, Rich (2008): New Tech, New Ties: How Mobile Communication Is Reshaping Social Cohesion. Cambridge / London: MIT Press.

Ling, Rich / Yttri, Brigitte (2002): Hyper-coordination via mobile phones in Norway. In Katz, James / Aakhus, Mark. (Eds.) Perpetual contact: Mobile communication, private talk, public performance. Cambridge: University Press, 139-169..

Mackey, Hugh / Ivey, Darren (2004): Modern Media in the home. An Ethnographic Study. Rome: John Libbey Publishing.

McCall, George J. (1988): The Organizational Life Cycle of Relationships. In: Duck, Steve (Ed.): Handbook of Personal Relationships. Theory, Research and Interventions. Chichester et al.: John Wiley & Sons, 467-484.

Mead, George Herbert (1968): Geist, Identität und Gesellschaft. Aus der Sicht des Sozialbehaviorismus. Frankfurt am Main: Suhrkamp.

Mey, Günter (1999): Adoleszenz Identität Erzählung. Theoretische, methodologische und empirische Erkundungen. Berlin: Verlag Dr. Köster.

Mey, Günter / Mruck, Katja (2007): Qualitative Interviews. ZUMA-Workshop-Unterlagen. Mannheim: Zentrum für Umfragen, Methoden und Analysen.

Meyrowitz, Joshua (1990): Überall und nirgends dabei. Die Fernseh-Gesellschaft I. Weinheim und Basel: Beltz.

Miller, Gerald R. / Steinberg, Mark (1975): Between People. An New Analysis of Interpersonal Communication. Chicago / Palo Alto / Toronto: Science Research Associates.

Neverla, Irene (2007): Medienalltag und Zeithandeln. In: Röser, Jutta (Hrsg.): Medien-Alltag. Domestizierungsprozesse alter und neuer Medien. Wiesbaden: VS Verlag, 41-53.

Pearce, Barnett W. / Cronen, Vernon E. (1980): Communication, Action, and Meaning. New York: Praeger Publishers.

Pettigrew, Jonathan (2007): Mobile Text Messaging and Connectedness within Close Interpersonal Relationships. [Online document] https://idea.iupui.edu/dspace/handle/1805/1088 [last recall 27-01-2010].

Rerrich, Maria S. (1993): Gemeinsame Lebensführung: Wie berufstätige einen Alltag mit ihren Familien herstellen. In: Jurczyk, Karin / Rerrich, Maria S. (Hrsg.): Arbeit des Alltags. Beiträge zu einer Soziologie der alltäglichen Lebensführung. Freiburg: Lambertus, 310-333.

Röser, Jutta (2007): Der Domestizierungsansatz und seine Potenziale zur Analyse alltäglichen Medienhandelns. In: Röser, Jutta (Hrsg.): MedienAlltag. Domestizierungsprozesse alter und neuer Medien. Wiesbaden: VS Verlag, 15-30.
Röser, Jutta / Großmann, Nina (2008): Alltag mit Internet und Fernsehen: Fallstudien zum Medienhandeln junger Paare. In: Thomas, Tanja (Hrsg.): Medienkultur und soziales Handeln. Wiesbaden: VS Verlag für Sozialwissenschaften, 91-103.
Rothenbuhler, Eric W. (1998): Ritual Communication. From Everyday Conversation to Mediated Ceremony. Thousand Oaks: Sage.
Rusbult, Caryl E. / Martz, John M. / Agnew, Christopher (1998): The Investment Model Scale: Measuring commitment level, satisfaction level, quality of alternatives, and investment size. In: Personal Relationships, 5, 357-391.
Scanzoni, John / Polonko, Karen / Teachman, Jay / Thompson, Linda (1989): The Sexual Bond. Rethinking Families and Close Relationships. Newbury Park / London / New Dehli: Sage.
Schlote, Isabel / Linke, Christine (2010): Interaction and Individual Patterns of Mobile Communication in Public Places. In: Höflich, Joachim R. / Kircher, Georg F. / Linke, Christine / Schlote, Isabel (Eds.): Mobile Media and Everyday Life. Berlin: Peter Lang, 97-128.
Schneider, Norbert F. / Limmer, Ruth (2008): Job Mobility and Living Arrangements. In: Canzler, Weetz / Kaufmann, Vincent / Kesselring, Sven (Eds.): Tracing Mobilities. Towards a Cosmopolitan Perspective. Aldershot: Ashgate, 119-140.
Schütz, Alfred (1974): Der sinnhafte Aufbau der sozialen Welt. Eine Einleitung in die verstehende Soziologie. Frankfurt am Main: Suhrkamp.
Shimanoff, Susan B. (1980): Communication Rules. Theory and Research. Beverly Hills / London: Sage.
Silverstone, Roger / Haddon, Leslie (1996): Design and Domestication of Information and Communication Technologies: Technical Change and Everyday Life. In: Mansell, Robin / Silverstone, Roger (Eds.): Communication by Design. The Politics of Information and Communication Technologies. New York: Qxford University Press, 44-74.
Simmel, Georg (1992): Soziologie. Untersuchungen über die Formen der Vergesellschaftung. Frankfurt am Main: Suhrkamp.
Stafford, Laura (2005): Maintaining Long-Distance and Cross-Residential Relationships. Mahwah: Lawrence Erlbaum.
Strauss, Anselm L. (1987): Qualitative Analysis For Social Scientists. Cambridge: University Press.
Stegbauer, Christian (2002): Reziprozität. Einführung in soziale Formen der Gegenseitigkeit. Wiesbaden: Westdeutscher Verlag.
Taylor, Alex / Harper, Richard (2002): Age-old practices in the „New World": A study of gift-giving between teenage mobile phone users. In: Proceedings of the SIGCHI conference on Human factors in computing systems: Changing our world, changing ourselves. Minneapolis, 439 – 446. [Online document] http://research.microsoft.com/en-us/um/people/ast/files/CHI_2002.pdf [last recall 27-01-2010].

Thomas, Tanja / Krotz, Friedrich (2008): Medienkultur und soziales Handeln: Begriffsarbeit zur Theorieentwicklung. In: Thomas, Tanja (Hrsg.): Medienkultur und soziales Handeln. Wiesbaden: VS Verlag für Sozialwissenschaften, 17-42.

Voß, Günter G. (2001): Der eigene und der fremde Alltag. In: Voß, Günter G. / Weihrich, Margit (Hrsg.): Tagaus tagein. Neue Beiträge zur Soziologie alltäglicher Lebensführung. München / Mering: Rainer Hampp Verlag, 203-217.

Voß, Günter G. / Weihrich, Margit (2001): tagaus – tagein. Zur Einleitung. In: Voß, Günter G. / Weihrich, Margit (Hrsg.) tagaus – tagein.. Neue Beiträge zur Soziologie alltäglicher Lebensführung. München / Mering: Rainer Hampp Verlag, 9-19.

Wiese, Leopold von (1966): System der allgemeinen Soziologie als Lehre von den sozialen Prozessen und den sozialen Gebilden der Menschen (Beziehungslehre). Berlin: Duncker & Humblot.

Wilke, Jürgen (2004): Vom stationären zum mobilen Rezipienten. Entfesselung der Kommunikation von Raum und Zeit – Symptom fortschreitender Medialisierung. In: Böning, Holger / Kutsch, Arnulf / Stöber, Rudolf (Hrsg.): Jahrbuch für Kommunikationsgeschichte. Stuttgart: Franz Steiner Verlag, 1-55.

Willems, Herbert (2003): Rituale und Zeremonien in der Gegenwartsgesellschaft. In: Fischer-Lichte, Erika u.a. (Hrsg.): Ritualität und Grenze. Tübingen u.a.: A. Francke Verlag, 399-418.

Witzel, Andreas (1982): Verfahren der qualitativen Sozialforschung. Überblick und Alternativen. Frankfurt / Main, New York: Campus.

Witzel, Andreas (2000): Das problemzentrierte Interview [26 Absätze]. Forum Qualitative Sozialforschung / Forum: Qualitative Social Research [On-line Journal], 1(1). [Online-Dokument] http://www.qualitative-research.net/index.php/fqs/article/view/1132/2519 [letzter Aufruf 27-01-2010].

Wolin, Steven J. / Bennett, Linda A. (1984): Family Rituals. In: Family Process, 23, 3, 401-420.

Wood, Julia T. / Duck, Steve (2006): Introduction. In: Wood, Julia T. / Duck, Steve (Eds.): Composing Relationships. Communication in Everyday Life. Belmont: Thomson Wadsworth, 1-13.

SPRINGER NATURE

GPSR Compliance

The European Union's (EU) General Product Safety Regulation (GPSR) is a set of rules that requires consumer products to be safe and our obligations to ensure this.

If you have any concerns about our products, you can contact us on ProductSafety@springernature.com

In case Publisher is established outside the EU, the EU authorized representative is:

Springer Nature Customer Service Center GmbH
Europaplatz 3
69115 Heidelberg, Germany

The manufacturer's authorised representative in the EU is Springer Nature Customer Service Centre GmbH, Europaplatz 3, 69115 Heidelberg, Germany. If you have any concerns regarding our products, please contact ProductSafety@springernature.com

Printed and bound by CPI Group (UK) Ltd, Croydon, CR0 4YY

25/03/2026

02078189-0003